中國學術思想 研究輯刊

十一編

林 慶 彰 主編

第17冊

荀子樂論在其思想上之重要性

吳 文 璋 著

荀韓思想關係研究

洪 銘 吉 著

花木蘭文化出版社

國家圖書館出版品預行編目資料

荀子樂論在其思想上之重要性　吳文璋 著／荀韓思想關係研
究　洪銘吉 著 — 初版 — 新北市：花木蘭文化出版社，2011
〔民 100〕
序 2+ 目 2+124 面 + 序 2+ 目 2+74 面；19×26 公分
（中國學術思想研究輯刊 十一編：第 17 冊）
ISBN：978-986-254-464-8（精裝）
1.（周）荀況　2.（周）韓非　3.學術思想　4.先秦哲學
030.8　　　　　　　　　　　　　　　　　　100000700

ISBN-978-986-254-464-8

9 789862 544648

中國學術思想研究輯刊
十一編　第十七冊　　　　　　ISBN：978-986-254-464-8

荀子樂論在其思想上之重要性
荀韓思想關係研究

作　　　者　吳文璋／洪銘吉
主　　　編　林慶彰
總 編 輯　杜潔祥
出　　　版　花木蘭文化出版社
發 行 所　花木蘭文化出版社
發 行 人　高小娟
聯絡地址　新北市永和區中正路五九五號七樓之三
　　　　　　電話：02-2923-1455 ／傳眞：02-2923-1452
網　　　址　http://www.huamulan.tw 信箱 sut81518@ms59.hinet.net
印　　　刷　普羅文化出版廣告事業
封面設計　劉開工作室
初　　　版　2011 年 3 月
定　　　價　十一編 40 冊（精裝）新台幣 62,000 元

荀子樂論在其思想上之重要性

吳文璋　著

作者簡介

吳文璋

台灣，基隆市人，民國 46 年生。成功大學中文系畢業，臺灣師範大學國文研究所碩士班畢業，斯里蘭卡 Kelaniya 大學巴利文與佛教研究所博士候選人。現任成功大學中國文學系副教授，專長科目：荀子、儒學、比較宗教學。

期刊論文：

1. 荀子與權威主義
2. 論荀子的宗教精神與價值根源
3. 為什麼中國沒有科學——兼論科學如何在生命中生根
4. 從思想史論戰後台灣儒學兩大典型——胡適與牟宗三
5. 荀子議兵篇析論
6. 論儒家與儒教——從儒家是否為宗教談起
7. 論董仲舒對儒教的建構——以治水之術為例
8. 荀子論心和韓非子所蘊涵的心論之比較

提　　要

　　孔子曾說：「興於詩、立於禮、成於樂。」（《論語・泰伯》），可見音樂在孔子的思想中是屬於大成的境界。荀子繼承了孔子的音樂思想又能加以深化、擴展、提昇而形成一個系統嚴謹的音樂哲學，是東方儒教文化圈中的第一篇。影響了後代的音樂思想極其深遠。

　　基本上荀子的音樂哲學是遠古時代人類詩、樂、舞合一的宗教文化傳統的主流思想。從黃帝、夏、商、周三代這個文化傳統是一脈相承。荀子一方面繼承《尚書》、《詩經》、《周禮》、《左傳》的音樂思想，一方面反對音樂的哲學家辯論，例如墨家和道家。

　　回應墨家非樂時強調：1、製造樂器不是奢侈浪費 2、聽音樂不是怠惰公事 3、音樂不是亡國之音 4、音樂可以紓解壓力 5、音樂可以善民心，移民易俗而齊一天下。對道家的回應則是：1、音樂不會戕害身心 2、聖人為樂是為維護身心的健康 3、莊子的至樂、天樂根本是知天而不知人，人有的音樂，不是天樂可以取代的。荀子音樂哲學的特質是：1、確立了禮樂之統 2、闡明李月的差異性和禮樂的極致 3、提出「以心治性」和「以樂治心」的音樂哲學 4、樂舞的極致與天道合一。

　　荀子建立了儒家的音樂哲學，使後代的學者仰之彌高而鑽之彌堅，形成了一個偉大的音樂傳統，是為荀子〈樂論〉所形成的「樂教」。

目
次

自　序

　　孔子曰：「文王旣沒，文不在茲乎？」(《論語‧子罕》) 慨然以周朝文化之紹繼者自任。其周遊列國以道濟天下者，以仁爲本，禮樂正其經緯也。而樂所到達之層次，又在禮之上，爲人文化成之極致也。所謂「興於詩，立於禮，成於樂。」(〈泰伯〉) 是也。

　　先秦儒家之中，承襲孔子禮樂思想，並能予以發展而建立禮樂之統者，厥爲荀子也。曾曰：「先王之道，禮樂正其盛者也。」(〈樂論〉)。其思想方向與孟子相異，然而皆歸本於孔子也。夫道德乃根植於人心，而施於四體，苟能充之，則足以保四海，故孟子曰：「先立乎其大者。」(〈告子〉)，此爲孔子內聖思想之延續也。然而道德實不能僅止於內心世界之旣足，若欲行仁政，保四海，使天下之民樂於歸之，如水之就下也，則道德必須落實於制度之中，使人群具有組織，以分義凝聚而貞定之，以養人之欲，給人之求，賞善罰惡，上下相守，和一以群居也。如是，則家國社會始足以運作，而歷史文化、民族生命亦賴之以綿延而垂於後世也。斯爲孔子外王思想之發展也，亦卽將仁義道德客觀化於制度之中也。故荀子曰：「將原先王，本仁義，禮正其經緯蹊徑也。」(〈勸學〉)，並且以禮爲道德之極而足以爲萬世則也。

　　荀子論禮之奧旨，前賢多所闡發，周詳賅備，而爲世人所熟知。至於樂論之基本精神及重要性，涵蓋於宗廟之上，閨門之內，以至於鄉里之中；其範圍之廣，功用之深，化人之速，有與禮之作用配合無間，相反相成而融會無礙者，凡此率皆易爲世人所忽略也。

　　余嘗泛覽辭林，至於荀子一書時，每感於其堅毅篤實之聖賢人格，與誨人不倦之仁者胸懷，亦哀其〈樂論〉之精義堙沒不顯達二千多年，故不揣淺

陋而有斯篇之撰，冀能抉發其幽微於萬一也。

　　本篇先就荀子之生平及其書，作一番考證，而以樂論爲主要之探討對象，故樂論篇之考證，別立一節以敍之，惟考據並非本文之重點，故大體摭取前賢之言，擇其善者而從之也。

　　大凡思想之創發，皆不憑空而起，或受外在環境之刺激，故爲本身思路上之需求，或沿襲往聖先賢之思想而有所發展，故其研究，必須外緣問題與內在理路並重也。前者由歷史事實以考察之，明其思想與時代之因果關係；後者則由思想脈絡上以探索之，或由其沿襲處，窮其流，竭其源，用以明其思想概念之分際、創發與遞嬗也。本文卽循此兩大線索，相互交織而論述之，俾得事理之眞相云爾。

　　本篇論文，承蒙吾師　黃錦鋐先生，多方教導，耳提面命，故雖愚款端愨，而駑馬十駕，終底於成。然其舛漏之處，在所難免，尚祈海內博雅君子有以教之是幸。

吳文璋謹序於
國立成功大學中國文學系

第一章　荀子之生平及其書

第一節　荀子其人

荀子名況，東周戰國時代之人也。古籍上又稱之爲孫卿。其生平之事蹟及行事，眾說紛紜，以下諸說乃較可採信者。

司馬遷《史記‧孟子荀卿列傳》：

> 荀卿，趙人。五十始來游學於齊。……田駢之屬皆已死，齊襄王時，而荀卿最爲老師。齊尚修列大夫之缺，而荀卿三爲祭酒焉。齊人或讒荀卿；荀卿乃適楚，而春申君以爲蘭陵令。春申君死，而荀卿廢，因家蘭陵。李斯嘗爲弟子，已而相秦。荀卿嫉濁世之政，亡國亂君相屬，不遂大道，而營於巫祝，信機祥；鄙儒小拘如莊周等，又滑稽亂俗。於是推儒墨道德之行事，興廢序列，著數萬言而卒，因葬蘭陵。

又劉向〈孫卿新書敍錄〉云：

> 孫卿名況，趙人。方齊威王、宣王之時，聚天下賢士於稷下，尊寵之。若鄒衍、田駢、淳于髡之屬甚眾，號曰列大夫，皆世所稱，咸作書刺世。是時，孫卿有秀才，年五十始來游學。……至齊襄王時，孫卿最爲老師。齊尚修列大夫之缺，而荀卿三爲祭酒焉。齊人或讒荀卿，荀卿乃適楚；楚相春申君以爲蘭陵令。人或謂春申君曰：「湯以七十里，文王以百里，孫卿賢者也，今與之地百里，楚其危乎？」春申君謝之，孫卿去之趙。後客或謂春申君曰：「伊尹去夏入殷，殷

王而夏亡；管仲去魯入齊，魯弱而齊強。故賢者所在，君尊國安。
今孫卿天下賢人，所去之國，其不安乎？」春申君使人聘孫卿；孫
卿遺春申君，刺楚國，因爲歌賦以遺春申君。春申君恨之，復固謝
孫卿，孫卿乃行，復爲蘭陵令。春申君死，而荀卿廢，因家蘭陵。
李斯嘗爲弟子，已而相秦，及韓非號韓子，又浮丘伯，皆受業爲名
儒。孫卿之應聘諸侯，見秦昭王；昭王方喜戰伐，而孫卿以三王之
法說之，及秦相應侯皆不能用也。至趙，與孫臏議兵趙孝成王前，
孫臏爲變詐之兵，孫卿以王兵難之，不能對也。……孫卿卒不用於
世，老死蘭陵。……蘭陵多善爲學，蓋以孫卿也。長老至今稱之曰：
蘭陵人喜字爲卿，蓋以孫卿也。

以上太史公之言與劉向所迹，雖詳略互異而大體一致。其相異者僅有荀卿仕
於蘭陵之次數耳。太史公言荀卿曾爲蘭陵令，而後因春申君之死而黜，劉向
則明言荀卿共二度爲令。然而可肯定者爲春申君遭李園之難時，荀卿仍舊在
世。劉向學識精博且去古未遠，不致大謬，但譬諸信史則僅供參考耳。

另外有關荀子之生平事蹟，論述肯切而較可信者，則爲清人汪中之考證。
汪中《荀卿子通論》曰：

荀子，趙人，名況。年五十始游學來齊，則當湣王之季，故傳云：
「田駢之屬皆已死也。」又云：「及襄王時而荀卿最爲老師。」蓋
復國之後，康莊舊人，唯卿在也。襄王之十八年，當秦昭王四十
一年，秦封范睢爲應侯，彊國篇，有昭王、應侯答問則自齊襄王
十八年以後，荀卿去齊游秦也。其明年，趙孝成王元年。本書荀
卿與臨武君議兵趙孝成王前，則荀子入秦不遇，復歸趙也。後十
一年，當齊王建十年，爲楚考烈王八年，楚相黃歇以荀卿爲蘭陵
令。本傳云：「齊人或讒荀卿；荀卿乃適楚，而春申君以爲蘭陵令。」
則爲齊王建初年，荀卿復自趙來齊，故曰：「三爲祭酒。」是時春
申君封於淮北，蘭陵爲其屬邑，故以卿爲令。後八年，春申君徙
封于吳，而荀卿爲令如此。又十二年，考烈王卒。李園殺春申君，
盡滅其族。本傳云：「春申君死，而荀卿廢，因家蘭陵，列著數萬
言而卒，因葬蘭陵。」荀卿之卒，不知何年。堯問篇云：「荀卿迫
於亂世，鰌於嚴刑，上無賢主，下遇暴秦。」鹽鐵論毀學篇：「方
李斯之相秦也，始皇任之，人臣無二；然而荀子爲之不食，觀其

罹不測之禍也。」據李斯傳，斯之相在秦幷天下之後，距春申君之死十八年，距齊湣王之死六十四年。是時荀子蓋百餘歲矣。荀卿生於趙，游於齊，嘗一入秦，而仕於楚，卒葬於楚，故以四國爲經。託始於趙惠文王、楚頃襄王之元，終于春申君之死。凡六十年，庶論世之君子，得其梗概云爾。

衡諸其他各家之考證，汪中之文可謂扼要翔實，通徹而圓融，並且近情合理。然而其中仍有數點迮有爭議：

一、荀子至齊游學之年紀考

此爲荀子一生之轉捩點，由籍籍無名之生而進入中國歷史之舞臺，展露頭角，使其智慧之光照耀千古，故此問題不可忽視。史記云荀子「五十始來游學於齊」或有謂之日「年十五始來游學」歷代爭訟不已，茲列諸說如下：

司馬遷及劉向皆云：「年五十始來游學。」〔註1〕

應劭曰：「孫卿有秀才，年十五始來游學。」〔註2〕

晁公武云：「『史記所云：年五十爲年十五之譌。』」〔註3〕

梁啓超云：「『年五十之文』，風俗通作『年十五』，似較近眞。今本史記及劉向敍錄傳寫之譌耳。」〔註4〕

劉師培曰：「史記、風俗通義及本篇（〈指劉向敍錄〉）均云：『始來游學』，審其辭義，蓋以荀卿爲晚學，即顏氏家訓所云：『荀卿年五十始來游學，猶爲碩儒也。』，若五十果作十五，則與始來游學之文，辭氣弗符，乃通義刻本之誤也。」〔註5〕

錢穆曰：「年五十爲十五之訛。」〔註6〕

由此可知一者以史記及敍錄爲主，認爲荀子「年五十始來游學。」，另外一派學者則以《風俗通義》爲根據，以爲荀子「年十五始來游學」。司馬遷及劉向去古未遠，且太史公典籍羅備，遠蒐近訪，落筆審愼，應爲信而有徵。應劭將年五十改爲年十五非但毫無憑據且與本文之語氣不符，蓋年五十始來

〔註1〕　見司馬遷《史記‧孟子荀卿列傳》及劉向著〈孫卿新書敍錄〉。
〔註2〕　見應劭，《風俗通義‧窮通篇》。
〔註3〕　見晁公武，《郡齋讀書志》。
〔註4〕　見梁啓超，〈荀卿及荀子〉。
〔註5〕　見梁叔任，《荀子傳徵》所引。
〔註6〕　見錢穆，《先秦諸子繫年考辨》。

游學之「始」字，已有延宕訛誤之意，若更易爲十五則文意全失矣。近人羅根澤及胡適亦主張此說〔註7〕與劉師培同。（表一）

表一：荀子至齊游學之年紀考

年　紀	主　張　者
十五歲	應劭、晁公武、梁啟超、錢穆
五十歲	司馬遷、劉向
五十歲	劉師培、胡適、羅根澤

二、荀子生卒年之考證

　　汪中依據劉向敘錄考定，荀子自齊宣王末年時，年已五十始來游學於齊，至春申君卒，荀子之年當在百三十七歲矣。且舉出歷代之實證，如漢朝之張蒼，唐朝之曹憲皆享年百有餘歲以資佐證。雖曰上壽百二十歲之說可見之於左傳疏、莊子盜跖篇等，然而上壽百歲，畢竟罕見。近代學者亦各據一辭，茲列如下：

　　胡適：「荀子年五十游齊，約在西曆前 265 至 260 年，230 年左右，死於蘭陵。」〔註8〕

　　梁啟超：「荀子生年假定公元 307 年，卒年爲 213 年，假定爲九十五歲。」〔註9〕

　　游國恩：「荀子生年爲西元前 314 年，卒年爲 217 年，享年九十八歲。」〔註10〕

　　陳元德：「荀子生於西曆紀元前 310 年左右，卒於西曆紀元前 213 年。」〔註11〕

　　羅根澤：「荀子生於西元前 316 年左右，卒年爲 213 年。」〔註12〕

　　錢穆：「荀子生年爲公元前 340 年，卒年爲 245 年以前，」〔註13〕

　　梁叔任：「荀子生年假定爲 336 年左右，卒年爲 213 年。」〔註14〕

〔註7〕　見胡適，《中國古代哲學史》及《古史辨》中羅根澤著〈荀卿遊歷考〉。
〔註8〕　見胡適，《中國古代哲學史》，第十一篇，第一章。
〔註9〕　梁啟超，〈荀卿之年代及行歷〉。
〔註10〕　見《古史辨》中游國恩著〈荀卿考〉。
〔註11〕　見陳元德，《中國古代哲學史》，第十七章，第一節。
〔註12〕　見羅根澤，〈荀卿遊歷考〉。
〔註13〕　見錢穆，〈荀卿考〉。

謝扶雅：「荀子生年爲公元前 298 年，卒年爲 238 年左右。」〔註 15〕

陳大齊：「荀子大約是民國紀元前二十三世紀末葉至二十二世紀中葉或其稍後的人。」〔註 16〕

《史記·孟子荀卿列傳》中並未明言荀子來齊游學之時，何王在位？僅言：「年五十始來游學於齊。……田駢之屬皆已死，齊襄王時而荀子最爲老師。」下文則言：「齊尚修列大夫之缺，而荀卿三爲祭酒焉。」若以史實核之則最早當在齊襄王五年之後，蓋是年田單敗燕，始復齊國。劉向及應劭雖以齊國「修列大夫之缺」一事，溯自威王、宣王之時，依史推斷乃是齊國復興後之措施，非指威王、宣王之世明矣。

荀子之生卒年代，眾口異說，莫衷一是，然而荀子乃後於孟子之儒學大師，殆無疑義矣。據汪中之《荀卿子年表》，則荀子之生卒年起於趙惠文王元年，訖於趙悼襄王七年（〈西元前 298～238〉）〔註 17〕以上諸說亦足供參考，可確定者荀子其時正值戰國紛爭之末期，離強秦之一統中國所距不遠，其生命所凝結之哲學思想正是整個戰國時代所孕育而成。（表二）

表二：荀子生卒年考

生　　年	卒　　年	主張者
	230.B.C.	胡　適
307B.C.	213B.C.	梁啓超
314B.C.	217B.C.	游國恩
趙惠文王元年	趙悼襄王七年	汪　中
310B.C.	213B.C.	陳元德
316B.C.	213B.C.	羅根澤
340B.C.	245B.C.	錢　穆
336B.C.	213B.C.	梁叔任
298B.C.	238B.C.	謝扶雅
民國紀元前二十三世紀末葉	民國紀元前二十二世紀中葉	陳大齊

〔註 14〕見梁叔任，〈荀子行歷繫年表〉。
〔註 15〕見謝扶雅，《中國政治思想史綱》。
〔註 16〕見陳大齊，《荀子學說》，第一章，第一節。
〔註 17〕見汪中，《荀卿子通論》。

三、荀、孫二姓之考證

荀子之見諸古籍，有或云孫卿者，如：

《荀子·儒效篇》、〈議兵篇〉、〈彊國篇〉、〈堯問篇〉及《韓非子·難之》、《戰國策·楚策》、《韓詩外傳》、劉向〈敘錄〉、《漢書藝文志》、《楚元王傳》、《儒林傳》、《鹽鐵論·毀學篇》、《風俗通義·窮通篇》等，皆書孫卿。

《史記·孟子荀卿列傳》、〈韓非傳〉、〈李斯傳〉、〈春申君傳〉等皆作荀子。歷來學者之見解有以下諸說：

（一）避諱稱孫說

司馬貞：「後亦謂之孫卿者，避漢宣帝諱也。」〔註18〕

顏師古：「本曰荀卿，避宣帝諱，故曰孫。」〔註19〕

二者皆認為「荀」之所以改為「孫」乃避宣帝諱「詢」也。

（二）音同語異說

顧炎武：「『荀』為『孫』，如孟卯之為芒卯，司徒之為申徒，語音之轉也。」〔註20〕

謝墉：「荀音同孫，語遂移易；如荊軻在衛，衛人謂為慶卿，而之燕，燕人謂之荊卿。……然則「荀」之為「孫」正如此。」〔註21〕

江瑔：「古人於音近音轉之字，均可通用，故古人姓名往往載籍互異，荀孫古音同部，故古籍多通假。考論語『其於鄉黨恂恂如也。』劉修碑作『逡逡如也』『荀之為孫』，猶『恂』之為『逡』也。」〔註22〕

劉師培：「史記作荀，本書作孫，是猶處子亦作劇子，環淵亦作蜎子，宓子之宓與伏同，筦子之筦與管同也。〔註23〕

梁叔任：「古書均作『孫』，獨史記作『荀』，疑孫為本字，以音同轉為荀耳。」〔註24〕

荀與孫二字之音近，且古音同在一部，互為通假，則顧炎武、謝墉、江瑔等人所言甚為的當也。

〔註18〕見司馬貞，《史記索隱》，卷七四。
〔註19〕見顏師古所注之《漢書藝文志》，卷三〇。
〔註20〕見顧炎武，《日知錄·漢書》，卷二七。
〔註21〕見謝墉，《荀子箋釋序》。
〔註22〕見江瑔，《讀子巵言》。
〔註23〕見於梁叔任，《荀子傳徵引》。
〔註24〕見梁叔任《荀子傳徵》。

（三）兩代並稱說

胡元儀：「郇卿之為郇侯之後，以國為氏，無可疑矣。且郇卿趙人，古郇國在今山西猗氏縣境，其地於戰國正屬趙，故為趙人，又稱『孫』者，蓋郇伯公孫之後，以孫為氏也。……由是言之，郇也孫也，皆氏也。戰國之末，宗法廢弛，姓氏混一，故人為兩姓並稱者，實皆古之氏也。」〔註25〕

林寶：「郇周文王十七子郇侯之後，以國為氏，後去邑為「荀」，晉有荀林父，生庚，裔孫況。」〔註26〕

林氏所言郇氏為周文王十七子郇侯之後，或依於郇侯家傳，然而去邑而為「荀」誠屬臆測之辭，不可輕信也。又如胡元儀所言郇卿為趙人，古郇國在今山西猗氏縣境，其地于戰國正屬趙。然古籍所記並無能證明荀卿即是郇卿者，則郇伯是否為公孫之後又與荀卿無涉矣。

綜合以上諸說，荀卿又作孫卿，應以「語音之轉」一說較為可信也。（表三）

表三：荀、孫二字考

類　　　別	主　　張　　者
避諱稱孫說	司馬貞，顏師古
音同語異說	顧炎武，謝墉，江瑔，劉師培，梁叔任
兩代並稱說	胡元儀，林寶

第二節　荀子一書篇章之考證

先秦諸子之中，《荀子》一書可謂鮮於真偽之辯矣。楊倞注此書於唐武宗時，亦未疑之，僅略言某些篇章或某篇之部分段落為荀卿之弟子所雜錄，間有弟子之辭者也。〔註27〕

至宋朝王應麟見《荀子·非十二子》之篇中毀及子思、孟子，而考諸《韓詩外傳》則無，故以彼為荀卿門人所託，應以《韓詩外傳》為準〔註28〕亦

〔註25〕見胡元儀，《郇卿別傳考異》，王先謙，《荀子集解卷首所引》。
〔註26〕見林寶，元和姓纂，引自王先謙，《荀子集解》卷首。
〔註27〕見《荀子》楊倞注〈大略篇〉云：「此篇蓋弟子雜錄荀卿之語。」〈堯問篇〉注云：「自為說者已下，荀卿弟子之辭。」〈宥坐篇〉注云：「此以下（〈指宥坐、子道、法行、哀行、堯問共五篇〉）皆卿及弟子所引記傳雜事。」
〔註28〕王應麟，《困學紀聞》云：「荀卿非十二子，韓詩外傳引之止云十子，而無子

未指荀書爲僞作。

　　此後歷代諸家皆未言及。如宋濂之《諸子辨》，胡應麟之《四部正譌》，姚際恒之《古今僞書》考等皆然。清代諸儒亦校其錯亂而已。

　　降及近代之學者，疑古之風盛行，《荀子》書中遭受僞作之評者甚夥矣。胡適之先生爲疑古論之考據家，其以爲〈天論〉、〈解蔽〉、〈正名〉、〈性惡〉等四篇爲荀卿之精華所在，其他諸篇或東拉西扯，或見於《大小戴記》、《韓詩外傳》，率皆可疑也。則除此四篇之外，餘無足道者。〔註29〕

　　梁啓超則認爲《禮記》部分篇章與《荀子》相似，係襲自《荀子》：

　　　　凡此皆當認爲禮記采荀子，不能謂荀子襲禮記。蓋禮記本漢儒所裒
　　　　集之叢編，雜諸家著述耳。然而大略以下至堯問等六篇，宜認爲漢
　　　　儒所雜錄，非荀子之書。〔註30〕

　　楊筠如則由更縝密之方向如「體裁之差異」、「思想之矛盾」、「篇章之雜亂」以及其他之旁證以論斷除了〈正名篇〉、〈解蔽篇〉、〈富國篇〉、〈天論篇〉、〈性惡篇〉、〈正論篇〉、〈禮論〉起道一段幾篇之外，幾乎無可信者。因此主張：

　　1.《荀子》與大小戴《記》、《韓詩外傳》相同之文字必須割愛。

　　2. 與前述諸篇之主要思想相矛盾者，亦不採。

　　3. 凡是稱孫卿子之各條，爲求慎重最好勿用爲荀子學說之資料。

若依於楊筠如之意見，則可採信之荀子篇章，所剩無多矣。〔註31〕

　　張西堂則將《荀子》三十二篇中對勘三十二篇，共計七十餘處與大小戴《記》及《韓詩外傳》相同之文字，以爲凡此皆爲大小戴外傳襲荀子，非荀子襲自大小戴《記》及《韓詩外傳》者。〔註32〕然張氏仍將三十二篇《荀子》

　　　　思、孟子，蓋其門人如韓非、李斯之流託其師說以毀聖賢，當以韓詩爲正。」

〔註29〕胡適，《中國哲學史大綱·第十一篇》，第一章云：「今本荀子三十二篇，連賦五篇詩兩篇在內，大概今本乃係後人雜湊成的。其中有許多篇，如大略、宥坐、子道、法行等，全是東拉西扯，拿來湊數的。還有許多篇的分段，全無道理，如非相篇後兩章全與非相無干。又如天論篇的末段也和天論無干。又有許多篇，如今都在大戴、小戴的書中，或在韓詩外傳之中，究竟不知誰鈔誰的。大概天論、解蔽、正名，性惡四篇，全是荀卿的精華所在，其餘的二十餘篇，即使眞不是他的，也無關緊要了。」

〔註30〕見梁啓超，《要籍解題及其讀法》。

〔註31〕見楊筠如，《荀子研究》，第一章，第二節。

〔註32〕見張西堂，《荀子眞僞考》。

分為六組：

　　第一組：為包括〈樂論〉在內之十四篇皆可確信為荀子所作，不過間有
　　　　　　一、二段或屬他篇錯入者。此十四篇為：〈勸學〉、〈修身〉、〈不
　　　　　　苟〉、〈非十二子〉、〈王制〉、〈富國〉、〈王霸〉、〈天論〉、〈正論〉、
　　　　　　〈禮論〉、〈樂論〉、〈解蔽〉、〈正名〉、〈性惡〉等。

　　第二組：〈榮辱〉、〈非相〉、〈君道〉、〈臣道〉共四篇。此四篇有數段可信
　　　　　　為荀子所作，但有此段落疑非荀子所作。榮辱、非相兩篇尤為
　　　　　　顯然。

　　第三組：〈仲尼〉、〈致士〉、〈君子〉共三篇恐非荀子文，其思想文字頗令
　　　　　　人懷疑。

　　第四組：〈儒效〉、〈議兵〉、〈彊國〉，共三篇。此三篇應為荀卿之弟子所
　　　　　　撰述者。

　　第五組：〈成相〉、〈賦〉二篇。

　　第六組：大略以下六篇。此六篇宜認為漢儒所採錄之辭。

　　荀子固為先秦儒家之巨擘，取精用宏匯諸子於一爐，研幾識深，發為臧
否率皆允當，洵為承先啟後之大儒，然而篇集之中倘有偽作，自不應曲予迴
護，然先秦典籍俱為前賢心血之結晶，德澤後世，彌足珍貴，若無確實證據
自亦不能信口黜陟，隨意揣度。如今本《荀子》三十二篇，乃劉向典校中秘
書時所編度，由三百二十二篇，詳加審核，去其重複者二百九十篇乃有三十
二篇之數，而胡適卻曰：「大略、宥坐、子道、法行等篇，全是東拉西扯拿來
湊數的。」〔註33〕又如《論語》、《孟子》二書為弟子所記故用子曰及孟子曰
為全書之體例。則荀子去孟子殆不過五十年左右，獨不許荀卿之弟子記其師
說乎？而楊筠如則謂凡稱孫卿子者，為慎重起見，亦最好不用為荀子學說之
資料。〔註34〕準此則論孟二書則無足觀矣。

　　荀子乃先秦之大儒，其於百家學說兼容並蓄，詳加析辨評陟，歸然獨造
而返本於孔子，故黃師錦鋐云荀子乃先秦儒家中之雜家也。而漢人所傳之
《詩》、《書》、《易》、《禮》及《春秋》，無論直接或間接，幾乎皆與荀子有關。
據江中《荀卿子通論》曰：

　　　　荀卿之學，出於孔氏，而尤有功於諸經。蓋自七十子之徒既歿，漢諸

儒未興，中更戰國殘秦之亂，六藝之傳，賴以不絕者荀卿也。周公作之，孔子述之，荀卿子傳之，其揆一也。……曲臺禮記—荀卿學本長於禮。儒林傳云：東海蘭陵孟卿，善爲禮、春秋，授后蒼疏廣。劉向敘云：蘭陵多善爲學，蓋以荀卿也。……又二戴禮並傳之孟卿。大戴禮曾子玄事篇，戴修身大略二篇文。小戴樂記三年問鄉飲酒義篇，載禮論樂論篇文。由是言之，曲臺之禮，荀卿之支與餘裔也

汪中以孟喜善爲禮，以卿爲字，及其爲蘭陵人等三項外緣以說明《禮記》爲荀子所授，雖不甚堅強，仍然合理。蓋蘭陵人既崇敬荀卿，且受其感化陶冶並皆好學，卿歿百餘年後仍樂以卿爲字，則傳習荀子之學說自屬人之常情。《漢書‧藝文志》稱孟喜將禮授與后蒼；后蒼說禮於未央宮之曲臺殿都數萬言，號「后氏曲臺記」，再授與戴德戴聖，是爲《大戴禮》及《小戴禮記》。〔註35〕

江中又由內緣關係指出《大戴禮曾子玄事篇》，載有荀子〈修身〉、〈大略〉二篇；小戴〈樂記〉、〈三年問〉、〈鄉飲酒義篇〉，載〈禮論〉、〈樂論〉二篇，則可確信爲《禮記》襲之荀子。又據閆隆廷以大小戴記爲主，探索其與荀子之脈絡，指出《小戴禮》四十九篇中，三十二篇與荀子有關；〔註36〕陳飛龍則以爲《大戴禮》現存四十篇之中亦有九篇與荀子有關。〔註37〕可爲補充之證明。此外如謝墉所著之《荀子箋釋》、康有爲之《新學僞經考》、《古史辨》之〈荀卿及荀子〉、張心澂之《僞書通考》、李九瑞之《先秦十子思想概述》、高維昌之《周秦諸子概論》、熊公哲之《荀卿學案》等均有載述。

第三節　樂論篇之考證

如上面所述歷代學者除王應麟曾懷疑《荀子‧非十二子篇》爲僞作之外，並無人疑及《荀子》一書之中有所謂贗品者。胡適之先生則僅肯定〈天論〉、〈解蔽〉、〈正名〉、〈性惡〉等四篇爲《荀子》之精華所在，其餘凡是與大小戴《記》部分相同者，皆列爲可疑。〔註38〕楊筠如則以〈正名〉、〈解蔽〉、〈富國〉、〈天論〉、〈性惡〉、〈正論〉、〈禮論〉（〈起首一段〉）幾篇較可能眞爲荀子所作之外，其餘不免魚目混珠。又主張與大小戴《記》相同之文字只得割愛。

〔註35〕班固，《漢書》，卷八八。
〔註36〕閆隆庭，《大小戴記與荀子關係之探索》。政大碩士論文。
〔註37〕陳飛龍，〈荀子禮學對後世的影響〉。《政大學報》第四十四期。
〔註38〕同註29。

〔註39〕根據胡適之先生及楊筠如之主張，〈樂論〉篇或屬於「只得割愛」之行列，或者爲「不知誰鈔誰」身分未明。

　　梁啓超力主凡大小戴《記》與《荀子》俱有相同之處者「皆當認爲禮記采荀子，不能謂荀子襲禮記」〔註40〕若是則《荀子・樂論篇》與小戴〈樂記〉及〈鄉飲酒義〉二篇雷同者「當認爲禮記采荀子，不能謂荀子襲禮記」殆無疑義矣。

　　張西堂對勘《荀子》與大小戴《記》及《韓詩外傳》相同之文字共計七十餘處，亦主張凡此皆大小戴外傳襲自荀子者，無荀子襲大小戴外傳之痕跡。且張氏將三十二篇《荀子》分爲六組，第一組十四篇乃信爲荀子之文者。其中〈樂論〉篇包托在內。〔註41〕

　　楊筠如懷疑〈樂論篇〉爲僞作，蓋以篇中「著誠去僞，禮之經也」一句。因爲《荀子・性惡篇》中之「僞」字，乃指人爲之義，如「人之性惡，其善者僞也」、「慮積焉，能習焉，謂之僞」而〈樂論篇〉「著誠去僞」之「僞」字乃詐僞之僞，於義未合，故疑爲僞作。張西堂則引〈不苟篇〉之「詐僞生塞，誠信生神」，〈禮論篇〉「君子審於禮，則不可欺詐僞」及〈性惡篇〉「今與不善人處，則所聞者欺誣詐僞也」等例子以證明《荀子》書中之僞字本具有二義，非僅限於人爲之義也，故此不足論〈樂論篇〉之非出於荀子之手也。

　　以內容言之，《荀子》之〈樂論〉與《小戴禮》之〈樂記〉，均在討論樂之起源，樂與人生關係，樂之功效與國家興亡，人心之向背等，此皆爲儒家之理想，以禮導其志，以樂和其聲而孔子亦言「興於詩，立於禮，成於樂。」《荀子・樂論篇》所言較爲精審，內容較簡約，〈樂記〉則較詳盡，不免雜亂，然亦有本之荀子而推演進展者，受荀子影響而模擬學步者亦所在多有。如

（一）論樂之起源

　　《荀子・樂論篇》云：

> 夫樂者，樂也，人情之所必不免也。故人不能無樂，樂則必發於聲音，形於動靜，而人之道，聲音動靜，性術之變盡是矣。

關於樂之起源，荀子指出乃由於人情所必不可免也。〈樂記〉則將樂之起源予以分析，由人心受物之激盪而情爲之動，動而聲音生矣。又解釋聲、音、樂

〔註39〕同註31。
〔註40〕梁啓超，《要籍解題及其讀法》。
〔註41〕張西堂，《荀子眞僞考》。

三者之差異。此是承荀子之見而推演者。

> 凡音之起，由人心生也。人心之動，物使之然也，情動於中，故形
> 於聲，聲成文，謂之音。比音而樂之，及干戚羽旄，謂之樂。

（二）論政治興亡與樂之關係

《荀子‧樂論篇》云：

> 樂中平則民和而不流，樂肅莊則民齊而不亂。民和齊則兵勁城固，
> 敵國不敢嬰也。如是，則百姓莫不安其處，樂其鄉，以至足其上矣。
> 然後名聲於是白，光輝於是大，四海之民莫不願得以爲師，是王者
> 之始也。樂姚冶以險，則民流僈鄙賤矣；流僈則亂，鄙賤則爭；亂
> 爭則兵弱城犯，敵國危之，如是則百姓不安其處，不樂其鄉，不足
> 其上矣。

荀子以整段文字說明王者之始與亂爭之國，其治亂有別，其樂風殊異。樂風
若是中平肅莊則民和而齊；否則姚冶以險而民流僈鄙賤；故前者導民臻於王
者之治，後者危削侮辱，亡國之本也。荀子由音樂之風格推論民心振靡與國
之興亡。樂記則不做此推理而由荀子所推之結論，政治之良窳做判斷，名之
曰：治世之音，亂世之音及亡國之音。

> 治世之音安以樂，其政和。亂世之音怨以怒，其政乖，亡國之音哀
> 以思，其民困。聲音之道，與政通矣。

（三）〈樂論〉對人生之影響

《荀子‧樂論篇》云：

> 凡姦聲感人而逆氣應之，逆氣成象而亂生焉；正聲感人而順氣應之，
> 順氣成象而治生焉。

《禮記‧樂記》：

> 凡姦聲感人而逆氣應之，逆氣成象而淫樂興焉。正聲感人而順氣應
> 之，順氣成象而和樂興焉。

〈樂記〉承襲荀子之痕跡十分明顯，僅將「亂生焉」改爲「淫亂興焉」；「治
生焉」改爲「和樂興焉」餘則字句相同。

（四）論先王之制樂

在論及先王立樂之大旨，亦可了然樂記之思想，實爲荀子樂論之流亞，
殆無疑義矣。

《荀子・樂論篇》云：

> 先王惡其亂也，故制雅頌之聲以道之，使其聲足以樂而不流，使其
> 文足以辨而不諰，使其曲直繁省廉肉節奏足以感動人之善心，使夫
> 邪污之氣無由得接焉。是先王立樂之方也。

《禮記》篇文與上段相較，僅有少數文字之更動爾，如「惡其亂」改爲「恥
其亂」；「使其聲足以樂而不流」樂記刪去「以」一字；「使其文足以辨而不諰」
改爲「使其文足『論而不息』」；「繁省廉肉」改爲「繁瘠廉肉」；足以感動人
之善心」，樂記上加上「而已矣」三字；「使夫邪污之氣無由得接焉」改爲「不
使放心邪氣得接焉」雖有些微之更動，而文意無別，其師承之關係，可謂洞
澈昭然矣。

〈樂論篇〉之末段自「吾觀於鄉，而知王道之易易也。」以下並未見於
《小戴禮》之樂記篇而錄於〈鄉飲酒義篇〉。楊筠如認爲此段與〈鄉飲酒〉切
合，與《樂論》之體裁既不相合，上下文義也不相接。〔註42〕謝墉則認爲《樂
記》鄉飲酒義所引俱出〈樂論篇〉。〔註43〕孔子論學曰：「興於詩，立於禮，
成於樂。」〔註44〕可知孔子禮樂並重之教育態度，樂之地位甚至在禮之上。
蓋禮者理也，用以規範人倫建立社會秩序；樂者和也，用以調和人情，內外
相濟，融和無間使尊卑長幼翕然有序。誠以禮勝則離，樂勝則流，二者不可
偏廢也。故荀子曰：「且樂也者，和之不可變者也；禮也者，理之不可易者也。
樂合同，禮別異，禮樂之統，管乎人心矣。」〔註45〕儒者論學治世首重務本，
所謂本立而道生；孟子曰：「天下之本在國，國之本在家」荀子爲先秦末期之
大儒其學篤實博厚固務本之儒家巨擘，因其重本，而且其政治理論強調「禮」、
「群」之概念，由君王至庶人莫非群居而生活，聖王之所以制禮作樂亦爲了
群其人民而共同營居也。荀子曰：

> 人之生不能無群，群而無分則爭，爭則亂，亂則窮矣。故無分者，
> 人之大害也；有分者，天下之本利也。」（〈富國篇〉）

人必須營群居之生活，群居則不能無分，無分則亂爭而失天下之本利，此禮
義之所制也。〔註46〕

〔註42〕楊筠如，《荀子研究》，第一章，第二節，二。
〔註43〕謝塘，《荀子箋釋序》，成文出版社。
〔註44〕《論語・泰伯篇》。
〔註45〕《荀子・樂論》本文。
〔註46〕參姜尚賢，《荀子思想體系》，第一章。

先王國其亂也故制禮義以分之，使有貧富貴賤之等。（〈王制篇〉）

在此群居之社會並不應有貴族特權與階級之壟斷也。荀子曰：

論德而定次，量能授官，皆使人載其事，而各得其所宜。〈君道篇〉

雖王公之子孫也，不能屬於禮義，則歸之庶人，雖庶人之子孫也，

積文學，正身行，能屬於禮義，則歸之卿相士大夫。（〈王制篇〉）

因此「禮」正是此理想社會之標準，秩序之來源。上至天子諸侯之政府，下至鄉野之社會皆在「禮」之規範下群居而謀生。荀子眼見傳統政治社會之崩潰，殫精竭慮，融古攝今，提出禮樂之統，以管乎人心。禮使其「群而分」，樂使其「和而樂」以之達到「正理平治」，而鄉居之守禮和樂，正所以見其理想社會之端倪，王道之始蓋立基於斯，是以荀子對鄉飲酒之禮有如此高之評價：「貴賤明，降殺龍，和樂而不流，弟長而不遺，安燕而不亂，此五行者，足以正身安國矣，彼國安而天下安」。故〈樂論〉末段以「吾觀於鄉而知王道之易易也」為論述之始，豈不充分顯示聖人道濟天下之悲憫胸懷乎？荀子以此段置諸〈樂論篇〉之篇末，豈不宜乎？

茲比較《荀子‧樂論篇》之末段與《小戴記‧鄉飲酒義篇》之差異以見其承襲之梗概耳。

吾觀於鄉，而知王道之易易也。

〈鄉飲酒義篇〉於此句之上有「孔子曰」三字。

主人親速賓及介，而眾賓皆從之。

〈鄉飲酒義篇〉作「自」從之。

至於門外，主人拜賓及介，而眾賓皆入，貴賤之義別矣。三揖至於階，三讓以賓升，拜至，獻酬辭讓之節繁，及介省矣。至於眾賓升受，坐祭、立飲，不酢而降，隆殺之義辨矣。

〈鄉飲酒義篇〉作「別」矣，以取代「辨」矣。

工入，升歌三終，主人獻之；笙入，三終，主人獻之：間歌三終，合樂三終，工告樂備，遂出。二人揚觶，乃立司正，焉知其能和樂而不流也。賓酬主人，主人酬介，介酬眾賓，少長以齒，終於沃洗者，焉知其能弟長而無遺也。

〈鄉飲酒義篇〉作「遜遺也」

降說屨升坐，脩爵無數。飲酒之節，朝不廢朝，莫不廢夕。

〈鄉飲酒義篇〉「降脫屨」代「降說屨」。

賓出，主人拜送，節文終遂焉，知其能安燕而不亂也。貴賤明，降
殺龍，和樂而不流，弟長而不遺，安燕而不亂，此五行者，足以正
身安國矣，彼國安而天下安。故曰：吾觀於鄉，而知王道之易易也。
此段〈鄉飲酒義篇〉與《荀子‧樂論篇》相同，應係鈔自荀子本文者。

　　荀子以博學卓識之才，懷濟世安民之心，睹殺戮盈野之事，毀方敗常之
俗，而貪暴鄙陋之諸侯，徒讓獨秦橫行霸道，肆虐於中國，其秉持內聖外王
之學而無所施展，既未有「乘桴浮於海」之思，亦無放浪山林之舉，僅歎亂
世之行雜無度，安於小吏，而不敢獨善其身；敷化百姓而冀望於治世也。窮
居異鄉而著述不輟，傳道授業以俟諸來者。故慨然曰：「亂世之徵：其服組，
其容婦。其俗淫，其志利，其行雜，其聲樂險，其文章匿而采，其養生無度，
其送死瘠墨，賤禮義而貴勇力，貧則為盜，富則為賊，治世反是也。

　　〈樂論篇〉至此戛然而止，荀子感時憂國而冀望撥亂反治之聖者胸懷卻
溢於紙表，千載之下猶有餘情矣！

第二章　荀子建立「樂論」之原因

第一節　周朝禮樂文化之承繼與時代之考驗

　　中國文化之累積，自黃帝唐虞，夏商二代以迄於周，始燦然大備，文治武功賅洽彪炳。故孔子曰：「周監於二代，郁郁乎文哉，吾從周。」文王、武王爲周朝之開創聖王，然而其政教規模皆成於周公之精心擘劃也。周公苦心孤詣殫精竭慮以垂教後世者，殆爲「制禮作樂」，將武裝革命弔民伐罪之政治果實轉化爲親親而仁民富有道德性之宗法社會，用以鞏固諸侯國之政治體系，且將政權之轉移由「兄終弟及」易爲「嫡長子」制，又將政權之「天命」觀，提昇爲「德治」論，因此以禮樂教育國子，也以禮樂爲廟堂及燕居進退之儀節也。

　　周代文化可謂爲「禮樂之文化」，禮貫穿政治、社會、經濟、軍事等各個層面，彼此交織而構成嚴密之封建社會。「樂」則在此一體系中擔負融和潤滑之作用，甚且爲教育及人格修養之要道也。

一、樂與各種典禮之關係

　　周代祭祀天祇、地示、四望、山川、先妣、先祖等皆以樂序之。《周禮·春官》曰：

> 大司樂，……乃分樂而序之，以祭、以享、以祀。乃奏黃鍾，歌大呂，舞雲門以祀天神。乃奏大簇，歌應鍾，舞咸池，以祭地示。乃奏姑洗，歌南呂，舞大磬，以祀四望。乃奏蕤賓，歌函鍾，舞大夏，

以祭山川。乃奏夷則，歌小呂，舞大濩，以享先妣。乃奏無射，歌夾鍾，舞大武，以享先祖。

天子饗諸侯，以及諸侯國相饗之禮，稱爲大饗禮，皆須以樂行禮，甚至有不需相與交談者，而僅以禮樂相示耳。《禮記‧仲尼燕居》曰：

> 子曰：……禮猶有九焉；大饗有四焉。……兩君相見，揖讓而入門，入門而縣興；揖讓而升堂，升堂而樂闋；下管象武，夏籥序興；……行中規，還中矩；相鸞中采薺；客出以雍；徹以振羽。……入門而金作，示情也；升歌清廟，示德；下而管象，示事也。是故古之君子，不必親相與言也，以禮樂相示而已。

君臣之間有所燕飲，則行燕禮，行禮之時亦奏樂歌詩：

> 樂正先升：工四人，二瑟，……入，升自西階，北面東上，坐。工歌鹿鳴，四牡，皇皇者華……笙入，立於縣中，奏南陔，白華，華黍……乃間歌魚麗，笙由庚；歌南有嘉魚，笙崇丘，歌南山有台，笙由儀。遂歌鄉樂，周南：關雎、葛覃、卷耳；召南；鵲巢，采蘩，采蘋。……賓醉，北面坐，取其薦脯以降，奏陔。〔註1〕

射禮之中，天子、諸侯卿大夫依序而升，所奏之樂亦有所差異：

> 王以六耦，射三侯，三獲，三容，樂以騶虞九節，五正；諸侯以四耦，射二侯，二獸，二容，樂以貍首七節，三正；孤卿大夫以三耦，射一侯，一獲，一容，樂以采蘩五節，二正〔註2〕

周代亦有養老之禮，如《禮記‧王制篇》云：

> 凡養老，有虞氏以燕禮，夏后氏以饗禮，殷人以食禮，周人修而兼用之。

《禮記‧文王世子》云：

> 始之養也，適東序，釋奠於先老，遂設二老，五更，群老之席位焉。適饌，省醴，養老之珍具，遂發咏焉。退，修之以孝養也。反，登歌清廟，既歌而語，以成之也……下管象，舞大武。

鄉飲酒禮所用之樂與燕禮大致相同。

> 工四人，二瑟；……樂正先升，……工入……工歌鹿鳴，四牡，皇皇者菙。……笙入，堂下磬南，北面立，樂南陔，白華，華黍。乃

〔註1〕 《儀禮‧燕禮篇》。
〔註2〕 見《周禮‧夏官》，射人一節。

間歌魚麗，笙由庚；歌南有嘉魚，笙崇丘；歌南山有臺，笙由儀。

乃合樂周南；關雎、葛覃，卷耳；召南：鵲巢，采蘩，采蘋。……

乃羞，無算爵，無算樂。賓出奏陔。〔註3〕

又有鄉射之禮，《周禮》：「鄉大夫既賓賢能，而以鄉射之禮五物詢眾庶」，據《禮記‧射義》云：「卿大夫之射也，必先行鄉飲酒之禮。」

《儀禮‧鄉射禮篇》云：

樂正先升，……工四人，二瑟，……入升自西階，北而東上。……

笙入，立於縣中，西面。乃合樂周南：關雎、葛覃、卷耳；召南：

鵲巢，采蘩，采蘋。……乃奏騶虞以射。……乃羞，無算爵，……

無算樂。賓興，樂正命奏陔。

王師大獻所用樂爲愷樂〔註4〕田獵之時，以狩獵爲軍事訓練也。

《周禮‧夏官》曰：

大僕……凡事旅田役，贊王鼓。

〈地官〉曰：

鼓人，掌教六鼓四金之音聲，以鼖鼓鼓軍事；……以金錞和鼓；以

金鐲節鼓；以金鐃止鼓；以金鐸通鼓。

二、樂與教育之關係

樂之用於教育者，由來古矣。如尚書即曾記載舜命夔以樂教胄子，以使其修身養性以和神人。〔註5〕至周朝始建立完美之程序也。周代政府以德治相尚，故各種典禮本具教育意義，對下一代之統治菁英則更立有一套以樂爲主體且極完善之教育體系也。故荀子曰：「樂也者，聖王之所樂也，而可以善民心，其移風易俗，故先王著其教焉。」（〈樂論篇〉）劉師培曰：「古代教民，口耳相傳，故重聲教（〈禹貢〉言聲教訖於四海），而以聲感人，莫善於樂。」（《古政原始論‧學校原始論》）故自古以來之教育思想，皆重視以樂感化人性，教其興道、諷誦、言語，以樂舞教其行止俯仰，而自然以樂德爲其中心，

〔註3〕　《儀禮‧鄉飲酒禮》篇。

〔註4〕　《周禮‧春官》曰：「大司樂……王師大獻，則令奏愷樂。」夏官曰：「大司馬……若備陃有功則左執律，右秉鉞，以先愷樂獻於社。」

〔註5〕　《尚書‧舜典》：「帝曰夔，命汝典樂，教胄子：直而溫，寬而栗，剛而無虐，簡而無傲；詩言志，歌永言，聲依永，律和聲；八音克諧，無相奪倫，神人以和。」

如中和、祇庸、孝友等。

《周禮・春官》曰：

　　大司樂掌成均之法，以治建國之學政，而合國之子弟焉。凡有道者，
　　有德者，使教焉；死則以爲樂祖，祭於瞽宗。以樂德教國子，中和、
　　祇庸、孝友；以樂語教國子，興道、諷誦、言語；以樂舞教國子，
　　舞雲門大卷、大咸、大磬、大夏、大濩、大武。

《周禮・地官》曰：

　　保氏……掌諫王惡，而養國子以道。乃教之以六藝：一曰五禮，二
　　曰六樂。

《周禮・春官》曰：

　　樂師：掌國學之政，以教國子小舞。凡舞有帗舞，有羽舞，有皇舞，
　　有旄舞，有干舞，有人舞。

《禮記・文王世子》云：

　　凡學：世子及學士必時，春夏學干戈，秋冬學羽籥，皆於東序。小
　　學正學干，大胥贊之。籥師學戈，籥師丞贊之。胥鼓南，春誦，夏
　　弦，大師詔之瞽宗。秋學禮，…冬讀書…大樂正學舞干戚，語說，
　　命乞言；皆大樂正授數，大司成論説，在東序。

《周禮・春官》云：

　　大胥……春入學，舍采合舞，秋頒樂，合聲。

《周禮・地官》云：

　　大司徒施十有二教：「四曰，以樂禮教和，則民不乖。」又：「以鄉
　　三物教萬民，而賓興之……三曰，禮、樂、射、御、書、數。」又：
　　「以六樂防萬民之情，而教之和。」

　　《周禮》一書雖有戰國時代之資料間入，然其所敘述之古代政治制度之
架構者應爲周初所傳承，由後來之儒者加以輯佚潤飾而成也。〔註6〕此段以樂

<hr>

〔註6〕　梁啓超，《古書眞偽及其年代》書中云：「這部是戰國秦漢之間，一二人或多
　　　　數人根據從前短篇講制度的書，借來發表個人主張。主張也不是憑空造出來
　　　　的，一部分是從前制度，一部分是著者理想……」
　　　　徐復觀，《中國藝術精神》，第一章第一節：「我始終認爲周禮是戰國中期前後
　　　　的儒家，或散而在野的周室之史，把周初傳承下來的古代政治制度，加以整
　　　　理補綴，發展而成的東西。所以裡面雜有戰國中期前後的名詞觀念。但形成
　　　　此書的骨幹，卻是由周初所傳承、建立、積累起來的資料。」

爲教育中心，且全章與祭祀之活動密切關連，應是周公制禮作樂之精神所體現，非後人所能虛構者也。〔註7〕

　　周之禮樂亦是前有所承，如舜典所載，帝命夔教之以「直而溫，寬而栗，剛而無虐，簡而無傲，詩言志，歌詠言，律和聲，八音克諧，無相奪倫，神人以和」亦明示樂與詩之配合以教育國子實爲古代道德教育之最高準則也。

　　及至東周，王室陵夷，諸侯擅權，五霸迭興，禮壞樂崩，是以孔子曰：「天下有道則禮樂征伐自天子出。天下無道則禮樂征伐自諸侯出。」〔註8〕樂征伐乃天子所以推行王政之要道也。降及春秋禮樂征伐之權旁落於諸侯，無怪乎孔子感慨系之，而禮樂儀節之踰越，更爲孔子所痛心疾首，如孔子謂季氏曰：「八佾舞於庭，是可忍也，孰不可忍也？」〔註9〕衡諸史實，列國聘享之間奏樂頌詩越分犯禮之處亦屢見不鮮矣。如魯文公饗衛寧武子之聘以「湛露」、「彤弓」。寧武子不予應對，文公使人私問之，對曰：

　　　昔諸侯朝正於王，王宴樂之，於是乎賦「湛露」，則天子當陽，諸侯
　　　用命也；諸侯敵王所愾而獻其功，王於是乎賜之彤弓一，彤弓百，
　　　玈弓矢千，以覺報宴。今陪臣來繼舊好，君辱貺之，其敢干大禮以
　　　自取戾？〔註10〕

魯爲周公之封邑，成土特允祭周公以天子之禮，爲周禮薈萃之邦，而魯君竟昧於聘問之禮樂，誠殊可怪者；孔子曰：「吾自衛反魯，然後樂正，雅頌各得其所。〔註11〕良有以也。

　　又如魯國穆叔之晉以報知武子之聘，晉悼公命樂師奏「肆夏」三，工歌「文王」之三，皆不拜；暨乎歌「鹿鳴」之三，始三拜。韓獻子使人問之：「何以舍其大而重拜其細？」穆叔答曰：

　　　三「夏」，天子所享元侯也，使臣弗敢與聞；「文王」，兩君相見之樂
　　　也，臣不敢及；「鹿鳴」，君所以嘉寡君也，敢不拜嘉；「四牡」君所

〔註7〕　同前。「全段語句構成的格式，及「有道者」「有德者」「樂德」之類的觀念，可能是出於整理者之手。但以樂爲教育的中心；且全章音樂的活動，皆與祭祀密切關連在一起，這便不可能是春秋中期以後，尤其不可能是戰國中期以後的人所能懸空構想的出來的。」見徐復觀，《中國藝術精神》，第一章第一節。

〔註8〕　見《論語・季氏篇》。

〔註9〕　見《論語・八佾篇》。

〔註10〕　見《左傳・文公四年》。

〔註11〕　《論語・子罕篇》。

以勞使臣也，敢不重拜；「皇皇者華」，君教使臣曰：「必諮於周」臣
聞之，訪問於善為咨，咨親為詢，咨禮為度，咨事為諏，咨難為謀，
臣獲五善，敢不重拜。〔註12〕

又如宋公享晉侯於楚丘，竟以殷天子之樂享之，晉侯之大臣有異議者，而荀
偃，士匃則堅持而詭辯曰：

諸侯，宋、魯於是觀禮。魯有禘樂，賓祭用之。宋以『桑林』享君，
不亦可乎？〔註13〕

遂以殷天子之樂享之，此即漢書所謂「及其衰也，諸侯喻越法度，惡禮制之
害，而皆去其籍。」禮如是，而樂亦復如是。蓋春秋時代，諸侯攻伐，兼併
屠戮，愈演愈烈，爾虞我詐，以縱橫捭闔為慮，攻城掠地為務，驕奢淫逸而
百姓流離，故皆欲擅篡禮樂之儀節以恣自適。降及戰國時代，每下愈況，聘
享祭祀之禮，胥泯而不存矣。

據《史記·孟荀列傳》云：

當是之時，秦用商君，富國強兵。楚魏用吳起，戰勝弱敵。齊威王、
宣王用孫子田忌之徒，而諸侯東面朝齊。天下方務於合縱連橫以攻
伐為賢。

又劉向《戰國策·書錄》云：

仲尼既歿之後，田氏取齊，六卿分晉，道德大廢，上下失序。至秦
孝公捐禮讓，而貴戰爭，棄仁義而用詐譎，苟以取強而已。夫篡盜
之人列為侯王，詐譎之國興兵為強，是以轉相放效，後生失之，遂
相吞滅，并大兼小。暴師經歲，流血滿野，父子不相親，兄弟不相
安，夫婦離散，莫保其命，湣然道德絕矣。

此時先王之禮義遷為富國強兵之術，聖王之雅樂淪為陷溺心志之鄭聲。齊宣
王，戰國之英主也，孟子以好樂問之，王變乎色曰：「寡人非能好先王之樂也，
直好世俗之樂耳。〔註14〕戰國時期魏文侯禮敬子夏、段干木、田子方、勵精
圖治，又稱最為好古，且富於音樂修養。嘗與田子方飲酒而稱樂。凡音律之
不協者，可即席而指其謬誤。〔註15〕卻問於子夏曰：「吾端冕而聽古樂，則唯

〔註12〕《左傳·襄公四年》。
〔註13〕《左傳·襄公十年》。
〔註14〕見《孟子·梁惠王章句》下。
〔註15〕見《戰國策·魏一·卷二二》「魏文侯與田子方飲酒而稱樂。文侯曰：『鐘聲
不比乎？左高？』田子方笑。文侯曰：「奚笑？」子方曰：『臣聞之：君明則

恐臥；聽鄭衛之音則不知倦⋯。」，〔註16〕則其他之諸侯王，等而下之，可思過半矣！因此班固曰：「子夏辭而辨之，終不見納，自此禮樂喪矣。」〔註17〕

　　子夏、孟子遇文侯、宣王，挾滿腹之經綸，操滔滔之辯口，猶無能改於諸侯王之溺於俗樂。至乎張儀、蘇秦等縱橫之士，逞三寸不爛之舌以連諸侯，肆攻戰，尚功名，取富貴者，禮樂僅為其外交謀詐，折衝尊俎之工具爾。

《戰國策齊五·卷一二》云：

> 蘇秦說閔王曰：「⋯⋯臣之所聞：攻戰之道非南者，雖有百萬之軍，比之堂上；雖有闔閭、吳起之將，禽之戶內；千丈之城，拔之尊俎之間，百尺之衝，折之衽席之上。故鐘、鼓、竽、瑟之音不絕，地可廣而欲可成；和樂、倡優、侏儒之笑不乏，諸侯不同日而致也。⋯⋯

由春秋進入戰國時代，政治社會之傾頹，愈演愈烈，以至於周公所訂下之禮樂體制摧毀殆盡，此即顧炎武之所嗟歎者也。其言曰：

> 自左傳之終，以至戰國凡百三十三年。史文闕軼，考古者為之茫昧。如春秋時猶尊禮重信，而七國則絕不言禮與信矣。春秋時猶宗周室，而七國則絕不言王矣。春秋時猶嚴祀祭，重聘享，而七國則無其事矣。春秋時猶論宗姓氏族，七國則無一言及之矣。春秋時猶宴會賦詩，而七國則不聞矣。春秋時猶有赴告策書，而七國則無有矣。邦無定交，士無定主，此皆變於一百三十三年之間，史之闕文，而後人可以意推者也。〔註18〕

春秋時代，宮廷之中，朝覲聘享之際，禮樂歌詩之儀，常生錯亂踰越。洎戰國時諸侯王率皆沈溺鄭衛之音，以俗樂為尚，蕩志靡心往而不返矣。子夏雖苦口而勸曰：「鄭音好濫淫心，宋音燕女溺志，衛音趨數煩志，齊音傲僻喬志；此四者皆淫於色而害於德。」〔註19〕而魏文侯不納，此即朱載堉所謂：「古樂使人收歛，俗樂使人放肆。放肆人自好之，收歛人自惡之。是以聽古樂則惟恐臥，聽俗樂則不知倦。俗樂興，則古樂亡。」〔註20〕

　　綜合以上所言，可知荀子所面臨者為周代整個禮樂制度之崩潰，外則群

　　　　樂官，不明則樂音⋯⋯。』」

〔註16〕見《禮記·樂記》。

〔註17〕班固，《漢書》：「子夏⋯⋯」，卷二二，〈禮樂志〉第二。

〔註18〕顧炎武，《日知錄》。

〔註19〕《禮記·樂記》。

〔註20〕朱載堉，《樂律全書總論》。

雄蠭起，裂地爭戰，內則篡逆僭越，陪臣攬權。在此禮壞樂崩之際，爲解決時代之紛爭，重新建立既合乎文武周孔之王道精神，又能安頓貴賤尊卑之秩序以定國平天下者，無如建立一種有「分」〔註21〕之制度，即是禮，而「禮」不僅消極上以防患止亂，更在積極維持群居生活之美善，此有待「樂」之調和，故荀子曰：「先王之道，禮樂正其盛者也。」〔註22〕由此可知荀子除了重視「禮」之外，又對「樂」注以非常之關切，其「樂論」之作，誠有其歷史之因素也。

第二節　學術環境之影響

　　春秋戰國之際，學術文化之寶藏不再爲貴族所壟斷，廣大之民眾亦有機會接受往聖先賢之智慧薰陶，優游於道德仁義之中。加以諸侯力征，求才甚殷，更促使學術之勃興。有志之士刓精刻慮，創學立派，各擁徒眾以迎合國君之好，以邀一時之功，建萬世之名，彼此激盪對抗，遂有諸子百家之興起。使得先秦之學術思想如百花齊放，星光燦爛，昭耀史冊，垂教百代矣。

　　先秦儒學之締建者，殆爲孔子也。嘗曰：「文王既沒，文不在茲乎」蓋以周文之承襲者自命也。〔註23〕周遊列亞欲以行道濟世。其論政或曰足食、足兵，民信之矣。或曰：富之教之。皆本之周代禮樂之教。如子曰：「禮樂不興，則刑罰不中，刑罰不中則民無所措手足。」〔註24〕又曰：「天下有道，則禮樂征伐自天子出，天下無道，則禮樂征伐自諸侯出。」，其弟子之爲政者，亦以禮樂之教爲其職志。如冉求曰：「方六七十，如五六十，求也爲之，比及三年，可使足民如其禮樂以俟君子。」實際從政者如子游，於武城教民，亦以禮樂，夫子過境聞絃歌之聲，爲之莞爾。〔註25〕當其時，並世學者無可與抗衡者，僅衛之隱士聞其擊磬之音先許之曰：「有心哉擊磬乎！」既而又譏之曰：「鄙哉！硜硜乎！莫己知也。」〔註26〕除此南方學者等之諷喻外，餘則未有碩儒鴻學如孔子者。

　　至孟子之時，楊朱、墨翟之學盈天下，所謂：「不歸楊，則歸墨。」〔註27〕

〔註21〕《荀子・王制篇》：「先王惡其亂也，故制禮義以分之，使其貧富貴賤之等。」
〔註22〕《荀子・樂論篇》。
〔註23〕見《論語・子罕篇》。
〔註24〕《論語・子路篇》。
〔註25〕《論語・陽貨篇》。
〔註26〕《論語・憲問篇》。
〔註27〕《孟子・滕文公下》。

可知當時思想界之情形，似乎儒者之地位已岌岌可危矣。幸而孟子適時起而護衛孔子之學於幽隱不彰之時，丕顯文武周孔之道，廣與諸家論辯，以駁斥異說爲己任。其斥責楊朱「貴己」爲「無君」，墨子「兼愛」爲「無父」，而無君無父之人則與禽獸無異矣，以道德言之，孟子之責難甚爲義正辭嚴，酣暢淋漓。然而墨子除了兼愛之外，亦主張非樂，「禮樂並重」爲先秦儒者論政之一貫原則，而孟子卻未置一辭之辯也。

孟子之後，儒者後繼無人，儒學之光芒，遂又轉趨暗淡，無復凌駕百家之上矣。當時諸子之說相形之下更爲繁盛，派多論眾，各逞一時之機鋒。及至荀子之時，除了楊、墨二家之外，尚有它囂、魏牟、陳仲、史鰌、愼到、田駢、惠施、鄧析、莊周、申子、公孫龍子等諸說並立。故荀子處此思想環境之下重整儒家之學，融會諸子之言，析名辨理，衡諸時世，迭創精義自成體系以善紹往聖，下開來者，光大儒家之學統，誠儒門之碩學鴻儒也。

荀子詳析諸家異，認爲其「持之有故，言之成理」〔註28〕以似是而非之論，欺愚惑眾，導致治絲愈棼，王道不振。故以自身淵博之學識，犀利之眼光，對各家學說予以深刻而客觀之瞭解，並且一一加以礛砭，其說見於〈非十二子篇〉：

1. 評它囂、魏牟：「縱情性，安恣睢，禽獸行，不足以合文通治。」
2. 評陳仲、史鰌：「忍情性，綦谿利跂，苟以分異人爲高，不足以合大眾，明大分。」
3. 評墨翟、宋鈃：「不知壹天下，建國家之權稱；上功用，大儉約，而僈差等。曾不足以容辨異，縣君臣。」
4. 評愼到、田駢：「尚法而無法，下脩而好作，上則取聽於上，下則取從於俗，終日言成文典，反紃察之，則倜然無所歸宿，不可以經國定分。」
5. 評惠施、鄧析：「不法先王，不是禮義，而好怪說玩琦辭，甚察而不急（從王念孫校）辯而無用，多事而寡功，不可以爲治綱紀。」

其中墨子又有非樂之說。墨子以爲非不樂於大鐘、鳴鼓、琴瑟、竽笙之聲，然「上考之，不中聖王之事，下度之，不中萬民之利。」〔註29〕故墨子非之。又曰：聲樂害於政，使君子無暇聽治，庶人無暇從事，故曰：「古者三代暴王，桀紂幽厲，薾爲聲樂，不順其民，是其身爲刑僇，國爲戾虛者，皆

_____

〔註28〕《荀子·非十二子篇》。
〔註29〕《墨子·非樂篇》。

從此道也。」〔註30〕

　　荀子針對當時之學術環境，提出評論之標準。所謂「合文通治」，即合於「禮文」，而通於「治道」，蓋荀子所謂「文」即指「禮」而言。而荀子之「禮」恒常代表「禮樂」一詞。〔註31〕因此荀子曰：「禮樂之統，管乎人心矣。」〔註32〕

> 禮者，以財物爲用，以貴賤爲文，以多少爲異。(〈大略〉)(楊倞注：文，禮也。)

> 禮者，治辨之極也，強國之本也。(〈議兵〉)

> 上莫不致愛其下，而制之以禮。上之於下，如保赤子，政令制度，所以接下之人，百姓有不理者，如毫末，則雖孤獨鰥寡，必不加焉。故下之親上，歡如父母，可殺而不可使不順。君臣上下，貴賤長幼，至於庶人，莫不以是爲隆正；然後皆內自省，以謹於分。是百王之所同也，而禮法之樞要也。然後，農分田而耕，賈分貨而販，百工分事而勸，士大夫分職而聽，建國諸侯之君，分土而守，三公摠方而議，則天子共己而止矣。出若入若，天下莫不平均，莫不治辨。是百王之所同，而禮樂之大分也。(〈王霸〉)

> 禮之於正國家也，如權衡之於輕重也。(〈大略〉)

> 先王惡其亂也，故制禮義以分之，使有貧富貴賤之等。(〈王制〉)

荀子以「禮」爲通向「合文通治」之大道，也以「禮」杜塞諸子悠悠之口，而以之爲治道之極也。〈樂論〉則係針對墨子「非樂」之挑戰而積極予以回應也。

> 夫樂者、樂也人人情之所必不免也。……先王惡其亂也，故制雅頌之聲以道之，使其聲足以樂而不流，使其文足以辨而不諰，……使夫邪污之氣無由得接焉。是先王立樂之方也，而墨子無之奈何！(〈樂論〉)

> 故樂在宗廟之中，君臣上下同聽之，則莫不和敬；閨門之內，父子兄弟同聽之，則莫不和親；鄉里族長之中，長少同聽之，則莫不和順。……是先王立樂之術也，而墨子非之奈何！(〈樂論〉)

> 故聽其雅頌之聲，而志意得廣焉；執其干戚，習其俯仰屈伸，而容貌得莊焉；行其綴兆，要其節奏，而行列得正焉，進退得齊焉。……

〔註30〕《墨子・公益篇》。
〔註31〕錢穆，《國學概論》頁23：「蓋荀子單言詩書則包春秋，單言禮則包樂」。
〔註32〕《荀子・樂論篇》。

是先王立樂之術也，而墨子非之奈何！（〈樂論〉）

先王之道，禮義正其盛者也。而墨子非之。故曰：墨子之於道也，
猶瞽之於白黑也，猶聾之於清濁也，猶欲之楚而北求也。（〈樂論〉）

第三節　儒學發展上之需求

荀子於學術上所尊崇者，蓋爲周公、孔子也，其論周公輔成王室周室之
功業，謂之爲「大儒之效」，推崇周公爲大儒之典範。故荀子曰：

大儒之效，武王崩，成王幼，周公屏成王而及武王，以屬天下，惡
天下之倍周也。履天子之籍，聽天下之斷，偶然如固有之，而天下
不稱貪焉。殺管叔，虛殷國，而天下不稱戾焉。兼制天下，立七十
一國，姬姓獨居五十三人，而天下不稱偏焉。教誨開導成王，使諭
於道，而能揜迹於文武。周公歸周，反籍於成王，而天下不輟事周；
然而，周公北面而朝之。天子也者，不可以少當也，不可以假攝爲
也；能則天下歸之，不能則天下去之。是以周公屏成王而及武王，
以屬天下，惡天下之離周也。成王冠，成人，周公歸周，反籍焉，
明不滅主之義也。周公無天下矣。鄉有天下，今無天下，非擅也；
成王鄉無天下，今有天下，非奪也；變勢次序節然也。故以枝代主
而非越也；以弟誅兄而非暴也；君臣易位而非不順也。因天下之和，
遂文武之業，明枝主之義，抑亦變化矣，天下厭然猶一也。非聖人
莫之能爲。夫是之謂大儒之效。（〈儒效〉）

可見荀子對周公之沐握吐餔成王以平管、蔡、霍叔之亂，誅殷之餘黨以鞏固
文武之業，衷誠景仰讚歎，許之爲「聖人」，爲「大儒之效」。周公對中國文
化最大之貢獻即在於「制禮作樂」孔子則以繼承周公之道自許，乃至寤寐之
間，與周公之魂魄長相左右。〔註33〕周公即代表著「周文」，故孔子曰：「周
監於二代，郁郁乎文哉，吾從周」〔註34〕述其抱負則曰：「如有用我者，其爲
東周乎！」〔註35〕故「從周」爲孔子畢生之職志，而荀子敬法仲尼，譽之爲
「聖人之不得勢者」，名之曰「大儒」。其言曰：

〔註33〕《論語·述而篇》：「甚矣！吾衰也，久矣，吾不復夢見周公。」
〔註34〕《論語·八佾篇》。
〔註35〕《論語·陽貨篇》。

今夫仁人也，將何務哉？上則法舜禹之制，下則法仲尼、子弓之義，以務息十二子之說，如是，天下之害除，仁人之事畢，聖人之跡著矣。」（〈非十二子〉）

其窮也，俗儒笑之；其通也，英傑化之，嵬瑣逃之，邪說畏之，眾人媿之。通則一天下；窮則獨立貴名。天不能死，地不能埋，桀跖之世不能污，非大儒莫之能立。仲尼子弓是也。（〈儒效〉）

若夫總方略，齊言行，壹統類，而群天下之英傑，而告之以大古，教之以至順，奧窔之間，簟席之上，斂然聖王之文章具焉，佛然平世之俗起焉，六說者不能入也，十二子者不能親也。無置錐之地，而王公不能與之爭名，在一大夫位，則一君不能獨畜，一國不能獨容，成名況乎諸侯，莫不願以為臣，是聖王之不得勢者也，仲尼子弓是也。（〈非十二子〉）

荀子推崇周公、孔子，以周公為「大儒之效」，而孔子為「大儒」，所謂「大儒」即善於調一天下者，〔註36〕所謂調一天下即是以王道普化天下，使臻於治世也，蓋就外在客觀之事功以言之也，亦即「平正和民」〔註37〕而化民成俗也。故知周公、孔子皆荀子所矢志效法之聖人也。是以荀子曰：

孔子仁知且不蔽，故學亂術，足以為先王者也。一家得周道，舉而用之，不蔽於成積也。故德與周公齊，名與三王竝，此不蔽之福也。」（〈解蔽〉）

荀子心目中之儒者蓋「在本朝則美政，在下位則美俗」〔註38〕而且明於持社稷之大義，通乎敗萬物養百姓之經紀，「勢在人上則王公之才也，在人下則社稷之臣，國君之寶也。」〔註39〕周公「制禮作樂」開成康之治世，孔子以「周文」自任，行之以禮樂，荀子紹述二聖隆禮重樂，誠一脈相傳也。

周公「制禮作樂」乃周朝克殷之後，欲鞏固維新之政治體系而設立者。其目的在維繫封建新政治下諸侯貴族與百姓之社會秩序，期於安定與諧和，即創業垂統也。「禮樂」之作既在規範政治與社會之秩序，亦在督導政治及社

〔註36〕見《荀子・儒效篇》：「大儒者，善調一天下者也。……用百里之地，而不能以調一天下，制彊暴，則非大儒也。」

〔註37〕《荀子・儒效篇》。

〔註38〕《荀子・儒效篇》。

〔註39〕《荀子・儒效篇》。

會行爲之運作。倘若社會結構有所變遷，則「禮樂」之功能及意義必隨之而產生差異性，減弱其維繫社會秩序之功能，周之禮樂文治襲至孔子之時，由於時代之變遷，社會結構之改變，漸漸導至形式與實際貌合神離，流爲外在繁擾虛飾之禮儀矣。

周代之政治爲封建制度，周天子與諸侯之關係一則爲政治上之君臣，二則爲宗族上之兄弟叔伯。其統治氏族依宗法制度，以嫡長子爲承繼者，以庶子爲「別子」，形成大宗與小宗，依此分權而治。亦以血統之嫡庶及親疏長幼等定爲貴賤尊卑長幼之身分，使每人之爵位及權利、義務，各與其身分相稱，此即爲周代之封建政度，周公所制之「禮樂」則爲其實質之內容也。

西周之後農業技術及生產事業日漸發達，促成商業行爲興起，社會日漸富裕，諸侯國人口增多，亦必要求「封土」之擴大而兼併之，且嫡長子不必皆賢，有能者勢必取而代之，因此僭越，篡逆之風盛行，政治體制逐漸紊亂。當時之當政者如李克、吳起、商鞅之流，尚耕戰，闢草萊，廢井田，更使人民聚積財富，促進工商繁榮，再加以國君任用布衣賢士等因素，使春秋戰國時代之政治、社會、經濟，皆面臨轉變，呈現不同之面貌，此正舊制度趨於崩潰；而新制度尚未建立之轉型期也。因此春秋時代諸侯聘享之際僭用天子之樂者屢見不鮮，如魯文公饗衛寧武子以天子之詩樂，「湛露」、「彤弓」、〔註40〕晉悼公享魯穆叔以兩君相見之樂文王及天子享諸侯之樂「肆夏」〔註41〕宋公於楚丘享晉侯以殷商天子之樂「桑林」等〔註42〕

孔子面對時代之變局，對禮樂之僵化與僭越，感到忍無可忍〔註43〕遂反省周文之蔽，作根本性之探討，欲爲周文尋求其存在之內在理由與根據，爲僵化之周文解除危機，重新賦予活潑而充實之生命，產生其本應具有之功能，以適應新時代之需求。此種內在之根據而且成爲禮樂存在之理由者即爲「仁」也。

孔子爲那形同僵化之禮樂，尋出內在之根源「仁」；「仁」正使得禮儀三百，威儀三千之繁文縟節蛻變成活生生之面貌，再度射出煜耀萬古之光芒。誠天不生仲尼，則萬古如長夜矣。

當林放問禮之本，正觸及孔子思想之核心，無怪乎孔子讚曰：「大哉問」

〔註40〕見《左傳・文公四年》。
〔註41〕《左傳・襄公四年》。
〔註42〕《左傳・襄公十年》。
〔註43〕《論語・八佾篇》：「八佾舞於庭，是可忍也，孰不可忍也？」

〔註44〕禮之本，即禮之精神，亦即仁。故孔子曰：「禮云，禮云，玉帛云乎哉！樂云，樂云，鐘鼓云乎哉！」〔註45〕又曰：「人而不仁如禮何？人而不仁如樂何？」〔註46〕由此可知，禮樂之行使，不僅依託於禮儀與鐘鼓之運作，更必須以人心之「仁」為其依據，唯有如此當外在之禮樂流於形式而崩壞時，始可由「仁」重新使其復活發揮禮樂之功能。孔子之「仁」乃反省周文之蔽而向內收，尋得此一內在於人心之根據，以此常道發揮其力量，確立「內聖」之本，並煥發於外，以重建新秩序，即是「外王」之實現也，故孔子曰：「文王既沒，文不在茲乎？」〔註47〕孔子之思想即是通過「內聖」復煥發為「外王」而形成其思想體系及傳道之事業也。

孔子之後，孟子、荀子俱為儒門之宗師也。孟子繼承並闡揚孔子內聖之「仁心」，以此提昇為「仁政」以遊諸侯，傳王道。荀子則繼承孔子言「禮樂」之一面，即外王之部分。蓋孔子開創「仁」之觀念，且兼及內聖及外王，然而內聖之「仁」及外王之「禮」則無理論之建樹也。故自儒學本身之發展而言，「內聖」與「外王」二者皆充實而完成之，始為完整圓滿之儒學也。先秦儒者，唯孟子能繼承並發展孔子之仁學，「性善論」之建立，正足以為孔子之「仁」予以理論上之依據，而成就孔子內聖之一面，至於外王之則嫌不足，對於樂則僅能隨順諸侯而曰：「今之樂猶古之樂」「今王與百姓同樂則王矣。」荀子則盡心於「禮」之建稱，並為先秦儒學建立一套樂教之理論體系，此正所以發揚孔子儒學之外王一面也。

孔孟論政之時，著重於聖君賢相之人格，以此德性主體擴而充之，用仁心之感通以化民成俗，綱紀天下，道濟蒼生，而且以堯舜無為而治為其理想。然而儒者倘若未提出具體可行之禮義法度以之為規範，則政治理想如空中樓閣，無由落實矣。

孔子為周代已僵化之禮樂尋求一普遍且永恆之存在依據，即內在於人心之「仁」曰：「我欲仁，斯仁至矣」〔註48〕春秋之時周禮雖然已呈現動搖之勢，而齊桓、晉文等諸侯猶倡「尊王攘夷」，雖有僭越而祭祀賦詩，朝覲聘享行禮如儀，故孔子以「仁」復活禮樂之眞精神縱使未能行道於天下，仍可為社會所悅納，

〔註44〕《論語·八佾篇》。
〔註45〕《論語·陽貨篇》。
〔註46〕《論語·八佾篇》。
〔註47〕《論語·子罕篇》。
〔註48〕《論語·述而篇》。

提供一種救衰解蔽之方式。當荀子之時，諸侯棄仁義，捐禮讓，貴爭奪，兼併野戰，血流漂杵，如此劇烈變動之社會，秩序之維繫已無法僅以「我欲仁，斯仁至矣」及「反身而誠，樂莫大焉」等之方式，必須依賴客觀之禮法，由「行法至堅」之「勁士」與言行知慮多當亦「行法至堅」之「君子」共同輔佐能「修百王之法」，能「應當時之變」，能「行禮要節而安之」，且有「要時立功之巧」，能「平正和民」之「聖人」，以強大之政治力量推行王道。〔註49〕

　　故荀子為回應時代之要求，解決儒學未完成之使命，乃釐定其思想體系，以「禮」為中心，較重制度義，視禮為一全然客觀之存在，欲使其可施諸眾人，且具有約束養育之價值與效用。乃於參差紛雜之禮憲中求其理則，參酌時勢，架構廣大周密之思想體系，即是「禮」，傳統之禮，在荀子之手得以承繼擴大再產生新效用也。

　　孔子曰：「殷因於夏禮，所損益可知也；周因於殷禮，所損益可知也。其或繼周者，雖百世可知也。」。〔註50〕荀子之禮適足以為孔子繼周之理想，建構一藍圖也。荀子之禮，由其性質起源、範圍及效用之擴大，皆是孔子禮論之發展也。

　　陳大齊先生曰：「荀子所說的禮，其範圍至為廣大，上自君治國之道，下至個人立身處世之道，乃至飲食起居之細節，莫不為其所涵攝。禮不但是行為方面之準繩，且亦是思想方面之準繩，不但是處理社會現象的準繩，且亦是應付自然現象的準繩，包羅著言行的各種規範，可以說是一切規範的總稱。」〔註51〕

　　荀子為善紹周孔二聖之大儒也。周公「制禮作樂」，孔子「刪詩書，訂禮樂」荀子之禮為二聖之承續與發展而成就之也。荀子論「禮」率與樂為一體，荀子之禮為一切規範之總稱，故樂之涵蓋而亦然，遍及治國之道，個人立身處世，飲食起居等。禮樂融合之程度，密不可分也。

蔡元培先生曰：

> 有禮不可無樂。禮者，以人定之法，節制其身心，消極者也，樂者，以自然之美，化感其性靈，積極者也。禮之德，方而智，樂之德，圓而神。無禮之樂，或流於縱恣而無紀；又涉於枯寂而無趣。〔註52〕

〔註49〕《荀子・儒效篇》。
〔註50〕《論語・為政篇》。
〔註51〕陳大齊，《荀子學說》，第九章，第一節。
〔註52〕蔡元培，《中國倫理學史》，第六章。

荀子之禮，重客觀外在之制度義，雖可形成完整之社會結構，秩序井然，彌所不包，然而矯情性，重師法，尊君隆禮，此消極外在之箝制，足以使人僵化枯寂，故荀子以其篤實之人格綜合先賢分散之音樂觀，融會爲系統化之〈樂論篇〉，使音樂教化充滿於政治、教育、社會、軍事、人生、各個層面，以濟禮文之不足而爲道德休養之極致。故荀子曰：「夫聲樂之入人也深，化人也速，故先王謹爲之文。」〔註53〕「樂也者，和之不可變者也；禮也者，理之不可易者也。樂別異，禮樂之統，管乎人心矣。」〔註54〕又曰：「仁義禮樂，其致一也。」〔註55〕孔子曰：「興於詩，立於禮，成於樂。」荀子由嚴密剛硬之「禮樂之統」提昇至圓融和樂之「禮樂之統」，以齊一天下〔註56〕可謂完成先秦儒學於發展上之時代需求矣。

〔註53〕《荀子‧樂論篇》。
〔註54〕《荀子‧樂論篇》。
〔註55〕《荀子‧大略篇》。
〔註56〕《荀子‧大略篇》。

第三章　荀子建立「樂論」之思想根據

　　荀子之學以「禮」爲中心，而「樂」正所以成就「禮」之極致以濟其偏也。蓋樂能「窮本極變」〔註1〕禮則「著誠去僞」〔註2〕故「樂至則無怨，禮至則不爭，揖讓而治天下」〔註3〕荀子所以提出「禮樂之統」以管乎人心，有其儒學上之承繼源流，而在其思想體系上則另有根源之依據。緣以思想之建立必有其堅實之前提以爲理論架構之根基，始能圓滿周延，故以下探討荀子所以重視「樂論」之思想上之依據也。

第一節　天人關係

　　思想家對天之認識，和其思想型態之形成具有決定性之影響，蓋一切政治論、人性論、價值論等皆由此而向下推衍。中國人對天之認識，經過夏、商、西周之長期演變，已逐漸脫離宗教意義之天，亦即知識界對天所持之態度，從具有賞罰意志之天解放出來，形成「道德性之天」與「自然性之天」；後者以「自然界」爲依歸，前者則著重「人生界」之安頓，但仍有堅持「宗教性之天」者。此即儒、道、墨三家形上學之基本差異也。然而三家亦具有同樣之特色，即是「法天」與「尊天」。

一、儒、墨、道三家之天人關係

　　儒家思想以現實人生之安頓爲其職志，內聖外王爲其理想，故「敬鬼神而遠之」，不及於先死幽冥之事，然而其亦具有法天之色彩。如孔子曰：

〔註1〕　《荀子・樂論篇》。
〔註2〕　《荀子・樂論篇》。
〔註3〕　《禮記・樂記》。

唯天唯大，唯堯則之。〔註4〕

天何言哉！四時行焉！百物生焉！天何言哉！〔註5〕

余所否者，天厭之，天厭之。〔註6〕

不怨天，不尤人，下學而上達，知我者，其天乎！〔註7〕

法天及以天爲心靈上之最後歸依，甚爲明顯。孟子亦未完全排除法天之思想，如曰「昔者堯薦舜於天，而天受之，暴之於民，而民受之。」〔註8〕表示，政權之轉移，其決定者爲天，而不僅爲人之志意耳，亦有尊天之意味也。

墨子則堅持傳統「宗教性之天」。如墨子主張「天志」，以天爲具有賞罰好惡之情者，怒則罰，喜則賞，兼愛百姓，而欲「治」不欲「亂」也。

天之意，不欲大國之攻小國也，大家亂小家也。〔註9〕

順天意者，兼相愛，交相利，必得賞；反天意者，別想惡，交相賊，必得罰。〔註10〕

墨子以「天志」爲能「賞罰」之「主宰性之天」，則「義」亦由天出，則天爲最高之價值所歸也。如：

今天下之君子欲爲仁義者，則不可不察義之所從出。……然則，義何從出？子墨子曰：義不從愚且賤者出，必自貴且知者出……然則，孰爲貴？孰爲知？曰：天爲貴，天知而已矣。然則，義果自天出矣。

〔註11〕

子墨子言曰：我有天志，譬若人之有規，匠人之有矩。輪匠執其規矩，以度天下之方圓，曰：中者是也，不中者非也。〔註12〕

故知墨子以「天爲貴，天爲智」，「天志」爲最高之主宰力，爲價值賞罰之樞機，爲人所當法者，其「尊天」思想最爲濃厚也。

道家並不承認「宗教性之天」及「道德性之天」，以宇宙間之生成演化之

〔註4〕 《論語・泰伯篇》。
〔註5〕 《論語・陽貨篇》。
〔註6〕 《論語・雍也篇》。
〔註7〕 《論語・憲問篇》。
〔註8〕 《孟子・萬章篇》。
〔註9〕 《墨子・天志中》。
〔註10〕 《墨子・天志上》。
〔註11〕 《墨子・天志中》。
〔註12〕 《墨子・天志上》。

原理爲萬物之本源，字之曰「道」，雖然如此，道家仍然主張法自然，以爲天生萬物之作用，即是自然，法自然亦即法天也。如。《老子》云：

> 人法地，地法天，天法道，道法自然。(〈二十五章〉)

此即說明道爲宇宙生成演變之原理，然而「道」之所出，乃爲「自然」，故天法道，道法自然，人要法自然則是無庸置疑之事矣。

二、荀子之天人關係

荀子紹承孔子思想對孟子則稍有微詞，其處於戰國時代思想昌明，學術發達之時期，取精用宏別創新義，其於「天人關係」則與孔孟有別。荀子認爲天之運行，有其亙古不變之規律性，依正常之軌道周行不殆，不受人間善惡之影響也。

> 天行有常，不爲堯存，不爲桀亡，應之以治則吉，應之以亂則凶。(〈天論篇〉)

> 列星隨旋，日月遞炤，四時代御，陰陽大化，周雨博施，萬物各得其和以生，各得其養以成，不見其事，而見其功，夫是之謂神。(〈天論篇〉)

荀子以天、地、人三者並列。天不隨人之好惡而易其動，地不因人之好惡而有所差別，君子亦不因小人之妄行而更其操守，以發揮其常道也。因此天、地、人已並列爲三。此則染有道家之色彩矣。〔註13〕

> 天不爲人之惡寒也，輟冬；地不爲人之惡遼遠也，輟廣；君子不爲小人之匈匈也，輟行。天有常道矣，地有常數矣；君子有常體矣。

> 君子道其常，而小人道其功。(〈天論篇〉)

荀子認爲天爲自然體所構成，具有生長萬物及覆載人類之功用，其無以辨別萬物，亦不能統理人類，茫昧無知，爲永恒運轉不息之實體，因此否定其人格化之意志，亦不承認有福善禍淫之能力，故人類社會一切善行與幸福，僅有依賴人類本身之創造，更無其他方式以資取代也。

故荀子曰：

> 天能生物，不能辨物；地能載人，不能治人也。宇中萬物生人之屬，

〔註13〕《老子》，「天長地久，天地所以能長且久者，以其不自生，故能長生。(〈老子第七章〉) 道大天大，地大，人亦大，域中有四大而人居其一焉。(〈老子第二十五章〉)

待聖人然後分也。(〈天論篇〉)

孔孟道德法則之天，為盡人事之努力後，猶無可避免缺憾於現實之時，做為最後詮釋之原理與心靈之歸依者也。然而荀子除了強調人為力量之努力外，並不尊天，法天，亦不曰「盡人事而安天命」、「君子有三畏，畏大人之言，畏聖人之言」等，對於時俗以為四時變化，人生禍福皆操之於天或神以致於荒於奮鬥，怠於人事，而有所謂「營於巫祝，信機祥」者，荀子皆闢而除之，倡天論以重視人為之努力，其破除迷信可謂不遺餘力矣。故曰：

> 彊本而節用則天不能貧；養備而動時，則天不能病；脩道而不貳，
> 則天不能禍；故水旱不能使之飢，寒暑不能使之疾；祅怪不能使之
> 凶。本荒而用侈，則天不能使之富；養略而動罕，則天不能使之全；
> 倍道而妄行，則天不能使之吉。故水旱未至而飢，寒暑未薄而疾，
> 祅怪未至而凶。受時與治世同，而殃禍與治世異，不可以怨天，其
> 道然也。故明於天人之分，可謂至人矣。(〈天論篇〉)

荀子於此反覆闡明天人之分之依據，及禍禍之道實係於人為者。天人之間乃相對者也，天之所為，人固無能為力；然而人力所及之處，天亦無能為之，此即天與人各有其權限與範圍也。故吾人僅需盡人為之責任，則天亦無能禍之，所謂「彊本而節用，則天不能貧，養備而動時，則天不能病；脩道而不貳，則天不能禍。」因此人事上之治亂禍福，端視人為之奮鬥，而不必依賴天之庇佑也。荀子曰：

> 故君子敬其在己者，而不慕其在天者。小人錯其在己者，而慕其在
> 天者。君子敬其在己者，而不慕其在天者，是以日進也。小人錯其
> 在己者，而慕其在天者，是以日退也。(〈天論篇〉)

正因為吾人之努力，則天不能降下凶禍疾病，故君子盡其在己者而不慕其在天者，進一步「物畜而制之」，「制天命而用之」〔註 14〕凸顯了人之地位與主宰力，使人由「天命」之箝制下解脫出來，以面對自己所遭遇之問題，並由人自身來創立最高價值──「禮」，「禮」由修身齊家以至於治國平天下，形成一貫之體系，錢賓四先四生言荀子單言禮時，則已包含樂，(〈見第二章，註 31〉)而樂之運作則由宗廟之上，至閨門之內與鄉里族長之間，又擴之於軍隊，喪祀與歌舞之際，可謂至廣而深也。且「樂也者，和之不可變者也；禮

〔註14〕《荀子・天論篇》：「大天而思之，孰與物蓄而制之。從天而頌之，孰與利天命而用之。」

也者，理之不可易者也。」（〈樂論〉）荀子又曰：「樂合同，禮別異，禮樂之統管乎人心矣。」（〈樂論〉）其以天人分途之形上論落實於人生界，而以「禮樂之統」立人道之極，此正其重視樂論之思想上之根據也。而且荀子又進一步將君子之脩樂提昇至與天地相象，與四時相似之境界矣。

> 君子鐘鼓道志，以琴瑟樂心，動以干戚，飾以羽旄，從以磬管。故
> 其清明象天，以廣大象地，其俯仰周旋有似於四時。（〈樂論〉）

而將「樂」統攝在內之「禮」字，則被推衍爲天地運行及萬物生成繁盛之原理原則也。

> 天地以和，日月以明，四時以序，星辰以行，江河以流，萬物以昌，……
> 萬物變而不亂，貳之則喪也，禮豈不至矣哉！（〈禮論〉）

第二節　性惡與化性起僞

在論及荀子性惡論之前，先討論孟子與告子之性論，以見其異同趨捨也。

一、孟子論性

孟子聲稱人性本善，其所謂「性善」並非指生命與生具有之全部本能，而是其中之一部分，亦即以「心」言性，隸屬於生而具有之本能，而非全部。孟子雖以「心」言性，然而並不否認人性中生而具有之種種情欲，卻反對人完全臣屬於自然之情欲，而爲其所蒙蔽。因爲人之所以爲人尚有其超越形我之道德心，此亦自然流露不可遏止，爲人性中更珍貴更高尚之需求也。故孟子曰：

> 口之於味也，目之於色也，耳之於聲也，鼻之於嗅也，四肢之於安
> 佚也，性也，有命焉，君子不謂性也。仁之於父子也，義之於君臣
> 也，禮之於賓主也，智之於賢者也，聖人之於天道也，命也。有性
> 焉，君子不謂命也。（〈盡心下〉）

> 口之於味，有同耆也。易牙先得我口之所耆者也。如使口之於味也，
> 其性與人殊，若犬馬之於我不同類也，則天下何耆皆從易牙之於味
> 也。（〈告子上〉）

> 孟子曰：求則得之，舍則失之，是求有益於得也；求在我者也。求
> 之有道，得之有命，是求無益於得也；求在外者也。（〈盡心上〉）

由此可知孟子對「性」與「命」重新予以界定，以異於流俗也。亦即以仁、

義、禮、智等道德性之追求爲內在於我而且求有益於得者，謂之曰「性」。以口之於味，目之於色之感官需求乃求之於外，而且求無益於得者，謂之「命」故孟子又因此而將仁、義、禮、智之心稱之爲大體，以口、目、耳、鼻之欲爲小體，主張君子應當從其大體而不應從其小體也。

> 體有貴賤，有大小。無以小害大，無以賤害貴。養其小者爲小人，
> 養其大者爲大人。……飲食之人，則人賤之矣，爲其養小以失大也。
> (〈告子上〉)

> 公都子問曰：「鈞是人也，或爲大人，或爲小人，何也？」孟子曰：
> 「從其大體爲大人，從其小體爲小人。曰：「鈞是人也，或從其大體，
> 或從其小體，何也？」曰：耳目之官不思而蔽於物，物交物，則引
> 之而已矣。心之官則思，思則得之，不思則不得也。此天之所與我
> 者。先立乎其大者，則其小者不能奪也。此爲大人而已矣。(〈告子
> 上〉)

故知孟子乃以心言性，「心之官則思，思則得之」君子所以從之，此之謂大體，「耳目之官不思而蔽於物」是爲小體，貴大體而不從其小體。其以心善闡明性善則甚昭然矣。

二、告子論性

告子爲先秦諸子中唯一與孟子論性之學者也。其以爲「生之謂性」〔註15〕又曰：「食、色性也」〔註16〕則告子所謂之性爲與生具來之本能而言，亦即自然之情欲，而食、色二者，爲人之大欲存焉。而且食、色乃人類爲了求個體之生存與種族之延續所必須具備之欲望，本身爲中性，無所謂善惡，故告子亦主張性無善惡之說。

故告子曰：

> 性猶湍水，人性之無分於善惡，猶水之無分於東西。〔註17〕

因此告子以人性如杞柳而仁義如桮棬，抨擊孟子之行仁義，實際上仍戕賊人性，以屈從外在之道德規範，此爲告子僅了解「生而具有」之自然情欲，毫不能理解孟子之以心言性，以心善言性善之心性論有以致之也。

〔註15〕《孟子‧告子篇上》。
〔註16〕《孟子‧告子篇上》。
〔註17〕《孟子‧告子篇上》。

三、荀子論性

荀子論性，亦以「生之謂性」爲前提，蓋其論天爲「天行有常」、「物之所以生」，等觀點言之，論性亦由此而引出也。荀子曰：

> 凡性者，天之就也。(〈性惡篇〉)

> 生之所以然者謂之性，性之和所生，精合感應，不事而自然，謂之性。(〈正名篇〉)

> ……是皆生於人之情性者也，感而自然，不待事而後生之者也。(〈性惡篇〉)

荀子論性爲自然而與生同具之本性，「天之就也」、「不事而自然」，依其論述則性又有二義，一則爲感官之本能：

> 今人之性，目可以見，耳可以聽；夫可以見之明不離目，可以聽之聰不離耳；目明而耳聰，不可學明矣。(〈性惡篇〉)

二則人爲因感官之本能而產生之情欲，向外追求其滿足者也。

> 今人之情性，飢而欲飽，寒而欲煖，勞而欲休，此人之情性也。(〈性惡篇〉)

> 若夫目好色，耳好聲，口好味，心好利，骨體膚理好愉快，是皆生於人之情性者也。感而自然，不待事而後生之者也。(〈性惡篇〉)

> 凡人有所一同，飢而欲食，寒而欲煖，勞而欲息，好利而惡害，是人之所生而有也，是無待而然者也，是禹桀之所同也。目辨白黑美惡，耳辨音聲清濁，口辨酸鹹甘苦，鼻辨芬芳腥臊，骨體膚理辨寒暑疾養，是又人之所常生而有也，是無待而然者也，是禹桀之所同也。(〈榮辱篇〉)

生命與生具有感官上之本能，依此本能而向外尋求以滿足其欲望，荀子稱之爲「性」。然而荀子並不以人之自然情欲爲惡，故荀子曰：

> 禮起於何也？曰：人生而有欲，欲而不得，則不能無求。求而無度量分界，則不能不爭，爭則亂，亂則窮。先王惡其亂也，故制禮義以分之，以養人之欲，給人之求。使欲必不窮乎物，物必不屈於欲。兩者相持而長，是禮之所起也。(〈禮論篇〉)

人之情欲本於天性，有欲則生，無欲則死。故欲之有無，並不關乎治亂，卻與生死悠關，無欲寡欲不必治，有欲多欲不必亂，故曰「禮者養也」正所以

滿足眾人之欲，使「欲必不窮乎物，物必不屈於欲」也。

是以荀子曰：

> 故雖為守門，欲不可去，性之具也。雖為天子，欲不可盡。欲雖不
> 可盡，可以近盡也。欲雖不可去，求可節也。所欲雖不可盡，求者
> 猶近盡；欲雖不可去，所求不得，慮者欲節求也。道者，進則近盡，
> 退則節求，天下莫之若也。(〈正名篇〉)

人生而有欲，有欲則有好惡，得其所求則喜，失其所得則怒，喜怒發為聲音，
形乎動靜，而「人之道，聲音動靜，性術之變盡是矣」故荀子曰：

> 夫民有好惡之情，而無喜怒之應則亂，先王惡其亂也，故修其行，
> 正其樂，而天下順焉。(〈樂論篇〉)

可知荀子並無「禁欲」、「寡欲」，或以自然情欲本身為惡之意也。荀子又何以導
出性惡論，蓋荀子所謂善者「正理平治」也，所謂惡者「偏險悖亂」也。〔註18〕
故所謂「性惡」者指順「性」之所求則違反「正理平治」之定義，是為「性惡」，
此時之「性」所指者為自然之情欲也。

> 今人之性，生而有好利焉，順是，故爭奪生，而辭讓亡焉；生而有
> 疾惡焉，順是，故殘賊生而忠信亡焉；生而有耳目之欲，有好聲色
> 焉，順是，故淫亂生而禮義文理亡焉。然則從人之性，順人之情，
> 必出於爭奪，合於犯分亂理，而歸於暴。故必將有師法之化，禮義
> 之道，然後出於辭讓，合於文理，而歸於治。用此觀之，然則人之
> 性惡明矣，其善者偽也。(〈性惡篇〉)

所謂「順是」則順其自然之情欲而不知節制也，如此則好聲色，好利疾惡，
犯分亂理「窮年累世而不知足」遂生爭奪而違反正理平治之理想也，故順人
之情性，從其欲求，而不加以節制，必流於惡，此荀子之所以主張性惡也。

故荀子之所謂性惡，非謂人之好利疾惡之情，耳目聲色之欲等為惡，而
是指凡順其自然之情欲而放縱之，必至於犯分悖理，歸於暴者，始是惡也。
純然就其行為之結果以論斷之也。〔註19〕禮義為善，「性」非禮義故為「惡」，
所謂「禮義之謂治，非禮義之謂亂」。〔註20〕凡人之欲為善則人之性惡明矣，

〔註18〕《荀子·性惡篇》：「凡古今天下之所謂善者，正理平治也；所謂惡者，偏險
悖亂也。是善惡之分也。」
〔註19〕陳大齊，《荀子學說》，第四章，第一節。
〔註20〕《荀子·不苟篇》。

蓋人之性若本來善則更不須外求之矣。其言曰：

> 今人之性，固無禮義，固彊學而求有之也；性不知禮義，故思慮而
> 求知也。然則性而已，則人無禮義，不知禮義。人無禮義則亂，不
> 知禮義則悖。然則性而已。用此觀之，人之性惡明矣。（〈性惡篇〉）
>
> 凡人之欲爲善者，爲性惡也。夫薄願厚，惡願美，狹願廣，貧願富，
> 賤願貴，苟無之中者，不求於外，故富而不願財，貴而不願勢，苟
> 有之中者，必不及於外。用此觀之，人之欲爲善者，爲性惡也。（〈性
> 惡篇〉）

人性缺乏禮義，順之則淫亂生矣，而必須向外尋求，故純依人性必無法達成
之境地，而必待外力之陶冶，隳栝之烝矯，亦即聖王之禮義與軍上之法正刑
罰也。

> 直木不待隳栝而直者，其性直也。枸木必將待烝矯然後直者，以其
> 性不直也。今人之性惡，必將待聖王之治，禮義之化，然後皆出於
> 治，合於善也。用此觀之，然則人之性惡明矣。（〈性惡篇〉）
>
> 今誠以人之性固正理平治邪？則有惡用聖王？惡用禮義矣哉？雖有
> 聖王禮義，將曷加於正理平治也哉？今不然，人之性惡。故古者聖
> 人以人之性惡，以爲偏險而不正，悖亂而不治，故爲之立君上之勢
> 以臨之，明禮義以化之，起法正以治之，重刑罰以禁之，使天下皆
> 出於治，合於善也。是聖王之治而禮義之化也。今當誠去君上之勢，
> 無禮義之化，去法正之治，無刑罰之禁，倚而觀天下民人之相與也。
> 若是，則彊者害弱者而奪之，眾者暴寡而譁之，天下之悖亂而相亡，
> 不待頃矣。由此觀之，然則人之性惡明矣。（〈性惡篇〉）

綜合上述可知荀子之性惡篇乃剋就現實社會中，惡之事實而提出者，亦即戰
國時代縱情性，安恣睢而子弒其父，臣簒其君之社會所刺激於荀子者。針對
此一時代事實，謀求對治則必需有 一客觀之善惡標準以資實行矯正之，此即
是「禮」也，同時異於外在箝制之禮，免於威勢刑罰又能移風易俗，化民迅
速者則爲「樂」，所謂「樂自中出，禮自外作。樂由中出故靜，禮自外作故文」
〔註21〕故荀子曰：

> 立君上，明禮義，爲性惡也。（〈性惡〉）

〔註21〕《禮記・樂記》。

> 古者聖人以人之性惡，以爲偏險而不正，悖亂而不治，故爲之立君
> 上之勢以臨之，明禮義以化之。（〈性惡〉）

> 禮義者，治之始也。（〈王制〉）

> 故枸木必將待櫽括、烝矯然後直；鈍金必待礱厲然後利；今人之性
> 惡，必將待師法然後正，待禮義然後治。（〈性惡〉）

> 樂者，聖人之所樂也，而可以善民心。其感人深，其移風易俗；故
> 先王導之以禮樂而民和睦。夫民有好惡之情而無喜怒之應則亂，先
> 王惡其亂也。故脩其行，正其樂，而天下順焉。（〈樂論〉）

四、化性起僞

　　荀子雖然主張性惡，其主要目的卻在勉人爲善也。既云性惡，又如何爲
善？蓋其性惡中之性乃指人之自然情欲，此自然情欲，固不可謂之善，亦不
可謂之惡也，吾人若不順其性，縱其欲，則必可不流於惡矣。善雖不本於人
性，然而可化而致之，謂之曰「僞」荀子曰：

> 性也者，吾所不能爲也，然而可化也。積也者，非吾所有也，然而
> 可爲也。注錯習俗，所以化性也。（〈儒效〉）

荀子認爲「善」爲客觀、外在之禮義，凡不順其性情而且不放縱之則可爲聖
王之禮義所化而成善，然而亦有不願被禮義聖賢所化者。

> 塗之人可以爲禹，……故小人可以爲君子，而不肯爲君子。君子可
> 以爲小人，而不肯爲小人。小人君子者，未嘗不可以相爲也。然而
> 不相爲者，可以而不使也。故塗之人可以爲禹則然；塗之人能爲禹，
> 未必然也。雖不能爲禹，無害可以爲禹。……然則可以爲，未必能
> 也。雖不能，無害可以爲。然則能不能之與可不可，其不同遠矣，
> 其不可以相爲明矣。（〈性惡〉）

> 堯舜至天下之善教化者也。……然而朱象獨不化，是非堯舜之過，
> 朱象之罪也。堯舜者，天下之英也，朱象者，天下之嵬，一時之瑣
> 也。……堯舜者，天下之善教化者也，不能使嵬瑣化。（〈正論〉）

若不欲被聖王禮義之化以積善成僞則「嵬瑣逃之」，否則即可「化性起僞」矣。
所謂僞者，即人爲之意，非詐僞之僞也。

> 不可學不可事而在人者，謂之性；可學而能，可事而成之在人者，
> 謂之僞。（〈性惡〉）

> 若夫自好色，耳好聲，口好味，心好利，骨體膚理好愉快，是皆生
> 於人之情性者也；感而自然，不待事而後生之者也。夫感而不能然，
> 必且待事而後然者，謂之生於僞。是性僞之所生，其不同之徵也。(〈性
> 惡〉)

> 性者，本始材朴也；僞者，文理隆盛也。(〈禮論〉)

故後天之人爲者爲僞，且特指「文理隆盛」、「可學而能，可事而成」者，此
「僞」者標明「禮義」之特性乃經由人爲後天之努力使之與情性相合也。故
曰：

> 無性，則僞之無所加；無僞，則性不能自美。性僞合，然後聖人之
> 名一，……性僞合而天下治。(〈禮論〉)

有性而無僞，則性不能自美，性無以自美則非善矣，僞而無性，則僞亦無所
附著矣。前面曾言「小人可以爲君子而不肯爲」，嵬瑣逃聖人之化，可知有性，
有僞並不能使必趨於善，猶待主觀之抉擇以定其趨就；又「僞」爲後天人爲
之善，而此「僞」由何而生？此二者使荀子必須提出另一個理論以解決之，
斯爲荀子之心知論。

> 情然而心爲之擇，謂之慮；心慮而能爲之動，謂之僞。(〈正名〉)

由此可見「僞」之依據爲「心」，「心」乃決定善惡之樞機也，心慮而爲之動
則爲「僞」，「能化性，能起僞，僞起而生禮義。」如是則爲堯禹君子也。心
慮而不爲禮義所動，不願化其性而起其僞，反而逃之者，斯爲「小人」，「嵬
瑣」矣，如朱象者正一時之嵬瑣，堯禹亦無能化之也。然而「塗之人可以爲
禹」皆有「可以知仁義法正之質」向善之門仍然爲人人而敞開也。

> 塗之人可以爲禹？曷謂也？曰：凡禹之所以爲禹者，以其爲仁義法
> 正也。然則，仁義法正有可知可能之理。然而塗之人也，皆有可以
> 知仁義法正之質，皆有可以能仁義法正之具，然則其可以爲禹明矣。
> (〈性惡〉)

心具有一種力量，其正可以主宰自然之情欲，凡此情欲向外追逐時，心可止
之，亦可縱之，使行過其欲，故心之重要性爲荀子所特爲重視者也。

> 欲不待而得，而求者從所可。欲不待可得，所受乎天也；求者從所
> 可，受乎心也。所受乎天之一欲，制乎所受乎心之多，固難類所受
> 乎天也。人之所欲生甚矣，人之惡死甚矣；然而人有從生成死者，
> 非不欲生而欲死也，不可以生而可以死也。故欲過之而動不及，心

止之也。心之所可中理，則欲雖多，奚傷於治？欲不及而動過之，心使之也。心之所可失理，則欲雖寡，奚止於亂？故治亂在於心之所可，亡於情之所欲。(〈正名〉)

故心不可以不知道；心不知道，則不可道，而可非道。(〈解蔽〉)

以上言「凡以知」、「所以知之在人者」即是心以向外認知客體事務為其基本能力，無關善惡，故心必須知「道」，有此外在、客觀之價值體系經「心」予以認知之後便可據以判斷是非善惡，因此而守道以禁非道。

心知道，然後可道，可道然後守道以禁非道。以其可道之心取人，則合於道人，而不合於不道之人矣。以其可道之心與道人論非道，治之要也。(〈解蔽〉)

若此心不認知於客觀之聖王禮義，反而認知於「非道」則為亂之本也。

人孰欲得恣，而守其所不可，以禁其所可？以其不可道之心取人，則必合於不道人，而不知合於道人。以其不可道之心與不道人論道人，亂之本也。(〈解蔽〉)

故荀子主張心可以主宰人之形體，而為之君，因此首先必須使此心常保清明則可以「見鬚眉而察理」，可以「得大形之正」，然而清明之心未必合於善，卻可使之有能力以認知善，則需外在之道，以之權衡，使趨善避惡也。

聖人知心術之患，見蔽塞之禍，故無欲、無惡、無始、無終、無近、無遠、無博、無淺、無古、無今兼陳萬物而中縣衡焉。……何謂衡？曰：道。故心不可以不知道；心不知道，而可非道。……心知道，然後可道；可道然後能守道以禁非道。……故治之要在於知道。(〈解蔽篇〉)

荀子以「虛壹而靜」之大清明心 〔註22〕為依據，向外而認知「道」而通向善，且以道為權衡，確定心知之正確性，則發乎行為則必合於道德矣，其原動力則有賴於虛壹而清靜之心也。以此清明之心，以「知道」，僅為外在之善，並不能保證必能轉惡成善，因此實踐上仍有待於修養，荀子謂之「化性而起偽」，如何「化性起偽」，荀子強調教育之力量及環境之影響力也。

（一）教育之陶冶

人無師法，則隆性矣。有師法，則隆積矣。而師法者所得乎積，非

〔註22〕《荀子‧解蔽篇》：「人何以知道？曰：心」

所受乎性，不足以獨立而治。性也者，吾所不能為也，然而可化也。
積也者，非吾所有也，然而可為也。注錯習俗，所以化性也。並一
而不二，所以成積也。……故人知謹注錯，慎習俗，大積靡，則為
君子矣。縱情性而不足問學，則為小人矣。（〈儒效〉）

今使塗之人伏術為學，專心一志，思索孰察，加日縣久，積善而不
息，則通於神明，參於天地矣。故聖人者，人之所積而致矣。（〈性
惡〉）

依靠師法之力量，使人積善成德，化性起偽，其實質則為禮義也，故荀子曰：

今人之性惡，必將待聖王之治，禮義之化，然後皆出於治，合於善
也。（〈性惡〉）

古者聖王以人之性惡，以為偏險而不正，悖亂而不治，是以為之起
禮義，制法度，以矯飾人之情性而正之，以擾化人之情性而導之也，
始皆出於治，合於道者也。（〈性惡〉）

既然「禮義法正者，是聖人之所生也。」〔註23〕非內在於人性，靠心之認知
而「知道」，而了解仁義法正，因而仁義法正之傳導者，塑造者愈形重要，亦
即「師」之影響力始能保證心知道，始能了然仁義法正，始能修身行道，故
師者實繫天下之治亂於一身，故荀子主張隆師。荀子曰：

禮者，所以正身也；師者所以正禮也。無禮何以正身；無師，吾安
知禮之為是也。禮然而然，則是情安禮也。師云而云，則是知若師
也。情安禮，知若師，則是聖人也。故非禮，是無法也。非師，是
無師也。不是師法，而好自用，譬之是以盲辨色，以聾辨聲也，舍
亂妄無為也。（〈修身〉）

禮之進路係針對人之性惡而克治之，以師法之力量，刑罰之阻遏，導之以聖
王仁義法正之道，貫輸於人心之中，使其知所權衡，然後守道以禁非道。此
為外來強制性之教化也。名曰：「禮之進路」，為一般人所知之者，然而荀子
有有樂之進路以達於禮義，使皆出於治而合於教化也，此為「樂之進路」也。
樂之進路直接契入人心，由人心之喜、怒、哀、樂之根源，情欲未發為行動
時，即以樂感化之，人由其衷心所流露之情而與樂化合，直接將人心淨化，
透過有規律之舞蹈動作配合儀節詩歌等活動，於廟堂、鄉間、家庭，使眾人

〔註23〕《荀子・性惡篇》。

身心和諧，彼此融洽，迅速達到和樂之境界而皆化於善。此蓋由內在而發，以化人之情性而導之，令其皆出於治而合於道也，名之曰「樂之進路」。此亦即化解強制性之禮義所帶來之蕭穆與凝重也。

> 故人不能不樂，樂則不能無形，形而不爲道，則不能無亂。先王惡其亂也，故制雅頌之聲以導之，使其聲足以樂而不流，使其文足以辨而不諰，使其曲直繁省廉肉節奏，足以感動人之善心，使夫邪污之氣無由得接焉，是先王立樂之方也…（〈樂論〉）

> 故樂者審一以定和者也，比物以飾節者也，合奏以成文者也，足以率一道，足以治萬變，是先王立樂之術也。（〈樂論〉）

> 夫聲樂之入人也深，其化人也速，故先王謹爲之文……如是則百姓莫不安其處，樂其鄉，以至足其上矣。然後名聲於是白，光耀於是大，四海之民莫不顯得以爲師，是王者之始也。（〈樂論〉）

> 樂者，聖王之所樂也，而可以善民心，其感人深，其移風易俗。故先王導之以禮樂，而民和睦。（〈樂論〉）

故荀子之化性起僞，以教育爲主要之方式，師法爲其推動之核心，其進路則有「禮樂」二途，以資相需相成至於學習之終始與內容則荀子曰：

> 先王之道，禮樂正其盛者也。（〈樂論〉）

> 其數則始乎誦經，終乎讀禮；其義則始乎爲士，終乎爲聖王。（〈勸學〉）

> 禮之敬文也，樂之中和也，詩書之博也，春秋之微也，在天地之間者畢矣。（〈勸學〉）

可知荀子之思想，實在是禮樂並重，而上有所承矣。然而其思想性格，受儒學發展上之需求及時代之影響，偏向外王體系之意義，因此雖然十分重視樂之教育功能，仍以「禮」爲其思想之核心，將樂包含於內。故曰：

> 禮者，法之大分，類之綱紀也。故學至乎禮而止矣。夫是之謂道德之極。（〈勸學〉）

（二）環境之影響

荀子認爲化性起僞，除了教育之力量外，環境之配合亦十分重要，蓋一傅眾咻則事倍功半，故重視擇鄉而居，就士而游，求賢師而事等，由個人教育推廣至社會教育矣。

蓬生麻中，不扶而直。蘭槐之根是爲芷；其漸之滫，君子不近，庶
人不服。其質非不美也，所漸者然也。故君子居必擇鄉，游必就士，
所以防邪辟而近中正也。（〈勸學〉）

夫人雖有性質美而心辯知，必將求賢師而事之，擇良友而友之。得
賢師而事之，則所聞者堯舜禹湯之道也。得良友而友之，則所見者
忠信敬讓之行也。身日進於仁義而不自知也者，靡使然也。今與不
善人處，則所聞者欺誣詐僞也，所見者汙漫淫邪貪利之行也；身且
加於刑戮而不自知者，靡使然也。傳曰：不知其子，視其友；不知
其君，視其左右；靡而已矣，靡而已矣。（〈性惡篇〉）

可知教育之陶冶及環境之影響爲荀子化性起僞之具體方案也。禮由師友導之
於心，使其中心懸衡，用以主宰其性，守道以禁非道，積僞而文理隆盛，上
則爲聖，下則爲士、君子也。樂則奏之於宗廟之中，使君臣上下莫不和敬；
施之於閨門之內，使父子兄弟莫不和親；聲張於鄉里族長之中，使長少莫不
和順。〔註24〕故以師法之教育力量，加以環境之影響，施以禮樂之教爲荀子
化性起僞之大旨。樂論之提出其重要性即在此也。

〔註24〕《荀子·樂論篇》：「故樂在宗廟之中，君臣上下同聽之，則莫不和敬；閨門
之內，父子兄弟同聽之，則莫不和親；鄉里族長之中，長少同聽之，則莫不
和順。」

第四章　荀子「樂論」在其思想上之重要性

第一節　樂之起源

　　中國文化源遠流長，於甲骨文中已有「樂」字之出現，而且其次數不僅一次，充分說明「樂」於古代文化中之重要性。甲骨文中樂字作🎵，應為木上加絲軫之意。樂字於說文解字中作🎵，許慎曰：「象鼓鞞木虡也。」然而鼓鞞者僅能指白，若兩旁🎵，參照甲骨文則應為絲軫也。〔註1〕故樂應為如琴瑟一般之樂器也。

　　傳說中樂之起源甚早，其真實性雖有待考證，然而殷商之樂舞如此發達〔註2〕在此之前必有一段長時間之演進，可資參酌也。根據《呂氏春秋》之〈仲夏紀古樂篇〉所云：

> 昔葛天氏之樂，三人操牛尾，投足以歌八闋：一曰載民，二曰玄鳥，二曰遂草木，四曰奮五穀，五曰敬天常，六曰達帝功，七曰依地德，八曰總鳥獸之極。

又曰：

─────────────────

〔註1〕　羅振玉著，《殷墟書契考釋》曰：「以絲附木上，琴瑟之象也。或增白以象調絃之器，猶今琵琶阮咸之有撥矣……許君謂象鼓鞞木虡者，誤也。」

〔註2〕　《墨子·非樂篇》文引武觀曰：「啟乃淫溢康樂……萬舞翼翼，章聞於天，天乃弗式。」

昔康氏之始，陰多滯伏而湛積，水道壅塞，不行其原，民氣鬱閼而
滯著，筋骨瑟縮不達，故作爲舞以宣導之。

《禮記‧郊特牲》曰：

伊耆氏始無蜡，蜡也者，索也；歲十二月合聚萬物而索饗之也。……
曰：土反其宅，水歸其壑，昆蟲毋作，草木歸其澤。

葛天氏之樂乃三人執牛尾以舞踩，而且爲載歌載舞之形式，觀其八闋之標題
與農業時期之生活相脗合，如遂草木，奮五穀及敬天常，依地德等。陰康氏
之舞則用以除濕氣之鬱閼，熱絡筋骨以通達之。伊耆氏之蜡則顯然爲年終時
人民祀神祈福之宗教舞蹈也。

　　黃帝之前，史傳言有伏羲，神農二帝，其後則有少皞、顓頊、帝嚳等，
以及較可採信之唐堯、虞舜、夏禹、商湯等帝王皆具有其代表性之作樂矣。

《通典》云：

伏羲樂曰扶來，亦曰立本：神農樂名扶持，亦曰下謀；黃帝作咸池；
少皞作大淵；顓頊作六莖；帝嚳作五英；堯作大章；舜作大韶……
禹作大夏，湯作大濩。〔註3〕

《淮南子》云：

有虞氏之樂有咸池，承雲，九招；夏后氏之樂有夏籥九成，六佾，
六列，六英；殷人之樂有大濩，晨露。(〈齊俗訓〉)

《莊子》云：

北門成問於黃帝曰：帝張咸池之樂於洞庭之野，吾始聞之懼，復聞
之怠，卒聞之惑，蕩蕩默默乃不自得。(〈天運〉)

《魏書》：

顓頊有承雲之舞……(〈樂志〉)

《禮記》：

大章，章之也，咸池，備矣，韶，繼也；夏，大也；殷周之樂盡矣。

鄭康成曰：

大章，堯樂名，周禮缺之，或作大卷。咸池，黃帝樂名……周禮曰
大咸。韶，舜樂名……周禮曰大韶。夏，禹樂名……周禮曰大夏。
殷周之樂盡矣，吉盡人事也；周禮曰大濩大武。

《呂氏春秋》曰：

〔註3〕見《通典》卷一四一。

殷湯即位乃命伊尹作爲大濩。

又曰：

禹玄勤勞於天下……於是皐陶作夏籥九成，以昭其功。

《周禮·春官》曰：

大司樂掌成均之法……以樂舞教國子，舞雲門、大卷、大咸、大磬、大夏、大濩、大武。

又云曰：

凡六樂者，文之以五聲，播之以八音。

鄭玄《注》云：

此周所存六代之樂；黃帝曰雲門大卷；……大咸，咸池，堯樂也；……大磬，舜樂也；……大夏；禹樂也；……大濩，湯樂也；……大武，武王樂也。

又云：

咸池，黃帝所作樂名也，堯增修而用之。

賈公彥曰：

周公以咸池爲堯樂名，則更爲黃帝樂立名曰雲門，雲門之與大卷爲一名也。

以上乃見諸史乘之古代樂舞，其中舜所作之韶樂孔子曾親身聆聽而予以至高之評價也。

子在齊聞韶，三月不知肉味，曰：「不圖爲樂之至於斯也！」（〈述而〉）

顏淵問爲邦，子曰：「行夏之時，乘殷之輅，服周之冕，樂則韶舞…」（〈衛靈公〉）

子謂韶，盡美矣，又盡善也，謂武，盡美矣，未盡善也。（〈八佾〉）

中國傳統之論樂者皆言樂之源起爲聖王所作，因此伏羲作扶來，神農爲扶持，黃帝作咸池之樂等等。如劉勰《文心雕龍》云：「夫音律所始，本於人聲者也。聲含宮商，肇自血氣，先王因之以製樂歌。」而沈約云：「歌詠所興，自生民始。」較爲可信。西方學者論及樂之起源有達爾文之物競天擇說彪黑爾之勞動節奏說、斯圖姆夫之高聲談話說、託雷佛朗卡之感情衝動說等。所謂感情動衝動說者，謂音樂乃起源於原始人釋感情激動時之呼嘯。其音聲之高低，因感情激動之深淺而有所轉變，由其抑揚頓挫逐漸形成音樂。

〔註4〕另外關於藝術之起源尚有遊戲說、宗教說、戰爭說之類，然皆著眼於樂「如何」產生，亦即樂起源時之技術及方法或狀況，因此其說法率皆片面而枝節，荀子論樂之起源則不由樂如何產生著眼，而直接論樂「爲何」產生，亦即追問至樂所以產生之最根本而內在於人性之不得不然者，而且亦不由歷史發展上以追求其根源，如三皇五帝之樂等。蓋由此進路則遠古之史實，永遠爲臆測之辭，其結果將無法徵實也。因此荀子論樂之源起，直接掌握住人之自然情欲，有「樂」之需求，又先王知人心之不能無樂，將用之以求治去亂等二方面以求樂之根源也。

> 夫樂者樂也，人情之所必不免也，故人不能無樂。樂則必發於聲音，形於動靜，而人之道，聲音動靜，性術之變盡是矣。故人不能不樂，樂則不能無形，形而不爲道，則不能無亂。先王惡其亂也，故制雅頌之聲以道之，使其聲足以樂而不流，使其文足以辨而不諰，使其曲直繁省廉肉節奏足以感動人之善心，使夫邪污之氣無由得接焉。是先王立樂之方也。（〈樂論〉）

荀子論樂亦本之於人性論，將樂之起源最後歸於人之自然情欲，蓋人之情欲，無法向內求得滿足，必定向外馳求。如耳之求聲，目之求色，鼻之求香，四肢求安佚等，對此荀子不僅不加以否定，甚且以爲先王制禮之目的正所以養人之欲，給人之求，使「欲必不窮乎物，物必不屈於欲」。荀子論「禮者養也」其中亦包括所以養耳之「鐘鼓管磬，琴瑟竽笙」〔註5〕然而禮自外作，荀子論

〔註4〕 見康謳《樂學通論》及潘呂棋昌著，《儒家的音樂思想》，《國立編譯館館刊》，第六卷，第一期，〈西哲關於樂之起源〉有如下諸說：

1. 物競天擇說：達爾文（Darwin）、史賓塞（Spencer）、華勒士（Wallace）等人倡之。其以爲鳥類以鳴聲求偶，凡鳴聲越嘹亮者，越得雌鳥之愛戀。人類歌詠，亦與此同。

2. 勞動節奏說：德國社會學家彪墨爾（Karl Bücher）倡。彪氏以爲音樂之成分實爲節奏；而節奏起源於人類工作之時。如：農人以杵擊稻，輕重緩急之間自然形成節奏。彪氏據此蒐集各個民族之職業歌曲，如磨坊工人歌、縴夫歌、紡織歌等等。（《淮南子·道應訓》：「今夫舉大木者，前呼邪許，後亦應之，此舉重勸力之歌也。」亦屬此。）

3. 信號呼喚說：德國哲學家斯圖姆夫（Karl Sumpuf）主張樂之起源爲人類用以表示信號之呼喚聲，因爲信號必須延長，俾使對方耳聞，因此逐漸演變爲歌唱。

4. 感情衝動說：人類學家 Torrefranca 以爲音樂乃源於原始人類於感情衝動時之狂叫，此狂叫漸進而爲樂。

〔註5〕 見《荀子·禮論篇》。

禮又偏重其禮儀法度之義，而樂自中出，乃克就人類心靈上之需求，蓋「樂者樂也，人情之所必不免也」人心由樂而發於聲音，形於動靜，則與禮儀法度憂戚相關矣，故荀子曰：「人之道，聲音動靜性術之變盡是矣」因此陶冶人心之樂，進而及於其聲音動靜，則樂之功效比禮儀之外鑠更深一層更接近根本之治道則無庸置疑矣。根據荀子性惡之推論：人心樂極而情溢，情溢則流，流則為亂矣。因此「先王國其亂故制雅頌之聲以道之」，即是先王以雅頌之聲以和之，使人心能遂其樂而得其正也。

故淫樂起於姦聲，成於逆氣。論其義則不淫於色，即溺於志；論其聲則成失之哀，或失之冶，無德於衷，而舜野於外，聞之者除其條暢之氣而滅其平和之德，如是則失樂之情，亂天下之治，故先王惡其亂而制雅頌之聲以導之也。荀子曰：

> 姚冶之容，鄭衛之音，使人心淫。（〈樂論〉）

> 樂姚冶以險則民流慢鄙賤矣。流慢則亂，鄙賤則爭，亂爭則兵弱城犯，敵國危之。如是則百姓不安其處，不樂其鄉，不足其上矣。故禮樂廢而邪音起者，危削侮辱之本也。故先王貴禮樂而賤邪音。（〈樂論〉）

> 夫民有好惡之情，而無喜怒之應則亂，先王惡其亂也，故脩其行，正其樂，而天下順焉。（〈樂論〉）

> 故樂者天下之大齊也，中和之紀也，人情之所必不免也，是先王立樂之術也。（〈樂論〉）

故荀子論樂之起源避開了歷史傳聞之糾纏，一以「樂者，樂也，人情之所必不免」論之，一則以聖王鑑於順人之情則不能無亂，故「制雅頌之聲以導之」二方面紋述之。

第二節　樂與德性之陶冶

一、禮之進路

荀子由清明之認識心以客觀了解人性及其情欲，因此非如孟子一般六人之道德心直接予以涵養擴充，而是經由樂與禮以導化人性之偏，使之歸於中和也。孟子悟出人心之善性，而肯定人性皆善，因此修養此心只須由此善心自然流露，直養無害，擴而充之，則充塞乎天地之間，足以保父母，全妻子。

荀子以認識心所觀察之事實爲：人之情欲，順之則必爲惡，縱之則必爲亂，因此必須有以節制轉化也。經過其縝密之觀察亦發覺人之性格有其先天性之偏執，落實於行爲上表現出不同型態之惡，故如何矯正此先天性格之偏執，節制人欲之私，必須靠禮與樂之陶治與化導也。

> 治氣養心之術：血氣剛強，則柔之以調和；知慮漸深，則一之以易
> 良；勇膽猛戾，則輔之以道順；齊給便利，則節之以動止；狹隘褊
> 小，則廓之以廣大；卑溼重遲貪利，則抗之以高志，庸眾駑散，則
> 制之以師友；怠慢僄弃，則炤之以禍災；愚款端愨，則合之禮樂，
> 通之以思索。（〈修身〉）

所謂治氣養心之術者，亦既對人欲之私及性格之偏執予以引導之脩養工夫也。血氣剛強，勇膽猛戾，齊給便利皆爲血氣旺盛，筋骨結實，動作敏捷而富有侵略性之性格也，因此以柔和調之，以道順輔之，以禮節之。狹隘褊小，卑溼重遲，庸眾駑散，愚款端愨，則爲氣血較弱，動作遲緩，正直平庸而心胸狹窄者，蓋內向而易流於散慢者，故以廣大廓其心胸，以高志抗之，以師友制之，以禮樂合之。怠慢僄弃與貪利則爲蔽於人欲之私而無所顧忌，逐利不返者，故以禍災炤之，用資警戒也。以上皆克就各人之特殊狀況，以言如何克制人欲之恣肆，補治性格之偏執，皆須經由禮而後有所成，經由禮樂以合之則凡性格之偏執者始能得其中，暢其和，荀子謂之至文也。此處論脩身以禮爲主，樂則隨後論之。故荀子曰：

> 君子寬而不慢，廉而不劌，辯而不爭，察而不激，寡而不勝，堅強
> 而不暴，柔從而不流，恭敬謹愼而容，夫是之謂至文。（〈不苟〉）

凡言行能得其中，得中由禮，是爲君子，故曰至文也。人之志意，動靜、進退，由禮則治通，和節而雅，此亦得其中者也。

> 宜於時通，利以處窮，禮信是也。凡用血氣，志意，知慮，由禮則
> 治通，不由禮則悖亂提慢，食飲，衣服、居處、動靜、由禮則和節，
> 不由禮則觸陷生疾；容貌、態度、進退、趨行，由禮則雅，不由禮
> 則夷固僻違庸眾而野。故人無禮則不生，事無理則不成，國無禮則
> 不寧。（〈脩身〉）

由禮則能得中，得中然後能「宜於時通，利以處窮」所謂「人無禮則不生，事無禮則不成」，則人無禮則不能完成其爲人也。故曰：

> 禮者，所以正身也，……無禮何以正身？禮然而然，則是情安禮

也，……情安禮，則是聖人也。（〈脩身〉）

道德修養之目標，期於人格之完成，荀子以爲偉大之人格必須有厚、大、高、明之德性，亦須經由禮而成之也。

> 厚者，禮之積也；大者，禮之廣也；高者，禮之隆也；明者，禮之盡也。（〈禮論〉）

二、樂之進路

以上所言乃禮之進路，乃由外入者也，「治禮以治躬者也」〔註6〕荀子曰：「恭敬禮也，調和樂也」〔註7〕又曰：「禮言是其行也，樂言是其和也」故禮乃人性發爲行爲之時，在以外在聖王所制之儀節以節制之，使其恭敬不踰矩，日積月累，則化性起僞，使得「禮然而然，則是情安禮也，……情安禮，則是聖人也。」〔註8〕然而樂則非由外入者也，乃由衷所出，發乎內心之不可扼止者，故以樂之和以制心於未萌，化之於行爲之未動，使人蕩氣迴腸，滌清心胸，使之開朗暢達，則邪污之氣無由得而接焉，是爲陶冶德性時，樂較禮更深更直接之處也，其效果亦更高明而弘大矣。故荀子曰：

> 夫聲樂之入人也深，化人也速，故先王謹爲之文（〈樂論〉）

> 禮樂之統，管乎人心矣。窮本極變，樂之情也；着誠其僞，禮之經也。（〈樂論〉）

> 故聽其雅頌之聲，而志意得廣焉；執其干戚，習其俯仰屈伸而容貌得莊焉；行其綴兆，要其節奏，而行列得正焉，進退得齊焉。（〈樂論〉）

君子不但耳聽雅頌之聲以廣其志意，手執干戚以習其進退屈伸，要求節奏使行列得正，更必須親身學習樂器之演奏如鐘鼓、琴瑟等，調和干戚羽旄之舞，使音樂舞蹈與生活密切結合，因此而志清行成，耳目聰明。

> 君子以鐘鼓道志，以琴瑟樂心，動以干戚，飾以羽旄，從以磬管。故其清明象天，其廣大象地，其俯仰周旋有似於四時。故樂行而志清，禮脩而行成，耳目聰明，血氣和平，移風易俗，天下皆寧，美善相樂。（〈樂論〉）

〔註6〕見《史記·樂書》「致樂以治心者也，致禮以治躬者也。」、「禮由外入，樂由內出」
〔註7〕《荀子·臣道篇》。
〔註8〕《荀子·修身篇》。

君子以音樂修養德性不但可使身心健康「耳目聰明，血氣和平」更可使其品德與天地四時相配合，從容乎環宇之中，頂天立地而無不中節，故曰：「其清明象天，其廣大象地，其俯仰周旋有似於四時」也因樂之涵養足以使身心健康而與天地四時相合，所以產生極大之效用，以樂使其志清，以禮而行，故「移風易俗而天下皆寧，美善相樂。」因此可以確知荀子以禮治國之背後，樂實在爲其原動力也，蓋以樂成德，始能使其志清而發爲合乎禮之行爲，賴之以化成天下也。故荀子曰：

> 君子樂得其道，小人樂得其欲；以道制欲，則樂而不亂，以欲忘道，
> 則惑而不樂。（〈樂論〉）

君子由樂行而志清，使得耳目聰明，血氣和平，獲致心靈之喜樂，並由此喜樂而得其道，以道來制欲。此爲質實而穩定之喜樂而不致於流連忘返，縱欲悖亂也。小人反是，荒淫縱欲，怠慢忘身，禍災乃致，是爲惑而不樂也，荀子曰：「故樂者，所以道樂也，金石絲竹，所以道德也」〔註9〕從事音樂活動以獲致喜樂，並親自學習樂器之演奏以陶冶德性。觀乎禮之進路，所謂「人之性惡，其善者僞也」，「然則從人之性，順人之情，必出於爭奪，合於犯分亂理，而歸於暴，故必將有師法之化，禮義之道，然後出於辭讓，合於文理，而歸於治」〔註10〕則炯異其趨矣。荀子以樂管乎人心〔註11〕以人心獲致喜樂而合乎德之要求，以德歸於道，以此道來權衡制欲，似不言禮義而從容於禮義之中，如水到而渠成也，故荀子曰：「君子明樂，乃其德也。」〔註12〕此之爲荀子於德性陶冶時，樂之進路也。

三、雅樂與俗樂

樂對德性之涵融，氣質之轉化具有如此重大之功效，然而並非所有音樂皆具有如此之作用，孔子曰：「惡鄭聲之亂雅樂也」；〔註13〕又曰：「鄭聲淫」〔註14〕孟子亦曰：「惡鄭聲恐其亂樂也」確切表明孔孟對雅樂之尊崇與對鄭聲之厭惡，所謂雅樂者即堯樂之大章；意即大明天地之道也；和舜樂之簫韶，

〔註9〕 荀子，樂論篇。
〔註10〕 荀子，性惡篇。
〔註11〕 荀子，樂論篇：「樂合同，禮別異，禮樂之統管乎人心矣。窮本極變，樂之情也，著誠去僞，禮之經也。」
〔註12〕 荀子，樂論篇。
〔註13〕 論語，陽貨篇。
〔註14〕 論語，憲問篇。

即言能繼堯之道也。〔註15〕孔子嘗親聆韶之美而讚歎再之：

> 子在齊聞韶。三月不知肉味。曰：「不圖爲樂之至於斯也！」（〈述而〉）

> 子謂韶，盡美矣，又盡善也；謂武，盡美矣，未盡善也。（〈八佾〉）

孔子對舜之韶樂推崇備至，對武則有些微詞。

《論語疏》云：

> 夫武之樂，其體美矣；未盡善者，文德猶少，未致太平

子穎達《註》云：

> 韶，舜樂名；謂以聖德受禪，故盡善。武，武王樂也；以征伐取天
> 下，故未盡善。

故雅樂爲先王所制之德音，使聲出於和而適於民，教化百姓，使萬物安寧也。
《呂氏春秋》云：「聲出於和，和出於適。先王之樂，由此而生。天下太平，
萬物安寧，皆化其上，樂乃可成。」〔註16〕

　　呂外周代重要之典禮儀式如郊社之禮、嘗禘之禮、食饗之禮、鄉射之禮
皆奏樂以歌詩舞踊，此亦爲雅樂也。茲舉二例如下：

《周禮·春官》：

> 大司樂……乃分樂而序之，以祭，以享，以祀。乃奏黃鍾，歌大
> 呂，舞雲門以祀四望。乃奏姑賓，歌函鍾，舞大夏，以祭山川。
> 乃奏夷則，歌小呂，舞大濩，以享先妣。乃奏舞射，歌夾鍾，舞
> 大舞，以享先妣。

《儀禮·鄉飲酒禮篇》：

> 工四人，二瑟，……樂正先升，……工入……工歌鹿鳴，四牡，皇
> 皇者華。……笙入，堂下磬南，北面立，樂南陔，白華，華黍。乃
> 間歌魚麗，笙由庚；歌南有嘉魚，笙崇丘；歌南山有臺，笙由儀。
> 乃合樂；周南；關雎、葛覃，卷耳；召南：鵲巢，采蘩，采蘋。……
> 乃羞，無算爵，無算樂。賓出奏陔。

由上可知所謂雅樂，不僅指韶樂與武樂，舉凡周代之典禮所用之正式音樂皆爲
雅樂。荀子亦主張倡雅樂而廢俗樂，即鄭衛之音，「聲則非雅聲者舉廢」〔註17〕
其所以然者，非僅承襲孔子「惡鄭聲之亂雅樂」之一貫立場，蓋荀子觀察音樂

〔註15〕　《白虎通·禮樂篇》。
〔註16〕　《呂氏春秋·大樂篇》。
〔註17〕　《荀子·王制篇》。

演奏，認爲音樂於不同之場合，或其表現之內容相異以及各種不同之聲音等會造成聆聽者不同之情緒，產生鉅大之影響力也。

> 齊衰之服，哭泣之聲，使人之心悲；帶甲嬰軸，歌於行伍滿，使人之心傷；姚冶之容，鄭衛之音，使人之心淫；紳端章甫，舞韶歌舞，使人之心莊，故君子耳不聽淫聲，目不視女色，口不出惡言，此三者，君子慎之。凡姦聲感人而逆氣應之，逆氣成象而亂生焉。正聲感人而順氣應之，順氣成象而治生焉。唱和有應，善惡相象，故君子慎其所去就也。

處於喪禮，聆聽哭泣之聲，動人之悲心，歌於武裝軍隊之中，使人悲壯激烈，萎靡故蕩之鄭衛之音，使人心淫，以整齊之禮服，歌舞韶樂與武樂，使人心肅穆莊嚴。因爲人心受姦聲所感與正聲之所感或生亂或生治，其差異甚巨，故荀子慎重而言「君子耳不聽淫聲，目不視女色色，口不出惡言」要君子慎其所去就也。因此荀子與孔子皆主張雅樂而排斥淫聲。

> 聲則非雅聲者舉廢。（〈王制〉）

> 禮樂廢而邪音起，危削侮辱之本也。故先王貴禮樂而賤邪音。其在序官也，曰：「脩憲命，審詩商、禁淫聲，以時順脩，使夷俗邪音不敢亂雅，太師之事也。」（〈樂論〉）

> 鄭衛之音使人之心淫……故君子耳不聽淫聲。（〈樂論〉）

何以先秦儒家如此詆呵排鄙鄭國之樂？《白虎通》云：「孔子曰：鄭聲淫。何？鄭國土地，民人山居谷汲，男女錯雜，爲躑躅之聲以相悅懌，故邪僻。聲皆淫色之聲也。」所謂「男女錯雜，爲躑躅之聲以相悅懌」蓋男女互訴傾慕之衷曲也，窈窕淑女，君子好求，亦樂得匹配以成人倫之道也，何以謂之淫？季札聘於魯而觀周樂，爲之歌鄭曰：「美哉！其細已甚，民弗堪也，是其先亡乎？」蓋以其樂本身之缺失而論之者，細者樂曲煩瑣也。〔註18〕煩瑣之樂足以使人心志陷溺，頹廢不振，故謂之淫樂，《左傳・昭公元年》醫和曰：「先王之樂，所以節百事也。故有五節，遲速本末以相及，中聲以降，五降之後，不容彈矣。于是有煩手淫聲，慆堙心耳，乃忘平和，君子弗聽也」據醫和所言則先王制樂亦所以節制人之行爲，使之平和，樂過於華麗，演奏技巧過於複雜，易使人情緒波動陷溺而流連忘返，所謂「若聽樂而震，觀美

〔註18〕見《中華學術與現代文化叢書・六、音樂、影劇論集》，黃友棣，〈左傳的「季札觀周樂」〉。

而眩，患莫甚焉」〔註 19〕因此「政象樂，樂從和，和從平」以此為雅樂之原則，此為春秋時代賢大夫之一貫態度也。〔註 20〕

魏文侯於戰國人，人稱賢君也，嘗謂子夏為之解惑，蓋其聽鄭衛之音則不知倦，端冕而聽古樂則唯恐臥，子夏乃對新樂予以確切之剖析曰：

> 鄭言好濫淫志，宋音燕女溺志，衛音趨數煩志，齊音傲僻喬志；此
> 四者皆淫於色而害於德，是以祭祀弗用也〔註 21〕

鄭音及宋音使人淫溺其志，衛音之奏樂技巧太過繁複，齊國之樂則使人高傲邪僻，皆為俗樂之缺失，故祭祀典禮等莊嚴之場合，皆不用之，先王制定之雅樂則有其深遠之意義，故荀子承先秦儒家之主張而堅持排詆使人心淫之俗樂，勸戒君子慎其所去就也。

第三節　樂之教化作用

儒者之理想為內聖而外王也，孔子為聖之時者，道德純備，仍栖栖皇皇周遊列國以推行王道，主張「為政以德，居其所而眾星拱之。」孟子遊說諸侯，曉以仁義之政，時君慕霸道而不從，猶強聒不捨，其王道之基在於「施仁政於民」、「發政施仁」，以不忍人之心說齊宣王，謂其不忍以無罪之牛為犧牲即為仁心，是則以德治為本也。荀子之治道則非以仁心而擴充之，如孟子然，乃以禮為本，以義為質，而禮並非本之於人心之不得不然，乃聖王見人性之易於縱欲為惡所制定之儀節，以養欲給求而達於治道者也。故曰：「將原先王，本仁義，禮正其經緯蹊徑也」，又曰：「學至乎禮而止矣，夫是之謂道德之極」〔註 22〕而盡倫盡制之聖王即依禮而盡其治道。〔註 23〕荀子之禮治雖非孔孟之德治系統，但其禮可謂為道德之客觀形式，蓋其皆以廣義之道德教化為形式，亦即荀子於治道上，雖欲使人人成為合乎禮義之客觀之個體展開人倫關係，其所達成之方式，仍然為通過「教」與「化」之方式。〔註 24〕而樂之教化則是立於此禮義所形成之體制下而展開另一種教化功能，形成相輔

〔註 19〕《國語・周語下》，二十三年，單穆公言。
〔註 20〕同上。
〔註 21〕《禮記・樂記》。
〔註 22〕見《荀子・勸學篇》。
〔註 23〕《荀子・解蔽》：「聖也者，盡倫者也；王也者，盡制者也。」
〔註 24〕見韋政通，《荀子與古代哲學》，第三章，〈荀子的政治思想〉。

相成之嚴密體系，茲分政治與社會二方面言之：

一、政治方面

荀子曰禮有三本，而「君師者治之本也。」其中君師所指者即是政治方面。茲就政治方面而言，實際之政體必須具備可資運作之行政體系。荀子曰：

> 士大夫分職而聽，建國諸侯之君，分土而守；三分總方而議，則天子共己而已矣。出若入若，天下莫不平均，莫不治辨，是百王之所同也，而禮法之大分也。（〈王霸〉）

政治制度，荀子仍主張封建，自天子、三公、諸侯及士大夫，或分土而守，或總方而議，或分職而事，荀子稱之為禮，為百代所同守也。又曰：

> 禮者，治辨之極也，強國之本也，威行之道也，功名之總也，王公由之所以得天下也，不由所以隕社稷也。（〈議兵〉）

禮所以治國使之威強以得天下也，反之則破敗家國招禍隕身也。凡國家之治亂，無不繫之於禮之興廢。而禮之作用即是以義所定之分，用以息爭止亂，鞏固正理平治之政體及社會也。

> 勢位齊而欲惡同，物不能贍，則必爭，爭則必亂，亂則窮矣。先王惡其亂也，故制禮義以分之，使有貧富貴賤之等，足以相兼臨者，是養天下之本也。（〈王制〉）

先王制禮義，即是用以分之，使人明禮定分，貧、富、貴、賤，各有其本分與地位之高低，於各人之崗位恪盡職責，享其權益，正是養欲，節欲以解決人事紛爭之政權措施也。又曰：

> 故先王案為之制禮義以分之，使有貴賤之等，長幼之差，知愚能不能之分，皆使人載其事，而各得其宜。然後使慤祿多少厚薄之稱，是夫群居合一之道也。（〈榮辱〉）

此段闡明先王以禮義分別貴賤之等級，長幼之差異，與智愚之別，以便於因人任事，因事任職，則人盡其才，凡事各得其宜，所謂「德必稱位，位必稱祿，祿必稱用」也〔註25〕故荀子認為人性雖惡，但只要分配得當，不偏頗失宜則各級諸侯、王公、士大夫發揮一己之才能，獲得應得之利益，得以適當之滿足，自然不致有紛爭與禍亂之生，其重要之關鍵在於人君之安排而使之如分而已。

〔註25〕《荀子·富國篇》。

> 人生不能無群，群而無分則爭，爭則亂，亂則窮矣。故無分者，人
> 之大害也；有分者，人之本利也。而人君者，所以管分之樞要也。(〈富
> 國〉)

人類有群居之特性，無法離群而索居；群居而無分，便流於紛亂，而人君正是以義而分之，使人與人之利害關係得以協調，若處理不公或理事失當則上下僭越，爭利搶奪，分崩離析矣，因爲：

> 凡人有所一同，飢而欲食，寒而欲暖，勞而欲息，好利而惡害，是
> 人之所生而有也，是無待而然者也，是禹桀之所同也。(〈榮辱〉)

> 勢同而知異，行私而無禍，縱欲而不窮，則民心奮而不可說也。……
> 欲惡同物，欲多而物寡，寡則必爭矣。(〈富國〉)

欲使社會成爲清明郅治之盛世，必須各個滿足其欲望，飢而能得食，寒而能得衣，勞而能得息，然而衣食並非垂手可得而好利惡害是與生俱來之本能，若統治者行私而無合理懲罰，縱欲而無節制，則民情必流於衝動而無法以理說服駕御，故「明分使群」可止爭息亂。而且天子、諸侯、士大夫、百姓之欲望不以地位而有所差別，而且：

> 夫貴爲天子，富有天下，是人情之所同欲也。然則從人之欲，則勢
> 不能容，物不能贍也。(〈榮辱〉)

欲望爲人之所固有；而貴爲國家之元首，富有天下，權傾八方，爲人之大欲也，若放縱之，則必釀成爭亂與災禍，在個人方面荀子主張欲既不可去而可修身以節欲，在政治上則以刑賞爲法：

> 以人之情爲欲多而不欲寡，故賞以富厚，而罰以殺損也。(〈正論〉)

> 知夫爲人主上者，不美不飾之不足以一民也。不富不厚之不足以管下
> 也；不威不強之不足以禁暴勝悍也。……然後眾徒，備官職，漸慶賞，
> 嚴刑罰以戒其心，使天下生民之屬，皆知己之所願欲之舉在是于也，
> 故其賞行，皆知己之所畏恐之舉在是于也，故其罰威。(〈富國〉)

爲何亂臣賊子篡位弒父者眾，皆因淫其志，縱其欲，有以致之也，故嚴賞罰爲撥亂反治之要道，人人欲富厚則賞之以勸善，不欲殺損故罰之以爲懲，聖王因此以美飾一民，以富厚管下，更以威強刑賞，禁暴勝悍，能如此則必能齊一百姓，令行如流，閑奸遏淫，犯上與盜賊者皆不作矣。

> 聖王在上，分義行乎下，則士大夫無流淫之行，百吏官人無怠慢之
> 事，眾庶百姓無姦怪之俗，無盜賊之罪，莫敢犯上之禁。(〈君子〉)

根據以上所述，荀子禮治下之政治體系，從天子、諸侯、士大夫以至於庶民，各有職司，各盡其分，然人人天生之情欲皆欲富厚，小欲貧蔽，皆好逸惡勞，目欲美色，耳欲好音，口欲厚味，骨體膚理好淫逸，難過其有貴爲天子，富有天下之心，然而德能之不備，勢位之不徧，智愚賢不肖之欲又不可去，挌一方面使「德必稱位，位必稱祿，祿必稱用」（〈王霸篇〉），另一方面「備官職，漸慶賞，嚴刑賞」用以禁暴勝悍，天子以其賞罰戒懲臣下百姓覬覦之心，而臣子百姓，各各盡職安分說國治天下平，官師眾吏修己以安人以俟慶賞爵祿而不敢有絲毫怠慢，可謂廉能有爲森嚴肅穆之政體令君臣上下無不如臨深淵，如履薄冰矣！

在如此嚴肅有爲之政治下，各個階層戮力其職而處於獎賞之富厚與刑罰殺損之威脅下，周旋應對，朝覲聘問，軍旅田獵，鄉居食飲各有其成規成矩，威儀堂堂而繁縟不堪，樂則由另一角度使政治清什，百姓和齊，而兵勁城固，其功用之深，化人之速，更甚於禮治，荀子曰：

> 故樂在宗廟之中，君臣上下同聽之，則莫不和敬……足以率一道，足以治萬變。（〈樂論〉）

> 夫聲樂之入人也深，其化人也速，故先王謹爲之文。樂中平則民和而不流，樂肅莊則民齊而不亂，民和齊則兵勁城固，敵國不敢嬰也。如是，則百姓莫不安其處，樂其鄉，以至足其上矣。然後名聲於是白，光輝於是大，四海之名，莫不願得以爲師，是王者之始也。（〈樂論〉）

荀子言君臣上下於宗廟中，聆聽音樂則情感和洽而敬意自然而生，又言聲樂入人也深，化人也速，爲王政之始也。以中平而肅莊之樂和齊百姓，則兵勁城固，足使敵國懼而不敢鐵蹄臨境，於是百姓安居樂業，國家之盛名布於四海，爲天下之民所鵠首仰望者也。以樂舞節奏訓練君子百姓動作之俯仰屈伸，行列之行進退止，亦可用爲攻擊性之軍事行動。與揖讓進退之儀節：

> 執其干戚，習其俯仰屈伸，而容貌得莊焉；行其綴兆，要其節奏，而行列得正焉，進退得齊焉。故樂者出所以征誅也，入所以揖讓也，其義一也。（〈樂論〉）

手執干戚以舞踊，學習如何俯仰屈伸依禮而動，莊重儀容而不怠慢，順著舞蹈之位置，聽從節奏則行列整齊而進退化一。故可用之於軍旅以征誅討伐，弔民禁暴；樂亦可用於宗廟使君臣上下和敬諧調，揖讓而升，應接融洽；揖

讓與征誅爲相異之情感與態度，卻皆可用音樂以資薰陶啓發，而達到同樣之
政治上之教化目的－齊一人人，使歸於中和，故曰：

> 出所以征誅，則莫不聽從；入所以揖讓，則莫不從服。故樂者，天
> 下之大齊也，中和之紀也，人情之所必不免也。（〈樂論〉）

樂可以和齊天下之民，使臻中和之境界，通行於廟堂上之折衝尊俎，軍事上
之攻伐野戰，亦用之以治理君子百姓，教之以鐘鼓道志，以琴瑟樂心，又動
以干戚，飾以羽旄，從以磬管，如此眾人皆耳目聰明，血氣和平，在位之人
即是藉著音樂之教化達到治理國家人民之目標而「移風易俗，天下皆寧」，荀
子曰：「故樂也者，治人之盛者也。」

二、社會方面

孔孟之時，社會發展，仍未完全脫離以井田制爲主之農業經濟，故孟子
仍主張恢復井田制度，請野九一而助，國中十一使自賦，所謂死徙無出鄉，
鄉田同井，出入相友，守望相助，疾病相持，〔註26〕蓋爲安土重遷，近於封
閉式之農業社會也。

比及荀子之時，列國兼併，據地自雄，地廣明眾，戮力耕戰貨殖，以奢
豪互誇，社會組織也趨近於工商社會。荀子既主張分工之制度。

> 故仁人在上，則農以利盡田，賈以察盡財，百工以巧盡機器，士
> 大夫以上至於公侯，莫不以仁厚知能進官職，夫是之謂至平。（〈榮
> 辱〉）

農、賈，工及士大夫各竭其力，守其本分，則可達到至平之社會。若是農不
力耕，賈不盡財，百工不以巧盡機器，士大夫以至於公侯不能仁厚知能以盡
忠職守，則教之以禮義法度，申之明分使群，輔之以情欲性惡之說，以厚賞
刑罰匡之，師友以化之。荀子曰：

> 故古者聖仁以人之性惡，以爲偏險而不正，被亂而不治，故爲之立
> 君子上之勢以臨之，明禮義以化之，起法正以治之，重刑罰以禁之，
> 使天下皆出於治，合於善也，是聖王之治，禮義之話也。（〈性惡〉）

聖王制禮義，起法正，重刑罰，使天下歸於善，蓋人之所以能生存，滿足基
本之欲望，全繫於群居以相助，欲維持群居之和諧，便需要有禮義所定之分。

> 力不若牛，行不若馬，而牛馬爲用，何也？曰：人能群，彼不能群

〔註26〕《孟子・滕文公篇》。

也。(〈王制〉)

> 人何以能群?曰:義。故義以分則和,和則一,一則多力,多力則
> 彊,彊則勝物,故宮室可得而居也。故序四時,載萬物,兼利天下,
> 無他故焉,得之分義也。(〈王制〉)

人之群居以義而分,就能和平相處,共同生活,獲得保障,而兼利天下也,
否則:

> 離居不相待則窮,群而無分則爭,窮者患也,爭者禍也,救患除禍,
> 則莫若明分使群矣。(〈富國〉)

人依其智能與技能分工合作,以滿足生活之所需,既不能離居而窮,群居而
無分則生禍矣。

> 彊脅弱也,知懼愚也,民下違上,少陵長,不以德爲政;如是,則
> 老弱有失養之憂,而壯者有分爭之禍矣。事業所惡也,功利所好也,
> 職業無分;如是則人有數事之患而有爭功之禍也。男女之合,夫婦
> 之合,婚姻娉內送逆無禮,如是,則人有失和之憂,而有爭色之禍
> 矣。故知者爲之分也。(〈富國〉)

若如此則必造成相互爭奪殘殺,產生無窮之禍患,聖王有鑒於此故制禮義以
分之,使宮室可得而居,得天下之本利,使社會上之強者不脅弱,知者不詐
愚,少者不陵長而夫婦好合無爭色之禍也。

> 人之生不能無窮,窮而無分則爭,爭則亂,亂則窮矣。故無分者,
> 人之大害也;有分者,天下之本利也。(〈富也〉)

> 故聖人化性而僞,僞起而生禮義,禮義生而制法度,然則禮義法度
> 者,是聖人之所生也。(〈性惡〉)

聖王制禮,正爲了抑止爭奪與霍亂,使百姓群居而明分,有禮義之分則禍亂
爭奪既不致於產生矣。於國家爲「君君臣臣」;於社會「農農士士工工商商」;
於家庭「父父子子兄兄弟弟」個人堅守其位,善盡其職,遵守一定之秩序,
則社會和諧而安定,富足康樂。荀子曰:

> 君臣父子兄弟夫婦,始則終,終則始,與天地同理,與萬物同久,
> 夫是之謂大本。故喪祭朝聘師旅一也。貴賤殺生與奪一也。君君臣
> 臣父父子子兄兄弟弟一也。農農士士工工商商一也。(〈王制〉)

儒家思想極端重視倫理關係,《中庸》曰:「君子之道,造端乎夫婦,及其至
也,察乎天地。」夫婦爲人倫之始,五倫產生之根源,《詩經》曰:「妻子好

合，如鼓琴瑟；兄弟暨翕，和樂且耽；宜爾室家，樂爾妻帑。」〔註27〕夫妻，兄弟和樂且耽，如琴瑟之和鳴融洽，居家育子，安祥適意，孔子曰：「父母其順矣乎！」家室之建立與和樂一直為儒家思想之核心，故詩經以關雎為首，樂得淑女以配君子，孔子許之以「樂而不淫」，室家之既立，以「孝」為中心，親親而仁民，仁民而愛物，入孝出弟，推於國家社會，孔子曰：「君君、臣臣、父父、子子。」荀子則曰：「君臣父子兄弟夫婦，始則終，終則始，與天地同理，與萬事同久，夫是謂大本。」王念孫曰：「終」、「始」二字泛指治道而言。此治道為抽象之原則，乃指禮義也，然而化做實際之運作必基於人倫關係而開展，所謂喪祭朝聘師旅等政治軍事方面；貴賤殺生與奪地位於存亡方面；農士工商社會分工方面及君臣父子兄弟等莫不由倫理關係為其基礎，再以禮義節制而化成之。若捨棄倫理架構，則禮義安所置乎？荀子心目中之人倫關係又如何開展？荀子言曰：

> 請問為人君？曰：以禮分施，均徧而不偏。請問為人臣？曰：以禮待君，忠順而不懈。請問為人父？曰：寬惠而有禮。請問為人子？曰：敬愛而致恭。請問為人兄？曰：慈愛而見友，請問為人弟？曰：敬詘而不苟。請問為人夫？曰：致功而不流，致臨而有辨。請問為人妻？曰：夫有禮則柔從聽侍；夫無禮則恐懼而自竦也。此道也，偏立而亂，俱立而治，其足以稽矣。」（〈君道〉）

荀子闡明君臣、父子、夫婦、兄弟相對待之禮，開啓後代倫常之模範，在此仍非絕對之關係而為相互之交流也，與後代之三綱〔註28〕迥異其趣矣，君施徧而臣忠順，父寬惠而子敬愛，兄慈友而弟敬詘，夫致功而有辨，婦柔從而聽侍，恐懼而自竦，倫理上各自以禮相待，必能使社會平和，故荀子強調「偏立而亂，俱立而治」，並未有所偏坦也。

農士工商，亦如孟子所云：勞心者治人，勞力者治於人，各盡其力，各成其功，故曰：

> 士大夫務節死制，然而兵勁。百吏畏法循繩，然後國常不亂。商賈敦愨無詐，則商旅安，貨財通，而國求給矣。百工忠信而不楛，則器用巧便而不匱矣。農夫朴力而寡能，則上不失天時，下不失地利，中得人和，而百事不廢。」（〈王霸〉）

〔註27〕《詩經·小雅·常棣篇》。
〔註28〕董仲舒，《春秋繁露》：「君為臣綱，父為子綱，夫為婦綱。」

> 農以力盡田，賈以察盡財，百工以巧盡械器，士大夫以至公侯莫不
> 仁厚知能盡官職，夫是謂至平。(〈榮辱〉)

荀子對社會有如是深刻之認識，由求生存之情欲至群居之必須，由群居而制禮義以明分，由明分而界定農、士、工、商之職責。在此四民之內更深入剖析其內在之基礎乃建立於君臣、父子、夫婦、兄弟之倫理關係而開展，又釐定其相對待之態度與原則，眾庶守此而行，則士農工商上得天時，下得地利，中得人和，達到至平之世也。然而此士農工商之禮義與群分皆聖人根據人之性惡，畏懼人民之縱欲爭奪，為合乎整體生存之安全所制定者，難避乎勉強與扞格之處，蓋逆人之情性也。

荀子基於對人性及社會深刻之觀察與剖析，又以為求樂之心為人情所必不免也，為聖王所不禁也，故順其求樂之心以推行音樂之教化也，蓋其銳利之心靈已洞察聲樂之入人也深，化人也速，而主張用之於社會教化也。除了外在強制性之禮義外，又輔以衷心流露而又順乎人情之樂教，依之以定和，飾節而成文也。荀子論宗廟、閨門、鄉里曰：

> 樂在宗廟之中，君臣上下同聽之，則莫不和敬。閨門之內，父子兄弟
> 同聽之，則莫不和親。鄉里之中，長少同聽之，則莫不和順。故樂者，
> 審一以定和者也，比物以飾節者也，合奏以成文者也。(〈樂論〉)

宗廟之中，君慮以禮分施之有無偏私，考核臣下之賢與不肖，臣慮以禮忠順事上，不敢稍懈，懼黜陟賞罰之不測；為人父慮寬惠有禮，患子之忤逆不孝，為人子敬愛而致恭，恐父之見疏而不惠；為人兄慈愛而見友，慮弟之放肆無禮，弟則敬詘而不苟，患兄弟粗屬而不慈愛，為人夫則致功而有辨，慮妻之不柔從聽侍也，妻則懼夫之無禮以自竦也，蓋人之性惡，其善者偽也，慮積焉，能習焉，始能強立而不返，春秋戰國世衰道危，亡國亂君相屬而聖王不一見也，臣弒君，子弒父，夫婦無禮，社會紊亂，故荀子乃為社會倫理設計此一理想化之對待關係，使君臣、父子、夫婦、兄弟守禮而有節制，以養人之欲，給人之求，分化為農士工商，俾使精神物質皆無匱乏，故曰「孰知夫出費用之所以養財也！孰知夫恭敬辭讓之所以養安也。孰知夫禮義文理之所養情也」(〈禮論篇〉)而其相互間之緊張關係則呈對立性之平衡，蓋「語治而欲去欲」為不可實現，而欲而求之乃「人情之所必不免」(〈正名篇〉)。而樂之教育功用可以消除此種倫理間之對立與緊張而迅速進入和諧之狀態。所以君臣上下於肅穆之宗廟間進行音樂活動則莫不和敬；家庭之中父子、兄弟、

夫婦同聽之則莫不親密和諧，鄉里之中，長少同聽之則莫不長幼有序而和順，荀子曰：「故樂者審一以定和者也，比物以飾節者也，合奏以成文者也。」

　　孟子曰：「天下之本在國，國之本在家，家之本在身。」古時之社會大抵聚氏族而居，故所謂國之本在家者，率指家族而言。家族鄰里守望相助，疾病相，而成爲基本之社會組織者是爲鄉黨，荀子具有推行王道於天下之苦心，其見鄉飲酒之禮樂和諧，有條不紊之次序，而對王道之實踐深具信心，蓋鄉黨之群居乃其推行王道之基石也。

　　　　吾觀於鄉，而知王道之易易也。主人親速賓及介，而眾賓皆入；貴
　　　　賤之義別矣。三揖至於階，三讓以賓升。拜至，獻、酬、辭讓之節
　　　　繁，及介省矣。至於眾賓升受，坐祭、立飲，不酢而降，隆殺之義
　　　　辨矣。工入，升歌三終，主人獻之；笙入三終，主人獻之：間歌三
　　　　終，合樂三終，工告樂備，遂出。二人揚觶，乃立司正，焉知其能
　　　　和樂而不流也。賓酬主人，主人酬介，介酬眾賓，少長以齒，終於
　　　　沃洗者，焉知其能弟長而無遺也。降，說屨升坐，脩爵無數。飲酒
　　　　之節，朝不廢朝，莫不廢夕。賓出主人拜送，節文終遂，焉知其能
　　　　安燕而不亂也。貴賤明，降殺龍，和樂而不流，弟長而不遺，安燕
　　　　而不亂，此五行者，足以正身安國矣，彼國安而天下安。故曰：吾
　　　　觀於鄉，而知王道之易易也。」（〈樂論〉）

在此鄉飲酒禮之進行中，由主人親自出家門迎接賓及介而眾賓皆從入，以及主人於門外僅拜賓及介隨即引眾賓入之禮數，則「貴賤之義別矣」；三揖、三讓、拜至、獻酬、辭讓等儀節之繁複或簡化，則「降殺之義辨矣」，音樂之演奏及飲酒之多寡皆有程序及節制，工入，升歌三終，笙入三終，間歌三終，合樂三終，且立司正二人，以防止酒後及亂者，即「焉知其和樂而不流也」；賓酬主人，主人酬介，介酬眾賓，依其年齒而定先後，則「焉知其弟長而無遺也」；飲酒之事，不使其荒廢朝夕所應治之事，則焉知其安樂而不亂也，荀子言鄉黨之飲酒禮能具足此五事者，「足以正身安國矣。」又言「彼國安則天下安」；用飲酒之禮，文之以樂，而以安頓天下國家爲鵠的，荀子心目中，禮樂教化之極與王道之理想在此蘊育著初步之實現與智限之可能性，而堅定其信念，不愧爲先秦儒家之大儒也，蓋勇猛堅毅之理想主義者也。

第五章　荀子「樂論」之淵源

荀子論樂廣博精深，條理井然，先秦諸子無出其右者，其樂論除承繼孔門一系外，又可於其他典籍中見其端倪，蓋其樂論廣採往聖先賢之智慧，含英咀華，去蕪存精，以立其體要。茲以《書經》、《詩經》、《周禮》、《左傳》等論之。

第一節　書經論樂

《書經》為上古史料所匯集，歷紀堯、舜、禹、湯、文、武、周公等聖王賢相，經國治民之大道，以及廟堂運籌之謀略，儒家內聖外王之道統，由堯舜啓其端，禹、湯、文、武以承嗣之，音樂思想亦於斯濫觴矣，其言簡意賅，而為後世論樂者之所本也。

（一）樂之源起

古代藝術之萌芽，率皆樂，詩、舞同時呈現，蓋情之所動，發而為言，言之不足則歌詠之也。命夔典樂，其言曰：

> 詩言志，歌永言，聲依永，律和聲，八音克諧，無相奪倫，神人以
> 和。（〈堯典〉）

詩者言其志也，而歌正永其言也，許慎曰：「志，意也，從心止，止亦聲。」，則詩樂皆起於人心也。人心之動，發而為言，言之不足，繼之以歌永，徒歌無文，乃以樂聲輔之，樂者主和之不可易也，又律以諧之，務使言與樂歌聲律彼此相調，無相奪倫，則神人以和也。

荀子論樂，則以樂之起源乃根於人心之需求，而不得不爾，蓋人心有求樂之傾向，「樂則必發為聲音，形為動靜；而人之道，聲音動靜，性術之變盡是矣。」

〔註1〕荀子在此與《書經》所論有些相異，一者《書經》以詩與歌同源而論之，而志爲其原動力，荀子則以人之樂則必發爲聲音，形於動靜，其間詩於樂之起源已非第一要素，亦即人情之樂可直接以聲音動靜爲媒介表達之，而不必然以詩之形式爲媒體也。此與荀子「降禮義，而殺詩書」之一貫態度相合。

（二）樂與道德

舜承繼天子之位，任賢舉能，敷化四方，以夔典樂，教胄子涵養德性，去偏蔽而臻於中和，《尚書・堯典》曰：

> 夔，命汝典樂，教胄子：直而溫，寬而栗，剛而無虐，簡而無傲，……
> 八音克諧，無相奪倫，神人以和。

此段經文顯示舜以樂爲教化之利器，亦即樂爲道德涵養上之所需，附屬於道德，而本身並無獨立存在之價值，然而其效用卻弘大無匹，使正直之人溫和其性而不致於絞急，寬大之人能恭敬莊栗，不流於散慢，剛強之人不致於苛虐，而能秉持正義，善體民苦，簡易之人能持禮如儀而不倨傲，更可藉樂教而更上一層，達到神人以和之境界矣。

荀子論及樂與個人之道德則曰：

> 故聽其雅頌之聲，而志意得廣焉。執其干戚，習其俯仰屈伸，而容貌得莊焉。行其綴兆，要其節奏，而行列得正焉，進退得齊焉。
> 君子以鐘鼓道志，以琴瑟樂心：動以干戚，飾以羽旄，從以磬管。
> 故其清明象天，其廣大象地，其俯仰周旋，有似於四時。（〈樂論〉）

荀子在此言樂與德性，由其志意得廣，容貌得莊，行列得正，以及以鐘鼓道志，以琴瑟樂心等言之；不及於個性偏蔽之矯治，而將此課題置諸「禮」之範疇也。〔註2〕

（三）樂與政治

舜言曰：「詩言志，歌永言」則樂歌爲心志之所發，故當政者欲察天下之治忽，觀民情之好惡，則聞其聲律，可得而知之，蓋民情發於聲音，形乎動

〔註1〕 《荀子・樂論篇》。
〔註2〕 《荀子・脩身篇》：「治氣養心之術，血氣剛強則柔之以調和；知慮漸深，則一之以易良；勇猛膽戾，則輔之以道順；齊給便利，則節之以動止；狹益褊小，則廓之以廣大；卑溼重遲貪利，則抗之以高志；庸眾駑散，則刼之以師友；怠慢僄弃，則炤之以禍災，愚款端愨；則合之以禮樂，通之以思索，故治氣養心之衛莫徑由禮，莫要得師，莫神一好。夫是之謂治氣養心之術也。」

靜，政治良窳，民生苦樂，昭然若揭矣。故《尙書・益謖》云：

> 予欲聞六律五聲八音，在治忽，以出納五言……

荀子論樂亦主張由人民之樂風以考察政治之安危與國家之興亡。所謂：

> 樂姚冶以險，則民流僈鄙賤矣。流慢則亂，鄙賤則爭。亂爭則兵弱
> 城犯，敵國危之。（〈樂論〉）

> 樂中平則民和而不流，樂肅莊則民齊而不亂，民和齊則兵勁城固，
> 敵國不敢嬰也。（〈樂論〉）

（四）樂與祭祀

先民之宗教禮拜中，除了上帝山川諸神之外，格外著重於祖先之祭祀，蓋報本返始而民德歸厚也，〔註3〕而祭祀爲先民之大事，凡音樂舞蹈皆以祭祀爲主，故左傳云：「國之大事，惟祀與戎。」朱熹亦曰：「先王作樂，無處不用，然用樂之大者，尤在於薦上帝，配祖考也。」〔註4〕尙書所記夔擊石拊琴，用之以詠祖考，悅神人，斯可明樂之用於祭祀，由來久矣。

《尙書・益謖》曰：

> 夔曰：戛擊鳴球，博拊琴瑟，以詠祖考來格，虞賓在位，群后德讓。

荀子言樂於宗廟中，君臣上下同聽之，則莫不和敬〔註5〕是則以君臣上下之和爲宗廟中奏樂之主要功用，未及於祭祀也。蓋荀子亦將祭祀之重要性與功能，置於禮之範疇，而賦予極重要之地位，樂於祭祀中所擔任之角色，荀子似乎並未與以關注與肯定也。〔註6〕

（五）樂之極致

夔受命推行樂教，敷化四海之民，行於祭祀、政治、道德等，其成效且在政治運作之上：

> 八音克諧，無相奪倫，神人以和。（〈堯典〉）

> 虞賓在位，群后德讓。（〈益謖〉）

> 祖來考格……鳥獸蹌蹌，簫韶以成，鳳凰來儀。夔曰：予擊石拊石，
> 百獸率舞，庶尹允諧。（〈益謖〉）

〔註3〕《論語・學而篇》，曾子曰：「慎終追遠，民德歸厚矣。」
〔註4〕見《古今圖書集成・樂律典》。
〔註5〕《荀子・樂論篇》。
〔註6〕祭祀之禮，荀子於〈禮論篇〉論之甚詳，亦著重於人子事死如事生之義，不
　　　　及於鬼神之降臨也。

極稱樂之功效，可使聲律相調，神人和諧，感召祖考，行樂之極，又可使百獸率舞而鳳凰翔集，天人禽獸皆合爲一體，融融泄泄，美善相樂也。

第二節　詩經與樂

《詩經》爲我國最早之詩歌總集，史記言孔子刪詩，取其可施於禮義者凡三百五篇〔註7〕皆弦歌之，以合韶武雅頌之音。詩之六藝，曰風、雅、頌、賦、比、興。風雅頌者，詩篇之體裁也，賦比興者，詩之作法也。劉勰言樂辭曰詩，詩聲曰歌〔註8〕二者關係密切，不可遽異也。風爲里巷歌謠，雅爲朝廷之音，頌爲宗廟之音也。

朱子曰：

> 凡詩之所謂風者，多出於里巷歌謠之所作，所謂男女相與詠歌，各言其情也。〔註9〕

又曰：

> 正小雅燕饗之樂也，正大雅朝會之樂也。〔註10〕

鄭樵曰：

> 雅爲朝廷之音，頌爲宗廟之音。〔註11〕

又曰：

> 陳周魯商三頌，所以侑祭也。〔註12〕

由此可知《詩經》和樂，可用以抒情，施之燕饗，奏於祭祀。如《儀禮·燕禮篇》云：

> 樂正先升：工四人，三瑟，……入，升自西階，北面東上，坐。工歌鹿鳴，四牡，皇皇者華……笙入，立於縣中，奏南陔，白華，華黍，……乃間歌魚麗，笙由庚；歌南有嘉魚，笙崇丘，歌南山有臺，笙由儀。遂歌鄉樂，周南：關雎、葛覃、卷耳；召南；鵲巢，采蘩，采蘋。……賓醉，北面坐，取其薦脯以降，奏陔。

〔註7〕　見《史記·孔子世家》。
〔註8〕　劉勰，《文心雕龍·樂府篇》。
〔註9〕　朱熹，《詩集傳序》。
〔註10〕　同右。
〔註11〕　鄭樵，《通志·昆蟲草木略序》。
〔註12〕　鄭樵，《通志·樂府總序》。

君臣燕飲之時，或奏詩、歌詩、可知詩與樂乃同時於燕禮中進行，其他如饗禮，大射禮，鄉飲酒禮，鄉射禮等等皆有奏樂和詩之儀節。〔註13〕樂貫中和，詩經中之蘊義亦然，蓋樂以和爲極樂也。

　　　鼓瑟鼓琴，和樂且湛。（〈小雅，鹿鳴〉）

　　　鞉鼓淵淵，嘒嘒管聲，既和且平，依我磬聲。（〈商頌，那〉）

荀子言聖人作樂，乃爲了防止人們耽於樂以致放亂，故「制雅頌之聲以道之，使其聲足以樂而不流，使其文足以辨而不諰，使其曲直繁省廉肉節奏，足以感動人之善心，使夫邪污之氣無由得接焉。…」〔註14〕完全側重於音樂之教化功能，因此曰：「樂在宗廟之中，君臣上下同聽之，則莫不和敬。」又曰：「故聽其雅頌之聲，而志意得廣焉。」又曰：「君子以鐘鼓道志，以琴瑟樂心。」樂爲君子用以脩心，聖人用以教化之工具也。詩經中亦有言作歌乃所以正德行也，亦以樂爲有裨於教化矣。〔註15〕然而詩經言樂與荀子所論亦有所不同者，即詩經言樂以助興或悅神祈福爲主，〔註16〕而荀子則以道德教化爲目的，非以愉悅神人爲鵠的也，〔註17〕論及宗廟、燕饗，亦所以明長幼貴賤，以示尊卑之序也。〔註18〕

第三節　周禮論樂

　　《周禮》爲周代建官分職之書也。鄭玄以爲公居攝，而分典之職，謂之周禮。〔註19〕朱熹則曰：「周禮規模皆是周公作，但其言語是他人做……其間細碎處雖可疑，其大體直是非聖人做不得。」〔註20〕蘇轍曰：「言周公所以治周者，

〔註13〕大饗禮，見《禮記・仲尼燕居》；大射禮見《儀禮・大射儀篇》；鄉飲酒禮見《儀禮・鄉飲酒禮》；鄉射禮見《儀禮・鄉射禮篇》。

〔註14〕《荀子・樂論篇》。

〔註15〕《詩經・小雅・何人斯》曰：「作此好歌，以極反側。」〈巷伯〉曰：「寺人孟子，作爲此詩，凡百君子，敬而聽之。」

〔註16〕《詩經・小雅・鹿鳴》：「呦呦鹿鳴，食野之苹，我有嘉賓，鼓瑟吹笙，吹笙鼓簧，承筐是將。」周頌有瞽：「有瞽有瞽，在周之庭。設業設虡，崇牙樹羽，應田縣鼓，鞉磬柷圉。既備乃奏，簫管備舉。煌煌厥聲，肅雝和鳴，先祖是聽。我客戾止，永觀厥成。」

〔註17〕參見青木正兒，《中國古代文藝思潮》，第三章。

〔註18〕見《荀子・樂論》，鄉飲酒一段。

〔註19〕鄭玄，《周禮注》。

〔註20〕見朱熹，《朱子語錄》。

莫詳於周禮，然以吾觀之秦漢諸儒以意損益之者眾矣，非周公之完書也…」〔註
21〕凡此皆以周公作《周禮》，以定典爵名，爲建國家立制度之方略也。《周禮》
至秦始皇焚書而逸失，漢武帝時廣蒐舊籍，《周禮》爲後出之古文經，故學者多
疑之。其論證不足以非之，故紀昀周禮注疏提要仍以爲周公所作，丁今所傳或
未盡原文耳。

　　《周禮‧春官》所載有掌樂舞之官。自大司樂以至於司干，或教樂舞，
或掌樂器，分職而守，條理景然，周代樂教之情況，審之昭然矣。

（一）以樂脩德

　　周朝克殷，文治武官燦然大備，超乎前代，周公制禮作樂，以宗法制度
爲裡，封建爲表，以禮制爲尙，道德是崇，建立富有德治色彩之政治體制，
孔子曰：「郁郁乎文哉，吾從周。」良有以也。故周禮之樂教以脩德爲要，禮
聘有道有德者爲之師，以教國子樂德，使之本六德而爲六律之音。

　　　　凡有道有德者使教焉，死則以爲樂祖，祭於瞽宗。以樂德教國子：
　　　　中和祇庸孝友。（〈春官‧大司樂〉）

　　　　大師掌六律六同，以合陰陽之聲。……以六德爲之本，以六律爲之
　　　　音。（〈春官‧大師章〉）

荀子言人之性惡，故不能不用禮義師法等後天教育加以教導塑造，作樂之理
由亦然，故曰聖人「制雅頌之聲以導之」（〈樂論〉）周禮之樂教則非由性情之
流蔽著眼也。

（二）樂以和為本

　　尙書，虞書，舜命夔典樂，教胄子直而溫，寬而栗等；周禮則言教之以
中和祇庸孝友，其旨趣同歸，皆欲致其中和也。二者樂教之宗旨，若合符節，
爲萬世奉行而尊爲圭臬者也。惟《尙書》之語，簡要而略，《周禮》暢言中和
之義，又以少師執掌六樂之和，是樂以和爲本，至此確立無疑，荀子論樂亦
奉之不違而推廣之。《周禮》曰：

　　　　以樂德教國子中和祇庸孝友。（〈春官‧大司樂〉）

朱載堉曰：

　　　　虞書命夔典樂教胄子，直而溫，寬而栗等語，與此大同。直猶中也，
　　　　溫猶和也，寬猶和也，栗猶中也。中和二義備矣。剛毅近仁，過剛

─────────────

〔註21〕見《經義考》所引。

非常也，故教之以庸。簡易得理，過簡非敬也，故教之以祇，曰祇，
曰庸，猶所謂無傲無虐也。祖考來格，神人以和，孝之至也，群后
德讓，庶伊允諧，友之至也。虞書、周禮，相去千載，教人之道若
合符節，前聖後聖，其揆一也。〔註22〕

《周禮》曰：

> 大司徒以五禮防萬民之僞而教之中，以六樂防萬民之情，而教之和。
> （〈地官・大司徒章〉）
>
> 少師……掌六樂之節者其和。（〈春官・少師章〉）
>
> 以地產作陽德，以和樂防之。（〈春官・大宗伯〉）

（三）樂之功用

《周禮》之樂除擔負脩德之教化作用外，又可以祈諸鬼神之降臨庇佑，
和諧邦國萬民，使遠人悅而賓客安。

> 以六律六同五聲八音六舞大合樂，以致鬼神示，以和邦國，以諧萬
> 民，以安賓客，以悅遠人，作動物。（〈周禮・春官・大司樂〉）

荀子言樂則曰可使君臣和敬於宗廟，父子和親於閨門，長少和順於鄉里，亦
可使民和齊而兵勁城固，唯獨不及致鬼神示也，此乃孔門不語怪力亂神之傳
統也。

（四）行樂之極致

《尚書》所稱夔之作樂擊石拊石，百獸率舞，鳳凰來儀，致祖考來格，《周
禮》則極言其盛也。

> 凡六樂者，一變而致羽物，及川澤之示，再變而致贏物及山林之示，
> 三變而致鱗物及兵陵之示，四變而致毛物及墳衍之示，五變而致介
> 物及土示，六變而致象物及天神。凡樂圜鍾爲宮，黃鍾爲角，大簇
> 爲徵，姑洗爲羽，靈鼓靈鼗孤竹之管，雲和之琴瑟，雲門之舞，冬
> 日至於地上之圜丘，奏之，若六變則天神皆降，可得而禮矣。凡樂
> 函鍾爲宮，大簇爲角，姑洗爲徵，南呂爲羽，靈鼓靈鼗孤竹之管，
> 空桑之琴瑟，咸池之舞，夏日至於澤中之方丘奏，若樂八變，則地
> 示皆出，可得而禮矣。凡樂黃鍾爲宮，大呂爲角，大簇爲徵，應鍾
> 爲羽，路鼓路鼗孤竹之管，龍門之琴瑟，九德之歌，九磬之舞，於

〔註22〕朱載堉，《樂學新說・樂律全書》卷五。

宗廟之中奏之，若樂九變則人鬼可得而禮矣。(〈春官・大司樂〉)

在此盛言音樂九變之效果，層層而進，既可漸次招致羽物、贏物、麟物、毛物、介物、象物，又可同時依次而得川澤之示、山林之示、丘陵之示、墳衍之示、土示。六變之後則天神皆降、地神皆出、而人鬼可得而禮矣。言樂感召之力無遠弗屆，飛禽走獸及人鬼天神皆可得而致之，是樂之道德教化，不僅化及人生界，亦與宇宙界上下通澈條貫，天人合一矣。荀子論樂則本其天論之態度，天人分途，制天命而用之，〔註23〕因此荀子僅言君子行樂而其「清明象天，其廣大象地，其俯仰周旋有似於四時」最終目標乃是「樂行而志清，禮脩而行成」移風易俗，美善相樂，樂之極致亦可與天地和諧而人文化成，但終不言及樂可招致羽物、贏物、毛物、介物、象物以及川澤鬼神等。

第四節　左傳論樂

《左傳》為春秋三傳之一，蓋孔子據魯史而作《春秋》，簡練文辭，去其蕪雜而明褒貶，別善惡也。七十子之徒各受傳指，而譏刺損挹異而不明，故司馬遷曰：

> 魯君子左丘明懼弟子人人異端，各守其意，失其眞，故因孔子史記、具論其語，成左氏春秋。〔註24〕

班固曰：

> 孔子因魯史記而作春秋，而左丘明論輯其本事，以為之傳。〔註25〕

二者皆以左丘明為左傳之作者。書中所載，自魯隱公至於哀公十二位君王在位之史實，詳實賅洽，今摭其論樂之說以明荀子論樂之源。

（一）樂貴平和

《左傳》論樂，仍承襲傳統之道德觀，以為樂必以德為本，禮樂為道德之張目也。

《左傳・僖公二十七年》：

> 詩書義之府也，禮樂德之則也，德義利之本也。

儒者論政以德治為本，德治以中和為尙，禮主敬而樂主和。故煩手淫聲，慆

〔註23〕錢穆，《中國思想史》，第十三荀卿部份。
〔註24〕司馬遷，《史記十二・諸侯年表》。
〔註25〕《漢書・司馬遷傳贊》。

埋心耳，乃忘和平，此爲君子所棄而小人所樂也。蓋君子聽樂，所以平其心，故欲其高低清濁相調並彎，無過與不及也。

《左傳・昭公元年》：

> 先王之樂，所以節百事也，故有五節，遲速本末以相及，中聲以降，五降之後，不容彈矣。於是有煩手淫聲，慆堙心耳，乃忘平和，君子弗聽也。物亦如之，至於煩乃舍也矣，無以生疾，君子之近琴瑟，以儀節也，非以慆心耳。

昭公二十年：

> 先王之濟五味，和五聲，以平其心，成其政也。聲亦如之。一氣、二體、三類、四物、五聲、六律、七音、八風、九歌以相成也。清濁、大小、短長、疾徐、哀樂、剛柔、遲速、高下、出入、周疏以相濟也。君子聽之，以平其心，心平德和，故詩曰：「德音不瑕。」

昭公二十一年，冷州鳩曰：

> 夫樂，天子之職也，夫音，樂之輿也，而鐘，音之器也，天子省風以作器鍾之，輿以行之，小者不窕，大者不槬，則和於物，物和則嘉成，故和聲入於耳，而藏於心，心憶則樂，窕則不咸，槬則不容，心是以感，感實生疾，今鐘槬矣，王心弗堪，其能久乎？

荀子言樂亦皆由和字著眼，於宗廟之中；於閨門之內，於鄉里之中，分別言之爲「和敬」、「和親」、「和順」，又曰：「故樂者，審一以定和者也」〔註 26〕又如「樂中平則民和而不流」等皆可知荀子以和論樂與春秋時代諸賢有甚深之淵源而無以異也。

（二）樂之效用

《左傳》所載諸賢大夫論樂之用以安民脩德爲主，而安邦定國則爲必然之結果也。

《左傳・襄公十一年》：

> 夫樂以安德，義以處之，禮以行之，信以守之，仁以屬之，而後可以殿邦國，同福祿，來遠人。

《左傳・襄公二十七年》：

> 樂而不荒，樂以安民，所以成其政也。

〔註26〕《荀子・樂論篇》：「故樂者審一以定和者也，比物以飾節者也，合奏以成文者也。」

《左傳·昭公元年》：

> 先王之樂，所以節百事也。……君子之近琴瑟也，以儀節也，非以
> 慆心也。

《左傳·莊公二十七年》：

> 夫禮樂慈愛，戰所畜也，夫民讓事樂和，愛親哀喪而後可用也。

荀子言先王制樂亦非縱其求樂之欲，亦非去除快樂之心，蓋喜樂之心乃人情所不能免，然而樂而不以正常之樂舞節之則必流於亂矣。荀子曰：

> 先王惡其亂也，故制雅頌之聲以道之，使其聲足以樂而不流，使其
> 文足以辨而不諰，使其曲直繁省廉肉節奏足以感動人之善心，使夫
> 邪汙之氣無由得接焉；是先王立樂之方也。（〈樂論〉）

故樂所以平和民之聲音動靜，反於人道之正，而非從情恣欲以極耳目之樂也，進而父子、君臣、鄉里皆和睦相待，則百姓莫不安其處，樂其鄉以至足其上矣，荀子曰：

> 然後名聲於是白，光輝於是大，四海之民，莫不願得以為師，是王
> 者之始也。（〈樂論〉）

（三）樂與治亂興亡

人之喜怒哀樂形於聲音動靜，故民情之善惡，風俗之厚薄，每均可於里巷之歌謠，王公讌飲之曲樂之中窺其管豹，而國政之良窳與衰則無由遁焉矣！

《左傳·襄公二十九年》：

> 吳公子季札來聘……為之歌邶、鄘、衛，曰：『美哉！淵乎！憂而不
> 困者也。

武王克殷之後，將其地劃分為邶、鄘、衛，其後合併為衛國。周公東征，誅武庚而封康叔為衛君。康叔乃武王之同母弟也。其治衛德化甚深，其九世孫武公繼其德政，亦深受愛戴。季札觀其樂而曰：「美哉！淵乎！」良有以也，所謂憂而不困，殷之遺民，猶存舊邦之風，亂世之聲也，至春秋末期衛之政風亦有所遷焉。

朱熹曰：

> 衛國地濱大河，其地肥饒，不費耕耨；故其人心怠惰。其人情性如
> 此，則聲音亦淫靡；故聞其樂使人懈慢而有邪僻之心也。〔註27〕

〔註27〕見朱熹，《詩集傳》。

然而衛樂承王化甚厚，仍異於鄭風，斯有足爲他山之石者，孔子曰：「吾自衛返魯，然後樂正，雅頌各得其所。」，亦常讚美衛之國政也。〔註28〕

> 爲之歌鄭曰：美哉！其細已甚，民弗堪也，是其先亡乎？

鄭國民風冶蕩，多男女相詠之詩歌，季札言其樂細已甚，乃過於纖細煩瑣，無關於政教德化，易使人陷溺不振，故云：「其先亡乎！」孔子亦曰：「惡鄭聲之亂雅樂也」〔註29〕

朱熹曰：

> 衛人猶多刺譏懲創之意，而鄭人幾於蕩然，無復羞愧悔悟之萌；是
> 則鄭聲之淫，甚於衛矣。〔註30〕

孔子云：「詩三百，一言以蔽之曰，思無邪。」〔註31〕由現存經孔子刪詩後之鄭風，誠然頗多男女相詠之辭，且鄭國於列國聘享之時，亦常賦之〔註32〕公卿尚且如斯，則行於國內，誦於民間者，可思過半矣。

> 爲之歌齊，曰：「美哉！泱泱乎！大風也哉！表東海者，其太公乎？
> 國未可量也！」

齊爲呂尚所建，蓋受封武王也，其大通工商，興漁塩，遂成大國。季札由其詩樂見泱泱如東海之國風，齊國之政治民情於焉知之，以「泱泱乎！大風也哉！」讚美姜子牙之遺德，及周朝之澤，化及此邦。

> 爲之歌陳，曰：「國無主，其能久乎？」

陳爲太昊舊地，武王曾以長女大姬許配予舜之後裔虞滿，封於宛之旁，是爲陳。陳舉國上下好行巫覡歌舞，長期不休。如宛丘云：「坎其擊鼓，宛丘之下，無多無夏，值其鷺羽」，如東門之池云：「東門之池，可以漚麻。彼美淑姬，可與晤歌。」舉國歌舞如斯，季札故曰：「國無主，其能久乎？」亦由樂詩而知其國祚之短長也。

　　荀子亦與《左傳》所採之態度一致，即國之興亡盛衰可由其樂風知之，而政風之中和或姚冶又足以影響國政之良窳矣。

〔註28〕《論語・子罕》童孔子曰：「吾自衛返魯，然後樂正，雅頌各得其所。」子路章，子曰：「魯衛之政兄弟也。」

〔註29〕《論語・陽貨篇》。子曰：「惡紫之奪朱也，國鄭聲之亂雅樂也。」

〔註30〕見朱熹，《詩集傳》。

〔註31〕《論語・爲政篇》。

〔註32〕據《左傳》所載：鄭伯去晉國，子展賦「將仲子」。鄭伯宴趙孟子，太叔賦「野有蔓草」；鄭國大卿餞韓宣子，子齡賦「風雨」，子旗賦「有女同車」，子柳賦「蘀兮」。

荀子曰：

　　樂姚冶以險，則民流僈鄙賤矣。（〈樂論〉）

　　樂中平則民和而不流。（〈樂論〉）

　　禮樂廢而邪音起者，危削侮辱之本也。（〈樂論〉）

以上所言皆古籍中諸賢論樂之精華而為荀子所採擷轉化者也，荀子與孔孟，諸子論樂之異同則於下章討論之。

第六章 荀子「樂論」與先秦諸子論樂之比較

荀子乃戰國末期儒學之集大成者，其樂論之主張除紹繼上古往聖先賢之餘緒外，近則沿其儒門之傳統而推展之，更有與時代之學說相頡頏而激發者，茲以其與諸子之相關者而論之。

第一節 孔孟論樂

由《論語》及《孟子》二書之中，可得知孔孟二聖之音樂思想也。孔子之音樂思想大抵承襲昔賢之言論而來，如首重音樂之教化功能，反對鄭聲，反對僭越奏樂等，此皆於《左傳》，《尚書》之中，有其脈絡可尋，然而孔子更由此推衍至更高之層次，轉而重視樂之本質與樂之藝術價值，人格脩養之作用，更確立了禮樂相輔相成之關係。孟子處於戰國初期，禮壞樂崩際此猶甚，而孟子方汲汲於闢楊墨，言性善，而鼓吹仁政，故對樂之態度僅順諸侯之所好而誘導之，使諸侯王與民同樂爾，餘則無暇顧之矣。

一、孔子論樂

（一）音樂之教化功能

孔子之樂教，具有政治上化民成俗及個人道德脩養之功能也。子曰：

興於詩，立於禮，成於樂。（〈泰伯〉）

子路問成人。子曰：「若臧武仲之智，公綽之不欲，卞莊子之勇，冉

求之藝，文之禮樂，亦可以爲成人矣。」（〈憲問〉）

由此可知音樂能力之培養與陶冶，爲人格脩養之必要方法也。至於音樂用之
於化民成俗，亦曾由其弟子實際施行於政治之中：

子之武城，聞弦歌之聲。夫子莞爾而笑曰：「割雞焉用牛刀？」子游
對曰：「昔者偃也聞諸夫子曰：君子學道則愛人，小人學道則易使也。」
子曰：「二三子！偃之言是也，前戲之耳。」（〈陽貨〉）

在位掌權柄之君子，受樂之陶冶，則能愛護百姓；在鄉之百姓受樂之陶冶，
亦樂於接受在位者之領導，斯爲音樂化民成俗之效也。

又據《論語·先進篇》所載，孔子與弟子言志：

求，爾何如？對曰：方六七十，如五六十，求也爲之，比及三年，
可使足民，如其禮樂，以俟君子。

冉求自言其三年之內可使足民；而於禮樂教化，卻需俟君子以施行之，由此
可知禮樂教化爲足民之上一層目標也。

點，爾何如？鼓瑟希，鏗爾，舍瑟而作。對曰：「異乎三子者之撰。」
子曰：何傷乎？亦各言其志也。」曰：「莫春者，春服既成，冠者五
六人，童子六七人，浴乎沂，風乎舞雩，詠而歸。」夫子喟然嘆曰：
「吾與點也。」

孔子主張藉音樂之陶冶以培養個人道德之情操；道德不再爲外在之箝制，而
爲發乎內在之自然之情，曾子所言之悠然廣闊之胸襟，正表現出藝術與道德
之和諧，毫無扞格與衝突又與「仁」之道德情境相符合，因此爲孔子所喟然
讚許也。〔註1〕

（二）禮樂並重

禮爲外在行爲之儀式，客觀而外鑠，樂爲人類情志之自然流露，動於中
而發聲於外，不藉外來之儀式；不受他人之意志所支配，乃主觀而內省者。
外在之儀式愈繁複則人類之行爲愈僵化，人與人之情感距離愈遠；內在情感
自恣以表現者愈多則行爲愈流於放肆；在古代典籍中之中禮樂二者相提並
論，並作廣泛之應用則始於論語也。〔註2〕如：

天下有道，則禮樂征伐自天子出；天下無道，則禮樂征伐自諸侯出。
（〈季氏〉）

〔註1〕 見徐復觀，《中國藝術精神》，第一章。
〔註2〕 見韋政通，《荀子與古代哲學》，第五章，第二節。

事不成，則禮樂不興，則刑罰不中。（〈子路〉）

先進於禮樂，野人也；後進於禮樂君子也。（〈先進〉）

又如子路問成人，孔子答之以「若臧武仲之智，公綽子之不欲，卞莊子之勇，冉求之藝」，最又又加上「文之以禮樂」才肯定爲「亦可以爲成人矣。」可見孔子言禮則必及於樂，言樂則必及於禮之態度，然而對於禮樂性質之差異則未予以嚴格之區分，此逮及荀子之時乃有清晰之界定也。

（三）贊雅樂而惡鄭聲

雅樂乃先王所制定之正音，肅穆莊嚴，盡善盡美，疏瀹五臟而醇厚人心。鄭聲爲鄭國所通行之俗樂，春秋時代吳公子季札曾評之曰：「美哉？其細已甚，民弗堪也。是其先亡乎！」〔註3〕鄭國之樂師師慧亦嘗自稱爲「淫樂之朦」〔註4〕蓋鄭聲華麗複雜，音調偏高而細，動盪人心使之陷溺不返，此正俗人之所好，而聖賢之所懼也。孔子由古樸之雅中體悟美善之境界與音樂化人之速，亦由鄭聲中發覺享樂、頹廢、墮落等危險之因素，〔註5〕因此堅定其惡棄鄭聲而贊揚雅樂之態度也。子曰：

惡鄭聲之亂雅也。（〈陽貨〉）

放鄭聲，遠佞人。鄭聲淫，佞人殆。（〈衛靈公〉）

師摯之始，關睢之亂，洋洋乎，盈耳哉！（〈泰伯〉）

子謂韶：盡美矣，又盡善也。謂武：盡美矣，未盡善也（〈八佾〉）

子在齊聞韶，三月不知肉味。曰：「不圖爲樂之至於斯也。」（〈述而〉）

凡此皆表明孔子贊雅樂而惡鄭聲之態度也。

（四）反對奏樂之僭越

宗法制度之下，天子、諸侯、大夫、士皆依其地位之高下有其一定之儀節法度，奏樂亦然，各有所宜，不可造次也。孔子反對諸侯或大夫僭越其職而作非分之樂舞也

孔子謂季氏：「八佾舞於庭。是可忍也，孰不可忍也？」（〈八佾〉）

三家者以雍徹。子曰：「相維辟公，天子穆穆，奚取於三家之堂？」

〔註3〕　見《左傳・襄公二十九年》。
〔註4〕　見《左傳・襄公十五年》。
〔註5〕　見黃友隸，《中國音樂思想批判》，第一章。

孔子曰：「天下有道，則禮樂征伐自天子出；天下無道，則禮樂征伐

自諸侯出。（〈季氏〉）

故天子諸侯之奏樂，各有其規矩儀節，凡有踰越則爲孔子所深惡痛絕也。

（五）重視樂之本質

樂之本質乃抒發情感，以達和樂之境地也，鐘鼓簫管等樂器，僅爲達到此目標之器具簫，並非音樂之基本要素也，若捨本逐末，一味追求樂器之奢華備則猶如南轅而北轍也。故孔子曰：

樂云：樂云！鐘鼓云乎哉？（〈陽貨〉）

因此就音樂而言，不應僅注重外在之樂器，也應求其旋律之和諧。

樂其可知也，始作，翕如也，從之，純如也，皦如也，繹如也，以

成（〈八佾〉）

然而旋律之和諧並非樂之最終目標也，其究竟之鵠的應該求仁與樂之統一，亦既藝術之美與道德之善融合無間，此爲樂之極致也。亦既孔子之所以讚歎曾子莫春之遊也。又曰「人而不仁如禮何？人而不仁如樂何？」其旨既在此也。

二、孔子之音樂素養

孔子以知禮聞名於當世，入於太廟每事必問，其好學精神於樂亦然。據《史記·孔子世家》言孔子學鼓琴於師襄。《韓詩外傳》五、《淮南子、主術訓》、《家語·辨樂篇》，亦曾言之〔註6〕孔子不但與當時知名之樂師交往〔註7〕亦了解樂師們之行踪動態〔註8〕更與之論樂曲之旋律起伏終結等〔註9〕因爲其具有此音樂之專門知識與技術，因此孔子對魯國之詩歌樂曲從事整理與修正之工作。子曰：

吾自衛反魯，然後樂正，雅、頌各得其所。（〈子罕〉）

孔子不僅能辨別修正魯國之詩樂，歸之於正，亦能領會先王制樂之精微而進入其堂奧，發出千古不易之精闢樂評，洵爲知音者之論也。如孔子評韶樂之「盡善盡美」（〈學而〉），武王之樂則亦褒亦貶：「盡美而未盡善也。」（〈學而〉），

〔註6〕 參見徐復觀，《中國藝術精神》，第一章。

〔註7〕 見《論語·衛靈公篇》：「師冕見及階，子曰：『某在斯，某在斯。』師冕出，子張問曰：『與師言之道與？』子曰：『然，固相師之道也。』」

〔註8〕 《論語·微子篇》：「大師摯適齊，亞飯干適楚，三飯繚適蔡，四飯缺適秦，鼓方叔入於河，播鼗武入於漢，少師陽、擊磬襄入於海。」

〔註9〕 《論語·子罕篇》：「子曰：「由之瑟，奚爲於丘之門？」」

於《詩經・關雎》章則讚嘆曰：「樂而不淫，哀而不傷」孔子不僅能客觀與以評論，主觀上亦能融合於樂曲之中而深得其變，其初聞韶樂，三月不知肉味，曰：「不圖爲樂之至於斯也。」（〈述而〉）

孔子日常之生活極富於藝術之氣息也，除了射獵、垂釣之外尚能演奏磬、瑟等樂器，不但燕居好歌，亦喜與善歌者唱和以相得也。如《論語・述而篇》云：「子於是日哭則不歌。」可知平時孔子若不逢悲傷之事，必定時常奏樂高歌也。如論語所記：

> 子與人歌而善，必使反之，而後和之。（〈述而〉）

> 子擊磬於衛。（〈憲問〉）

> 孺悲欲見孔子，孔子辭以疾。將命者出戶，取瑟而歌，使之聞之。（〈陽貨〉）

非但平日涵泳於奏樂歌唱，甚至於顚沛流離之時，更以彈奏琴瑟，歌詩吟詠以陶冶情性，宣導鬱結，如《史記・孔子世家》所載：孔子厄於陳蔡而弦歌雅頌不絕，因此不怨天不尤人，教不倦，學不厭，而子路之徒則怒而誚之曰：「君子亦有窮乎？」此正孔子之高明醇厚不可及之處也，無怪乎子路彈瑟被斥爲非出於孔門者也。〔同前註〕

三、孟子論樂

孟子處戰國之際，三家分晉，田氏篡齊，諸侯放恣，處士橫議，邪說暴行氾濫於天下，其率眾弟子以仁義之政說諸侯王，欲「正人心，息邪說，距披行，放淫辭」，對於樂論之態度似已無暇顧之矣，無論樂之教化功能，禮樂並重之觀念，或者贊雅樂而惡鄭聲等，以及孔子所痛惡痛絕之僭越奏樂之事〔註10〕皆無一詞及之，雖然如此，孟子並未如墨子一般主張非樂，反而贊同君王好俗樂之行爲，謂之「今之樂，由古之樂也！」，更進而策勵君王「君民同樂」蓋獨樂樂，不如與人樂樂，否則「今王鼓樂於此，百姓聞王鐘鼓之聲，管樂之音，舉疾首蹙額而相告曰：『吾王之好鼓樂，夫何使我至於此極也？父子不相見，兄弟妻子離散！』」此爲不與民同樂，而使民顚沛流灘，不安家室，故舉口而誹之也。反之，若能與民同樂，則「今王鼓樂於此，百姓聞王鐘鼓之聲，管籥之音，舉欣欣然有喜色而相告曰：『吾王庶幾無疾病與？何以能鼓樂也？』此爲與民同樂必獲百姓之愛戴與擁護也。

〔註10〕《論語・八佾篇》：「孔子謂季氏曰：『八佾舞於庭，是可忍也，孰不可忍也？』」

　　孟子於此並不如孔子力言「惡鄭聲之亂雅樂也」（〈陽貨〉）而主張「放鄭聲，遠佞人」，卻隨順諸王之喜好俗樂，因勢利導，使之「與民同樂」遂行仁政，以造百姓之福爲其鵠的，蓋天下分崩離析，能使百姓不致飢餓於野，塡死溝壑，而能仰足以事父母，俯足以蓄妻子，再於豐年富之、教之、則鄭聲與雅樂之爭，躋等奏樂等相形之下，其輕重緩急，判然分明矣。

第二節　墨子與道家論樂

一、墨家論樂

　　墨子爲春秋時代後於孔子之學界鉅子，與荀子同爲具有功利主義色彩之思想家也。荀子善於分析社會與事物，作客觀之評價，以事實做爲根據，求其實效，然而仍秉持儒門傳統，以仁義禮樂爲其規模架構，而曰：「禮樂之統」〔註11〕墨子則以現實之利爲唯一評判事物價值之標準，當然此利爲大利，全體社會之利，亦即將事物分爲中萬民之利與不中萬民之利二者。凡中萬民之利者，雖摩頂放踵，義無反顧也。若不中萬民之利則斷然不爲也。墨子論儒家之禮樂云：

> 且夫繁飾禮樂以淫人，久喪僞哀以謾親……好樂而淫人，不可使親
> 治……盛容修飾以蠱世，弦歌鼓舞以聚眾……〔註12〕

因此墨子堅決反對儒家禮樂之教也。

　　今僅就其非樂之說以論之，其所持之理由爲：

（一）厚斂萬民以造樂器

　　諸侯巨室，王親貴族之爲樂必具備鍾鼓琴瑟竽笙等樂器以供彈奏，此等樂器之所需必取乎民，而民之飢寒交迫，疲憊無依者不得安矣。而從事樂舞之人，必定華服美食以飾其身，充其氣，神清氣爽以鼓瑟鳴琴，期於賞於心而悅於目，此皆厚斂於萬民者也。

> 今王公大人，雖無造爲樂器，以爲事乎國家，非直掊潦水、折壤坦
> 而爲之也，將必厚措斂乎萬民，以爲大鍾鳴鼓，琴瑟竽笙之聲。……
> 民有三患：飢者不得食，寒者不得衣，勞者不得息。三者，民之巨

〔註11〕《荀子・樂論篇》：「禮樂之統管乎人心矣。窮本極變樂之情也；著誠去僞，
　　　　禮之經也。」
〔註12〕見《荀子・非儒下》。

患也。然即當之爲撞巨鍾，擊鳴鼓，彈琴瑟，吹竽笙而揚于戚，民衣食之財將安可得乎？（〈非樂〉）

今王公大人，唯毋處高台厚榭之上而視之，鍾猶是延鼎也，弗撞擊，將何樂得焉哉？其說將必撞擊之。……今王公大人唯毋爲樂，虧奪民衣食之財，以拊樂如此多也，是故子墨子曰：爲樂非也。（〈非樂〉）

萬人不可衣短褐，不可食糠糟……此掌不從事乎衣食之財，而掌食乎人者也。是故子墨子曰：今王公大人唯毋爲樂，虧奪民衣食之財，以拊樂如此多也。是故子墨子曰：爲樂非也。（〈非樂〉）

（二）廢治怠事以聽樂

鍾鼓琴瑟竽笙陳乎殿，樂人錦衣豐頰而奏乎上，舞人俯仰周旋而動於前，王公大人必無獨賞之理，然則無論與君子或賤人同聽之皆廢其正事也。

今大鍾鳴琴瑟竽笙之聲，既已具矣，大人鏽然奏而獨聽之，將何樂得焉哉！其說將必與賤人與君子聽之。與君子聽之，廢君子之聽治；與賤人聽之，廢賤人之從事。今王公大人，唯毋爲樂，虧奪民衣食之財，以拊樂如此多也，是故子墨子曰：爲樂非也。（〈非樂〉）

（三）喪家亡國之淫樂

墨子根據史實力陳奢侈浮華之樂舞，足以使君王身爲刑僇，家喪而國亡，因此堅決非樂。

今有大國即攻小國，有大家即伐小家，強凌弱，眾暴寡，詐欺愚，貴傲賤，寇亂盜賊並興，不可禁止也。然即當爲之撞巨鍾，擊鳴鼓，彈琴瑟，吹竽笙，而揚干戚，天下之亂也，將安可得而治與？（〈非樂〉）

嗚呼！萬舞洋洋，黃言孔章，弗常，九有以亡。上帝不順，降之百映，其家必壞喪。（〈非樂〉）

啓乃淫溢康樂，野于飲食，將將銘莧磬以力湛濁于酒，渝食於野，萬舞翼翼，章聞於天，天用弗式（〈非樂〉）

古者三代暴王：桀、紂、幽、厲、蒯爲聲樂，不顧其民。是以身爲刑僇，爲戾虛者，皆從此道也。（〈公孟〉）

墨子本學儒術，何以竟至非誹聖人之樂教？其原因約略如下：

1. 對當時奢靡風之反省

墨子生當春秋戰國之際，雅樂躓等而作，鄭聲流溢，民生凋敝而諸侯力征，日夜狂歡，歌舞淫蕩而不返，據墨子非樂篇所載，樂人食必粟肉，衣必文繡，耳目聰明，股肱畢強，撞巨鍾，擊鳴鼓，彈琴瑟，吹竽笙而揚干戚，萬舞洋洋而舞於宮，其奢靡豪華可想而知。如先於墨子之齊景公，據《淮南子·要略篇》云：「齊景公，內好聲色，外好狗馬，獵射無歸。」《晏子春秋·內篇》上云：「景公外傲諸侯，內輕百姓，好勇力，崇樂以從嗜欲，諸侯不說，百姓不親。」墨子方摩頂放踵利天下而為之，對王公大人之弦歌鼓舞以聚眾，置百姓之飢寒於不顧，必然極力反對也。

章太炎先生云：

> 不知墨子本旨在兼愛尚同，而尚賢、節用、節葬、非樂是其辨法，明鬼前其作用也。

> 墨子經春秋之亂，日觀厚葬以致發冢，故主節葬，春秋之初，樂有等級，及季氏僭用八佾，三家以雍徹，後又為女樂所亂，有不得不非之勢。〔註13〕

章太炎先生云「非樂是其辨其」故非樂乃墨子量時度勢之言，洵為知見，蓋樂風之趨向冶蕩無節，誠有不得不非之勢也。然而其有矯枉過正者。

張鐵君則以為墨子並非根本反對音樂，抹殺人類之感情，僅非誹王公大人厚斂民財，以造作樂器爾。其非樂之主張乃針對一定時代之社會流弊而發，並未和儒家重視六藝之樂相矛盾。以儒家知常，墨子處變，儒家執中，墨子達權，儒墨仍為相通不悖也。〔註14〕

墨子言其非謂芻豢不甘於口，鍾鼓之音非不悅於耳，然而以不中萬民之利而非之，確實乃針對時代之蔽而發者，謂之「儒家知常，墨子處變，儒家執中，墨子達權」亦言之成理也，然而儒家以樂為教化人民之方法，而防其流蔽，墨子則以其不中萬民之利，而不以樂教民，極力主張禁而止之，是其差異之犖犖大者，不可不辨也。

2. 忽視音樂之教化功能

墨子認為樂僅為鐘鼓、竽笙、節奏、歌舞、旋律等之祖以求於觀賞之悅目，聆聽之悅耳而已，而無法理解孔門推崇樂教，已超越此形式上感官之樂，

〔註13〕章太炎，《國學概說·諸子略說》。
〔註14〕見張鐵君，〈三民主義與墨子學說〉，見《醫宗雜誌》八卷二期。

而著重於其中所蘊含之道德教化之功用，而且孔子亦以此為思想之重心，所謂：「禮云，禮云，玉帛云乎哉？樂云，樂云，鐘鼓云乎哉？」（〈陽貨〉）荀子曰：「夫聲樂之入人也深，其化人也速，故先王謹為之文。」（〈樂論〉）其功用可移風易俗，化民於無形之中。墨子以其厚斂於民以鑄鐘鼓、製竽笙，弦歌聚眾以廢君子、賤人之事，此乃為樂不中萬民之利也，故極力非之，此皆其忽視樂之教化功能，有以致之也。唐君毅先生云墨子之非樂「此亦純依對天下人之客觀普遍之仁義以立言，與其非厚葬久喪之旨同。其所以異於儒者亦惟在墨子不知樂之亦足人之哀敬等當有之情，合眾而聽樂行禮，即可使人相親，而使人之行合仁義之道。」（〈中國哲學原論・原道篇〉第三章）

3. 極端功利思想之必然結果

墨子以「萬民之利」為其價值判斷之標準，因此凡是「不中萬民之利者」則必去之。

> 子墨子之所以非樂者，非以大鍾鳴鼓琴瑟之聲，以為不樂也；非以刻鏤文章之色，以為不美也；非以犓豢煎炙之味，以為不甘也；非以高臺厚榭邃野之居，為不安也。雖身知其安也，口知其甘也，目知其美也，耳知其樂也；然上考之，不中聖王之事，下度之，不中萬民之利，是故子墨子曰：「為樂非也」

胡適之先生云墨子秉其應用主義，處處以人生行為上之應用為一切是非善惡之標準，而兼愛、非樂等為其特別之應用而已。〔註15〕

墨子堅持其實用原則以論評事物〔註16〕則一切藝術休閒活動如：文學、田獵、弋釣、雕塑、繪畫、建築等皆與樂舞同所禁止，如此則人類社會之文化活動僅止於求生存所必須之經濟活動與手工工業之製造而已。

4. 人格特質之影響

諸子爭鳴皆欲一匡天下，濟生民於水火，而所見殊異，趨捨多方，墨子之所以力持、非儒、非樂、亦與其人格之傾向，有所關聯也：

郎擎霄云：

〔註15〕見胡適，《中國古代哲學史》，墨子部分：「墨子在哲學史上的重要，只在於他的應用主義。他處處把人生行為上的應用，作為一切是非善惡的標準。兼愛、非攻、節用、非樂、節葬、非命，都不過是幾種特別的應用。」

〔註16〕韋政通，《中國哲學思想批判・墨子非儒思想平議》：「他之所以非樂，一在其實用原則之堅持……」

大凡以「自苦為極」的人，多半是主張非樂，禹、墨想是此流之人吧！夫禹治洪水之功，不可不謂大矣；墨子救世之德，不可不謂多矣。所以他們兩聖不以「自苦為極」不能成其志。不以「自苦為極」不能竟其功。〔註17〕

王桐齡云墨子之非樂除了時代之影響外，厥為性格之關係：

墨子聖之任者也，其性格趨於極端，重實際，輕形式，其實行力之強，及其刻苦自勵之精神遠在孔子之而缺代調和性，天然與禮樂相遠，故不欲以己所不欲者誤人。〔註18〕

嚴靈峰云：

非樂固然也原於節用，但與墨者的基本刻苦精神有關。據莊子天下篇說：後世之墨者，多以裘褐為衣，以跂蹻為服，以自苦為傲（〈嚴氏校之以代極字〉）因生不歌。〔註19〕

韋政通云：

他之所以非樂，⋯⋯一在其自苦為極的人格特質。以人類要求豐富的文化生活的立場看，墨子的這種言論，即使能獲得貧苦大眾的擁護，他也是杜塞了人較高生活內容的要求。〔註20〕

墨子對樂之教化功能認識不深，未能扣緊孔門論樂之精義，又激於奢靡之樂風，益以其功利思想之傾向與以「自苦為極」之人格特質，因此形成強烈之非樂思想。凡人莫不具有喜、怒、哀、樂之情緒，過度放縱，固然不宜，完全杜塞則嫌矯過正，不近人情矣；儒家順應人情以樂教之，因勢利導使君臣四下同聽之而和敬，父子兄弟同聽之以和親，長少同聽之而和順，社會一片和諧，亦以之休養生息以彌補百事之操勞也。故能為大眾所接受。而墨子主張杜絕一切「大鍾鳴鼓、刻鏤文章、犓豢煎炙，高臺厚榭」節儉刻苦，利天下而為之，以至於腓無胈、脛無毛，此率天下於路而民人不堪也。因此程繁駁墨子曰：

昔者諸侯倦於聽治，息於鐘鼓之樂。士大夫倦於聽治，息於竽瑟之樂。農夫春耕夏耘，息於聆缶之樂。今夫子曰：『聖王不為樂』，此譬之猶

〔註17〕 見郎擎霄，《墨子哲學》，第五章。
〔註18〕 見王桐齡，《儒墨之異同》，第三章第三節。
〔註19〕 見嚴靈峰，《墨子簡編》，第五章第八節。
〔註20〕 韋政通，《中國哲學思想批判》，〈墨子非儒思想平議〉。

馬駕而稅，弓張而不弛，無乃非有血氣者之所不能至邪？〔註21〕
荀子於樂論篇亦對墨子之非樂提出異議：

> 墨子曰：「樂者，先王之所非也，而儒者為之過也。」君子以為不然，
> 樂者聖人之所樂也，而可以善民心，其感人深，其移風易俗，故先
> 王導之禮樂而民和睦，夫民有好惡之情而無喜怒之應則亂，先王惡
> 其亂也，故修其行，正其樂，而天下順焉。（〈樂論〉）

> 樂者，天下之大齊也，人情之所必不免也。是先王立樂之術也，墨
> 子非之奈何？且樂者先王之所以飾喜也……先王之道，禮樂正其盛
> 者也；而墨子非之。（〈樂論〉）

由此可知奢靡之樂風，固有可訾議者而樂之教化可怡養情性，振奮軍旅，安
邦定國，敷化萬民，此正聖王之道也，而墨子以為不中萬民之利而欲去之，
洵為過當之論也。

二、道家論樂

儒、墨之樂論皆刻意就人事之利與教化之效而論述之，道家則超人事而
上之於天道，明乎宇宙之本體，窮本極源，載營魄抱一而為天下式，如此反
觀芸芸萬物，則其所掌握者多為事實之真相，還其本來面目，立乎自然生命
之觀點以評議之，使合於道，不以後天人為之價值觀念以裁判之，故其所見
恆與儒墨大異其趣矣。

（一）老子論樂

老子「以深為根，以約為紀」〔註22〕欲「執古之道，以御今之有。」〔註
23〕「致虛極，守靜篤。」〔註24〕觀乎芸芸萬物之歸根返本以知乎常道，以
體道而行，如此是為「歸根」，「歸根」是為「靜」、亦稱「復命」回歸自然，
此為常道。明此常道，則明白事理，則曰「明」若違背此理則妄為必凶。因
此明乎常道為老子所極端重視者。常道無所不合，無所不包，故曰：「知常
容」，既能無所不包則大公無私，而曰「容乃公」，既能大公無私，則無不周
徧，故曰「公乃周」既然無不周遍，則合乎天道，故曰「周乃天」，合乎天

〔註21〕見《墨子·三辯篇》。
〔註22〕見司馬談，〈論六家要旨〉。
〔註23〕見《老子》十四章。
〔註24〕見《老子》十六章。

道則與道同體，故曰「天乃道」。道乃無所不在，無時不有，故曰「道乃久」人能善體天道，致虛守靜則終身不殆而「萬物將自化」、「天下將自定」，此「無為而無不為也」〔註25〕而為道者又與為學者大異其趣「為學日益，為道日損，損之又損，以至於無為」，〔註26〕及其無為則足以取天下。〔註27〕故老子以「清靜為天下正」〔註28〕以無為而無不為以治天下，執此形而上之智慧以處事則以「返樸歸真」為其原則，故其論樂則曰：

> 五色令人目盲，五音令人耳聾，五味令人口爽；馳騁田獵令人心發狂；難得之貨，令人行妨。是故聖人為腹不為目，故去彼取此。（〈老子〉）

荀子言人有耳目之欲而好聲色，若是順之則必生淫亂而禮義文理亡焉。因此以師法化之，禮義之道矯正之，使合於文理而歸於治。〔註29〕此因從耳目之欲將生淫亂而禮義文理亡焉，故起而以師法禮義化性起偽。墨子則因聲色之欲將厚措乎萬民，而廢君子賤人之事，使民飢者不得食，寒者不得衣，勞者不得息，因此雖「口知其甘也，目知其美也，而上考之，不中聖王之事，下度之不中萬民之利。」〔註30〕故起而非之。此純依萬民之利而論其取捨也。

　　老子則不然，其由形上學之「常道」降而觀之，則人類之目好五色之美彩，耳悅五音之華麗，口嗜五味之適腹，行喜馳騁田獵之意氣飛揚，凡此種種皆可造成自然生命之戕害而斲喪質樸健美之體魄；因此主張僅以能使生命維持生存之食欲為最高原則，既不提出師法禮義等人為規範以節制之，亦不如墨子疾呼兼愛、非樂之主張，完全克就生命於常道下之事實現象而提出一種忠告，如是而已。孔子曰：「天何言哉！四時行焉，百物生焉」（〈陽貨〉）老子之言蓋似乎傳諸天上之清音歟！故老子曰：「大音希聲，大象無形。」〔註31〕此為老子論樂之大旨也。

〔註25〕見《老子》三十七章。
〔註26〕見《老子》四十八章。
〔註27〕《老子》四十章曰：「無為而無不為。取天下常以無事；及其有事，不足以取天下。」
〔註28〕見《老子》四十五章。
〔註29〕《荀子‧性惡篇》：「生而有好色焉，順是，故淫亂生而禮義文理亡焉。然則從人之性，順人之情，必出於爭奪，合於犯分亂理而歸於暴。故必將有師法之化，禮義之道，然後出於辭讓，合於文理而歸於治。」
〔註30〕見《墨子‧非樂論》。
〔註31〕見《老子》，四十一章。

（二）莊子論樂

莊子之學本諸老子而超乎人事之上，未如老子尚言及處事論並懷有小國寡民，雞犬之聲相聞，民老死不相往來之理想與憧憬。〔註32〕其「獨與天地精神往來而不敖倪於萬物，不譴是非，以與世俗處。」（〈天下〉）耳之所聞，目之所視，心之所往，已超乎世人之經驗世界而與宇宙萬物融爲一體矣，所謂「天地與我並生，萬物與我爲一」（〈齊物論〉）是也。挾其恣縱不儻之才氣，以睿智犀利之心發爲「無端崖之辭而其理不竭」其論樂則承之老子而閎肆之：

1. 非聖人之為樂

莊子以純樸爲尚，以人爲之智巧技藝皆對人民素樸之素情產生不良之影響，因爲智巧技藝使人心善於分別事物，而欺詐謀僞之行生焉。若夫無知、無欲之時，道德純備，何用「仁義」之名？性情協調不乖，則何用「禮樂」、五色，五聲不亂，則文采，六律亦奚以爲？

> 及至聖人，蹩躠爲仁，踶跂爲義，而天下疑矣；澶漫爲樂，摘僻爲禮，而天下始分矣。故純樸不殘，孰爲犧尊！白玉不毀，孰爲珪璋！道德不廢，安取仁義！性情不離，安用禮樂！五色不亂，孰爲文采！五聲不亂，孰應六律！夫殘樸以爲器，工匠之罪也；毀道德以爲仁義，聖人之過也。（〈馬蹄〉）

莊子以至德之世，既無君子、小人之分，而人與禽獸萬物並居，而不相害，無知、無欲而素樸；素樸則民性得矣，以之非誹聖王之制禮作樂也。

2. 樂戕害自然生命

凡人生而有五官四肢以營衛其生，若逞其偏殊之官能，以適其一己之好，雖能邀流俗之譽於一時，而其自然生命必受戕害矣。

> 且夫失性有五：一曰五色亂目，使目不明；二曰五聲亂耳，使耳不聰；三曰五臭薰鼻，困惾中顙；四曰五味濁口，使口厲爽；五曰趣舍滑心，使性飛揚。此五者，皆生之害也。（〈天地〉）
>
> 駢於明者，亂五色，淫文章，青黃黼黻之煌煌非乎？而離朱是已。多於聰者，亂五聲，淫六律，金石絲竹黃鐘大呂之聲非乎？而師曠是已。（〈駢拇〉）

以離朱之明能察秋毫之末，而亂五色，淫文章；以師曠之聰而亂五聲，淫六

〔註32〕見《老子》，八十章。

律；此皆譁眾取寵於一時而斵喪其性命之情於永久也，莊子曰：「故此皆多駢旁枝之道，非天下之至正也。〔註33〕

3. 廢棄世俗之樂

若欲全其自然之性命，而不使五色亂其目，五聲亂其耳，五臭熏其鼻，五味濁其口，趣捨滑其心。莊子主張凡此五官之欲望及其技藝，概皆捨去。

> 擢六律，鑠絕竽瑟，塞瞽曠之耳，而天下始人含其聰矣；滅文章，
> 散五采，膠離朱之目，而天下始人含其明矣，……彼人含其明，則
> 天下不鑠矣；人含其聰，則天下不累矣；人含其知，則天下不惑矣；
> 人含其德，則天下不僻矣。彼曾、史、揚、墨、師曠、工倕、離朱，
> 皆外立其德以爁亂天下者也，法之所無用也。（〈胠篋〉）

捨離六律、竽瑟、滅散五采、文章，則可使人人含其原本之聰明德知，而天下之德始玄同矣。然而莊子並非僅消極否定一切音樂，而是將世俗感官之樂，積極予以提升爲至樂、天樂。

4. 以至樂、天樂爲理想

莊子言至樂者，遍布四海，廣極八荒，猶河漢之無極。凡人事、天理、五德、自然、四時、陰陽、日月等，無所不包也。

> 夫至樂者，先應之以人事，順之以天理，行之以五德，應之以自然，
> 然後調理四時，太和萬物。（〈天運〉）

> 吾又奏之以陰陽之和，燭之以日月之明；其聲能短能長，能柔能剛；
> 變化不一，不主故常；在谷滿谷，在坑滿坑；涂郤守神，以物爲量。
> 其聲揮綽，其名高明……吾又奏之以無怠之聲，調之以自然之命，
> 故若混逐叢，林樂而無形；布揮而不曳，幽昏而無聲。（〈天運〉）

繼而又論及天樂，所謂天樂則「聽之不聞其聲，視之不見其形，充滿天地，苞裹六極」無形無象又無處不存也。

> 天機不張而五官皆備，此之謂天樂，無言而心說。故有焱氏爲之頌
> 曰：「聽之不聞其聲，視之不見其形，充滿天地，苞裹六極。」（〈天
> 運〉）

由上述可知老子論樂乃由形上學之「道」而立論，故人間之樂，以其觀之，皆殘樸以爲犧尊，毀白玉爲珪璋之類也。不達於性命之情而爁亂天下者也，

〔註33〕見《莊子‧駢拇篇》。

因此老子曰：「大音希聲」〔註34〕而莊子則言「至樂」、「天樂」，皆顯示其遊於方外而與天地精神相和之風采，而不拘囿於世俗之禮樂也。此種樂觀以之修道而閑遊江海，退居山林則可，若謂「以此進而撫世，則功名大顯而天下一也」〔註35〕則莫怪乎《史記》言荀子嫉其「鄙儒小拘如莊周者，以滑稽亂俗」〔註36〕誠「知天而不知人也。」〔註37〕莊子論樂之所短亦正荀子樂教之所長也。

〔註34〕見《老子，四十一章。
〔註35〕見《莊子・天道篇》。
〔註36〕見《史記・孟子荀卿列傳》。
〔註37〕見《荀子・解蔽篇》。

第七章　荀子「樂論」之特質

第一節　音樂理論之系統化

　　荀子之前，中國音樂之發展，已甚有可觀者，僅以詩經所載之樂器，即有二十五種之多，〔註1〕樂律亦由五聲音階浸自七聲音階。〔註2〕然而音樂思想於古籍中，僅《尚書》、《詩經》、《左傳》、《周禮》、《儀禮》、《國語》等書有片斷性之敍述耳。及孔子之時，始對音樂有提綱挈領式之探討，確立儒門論樂之基本原則，如：以教化爲之主要功能，肯定禮樂相輔相成之關係，反對鄭聲，反對僭越奏樂、重視樂之本質，反對徒具形式之樂等，此皆吉光片羽式之議論也，關於樂之起源，禮樂之差異，以樂爲社會教化之工具、樂與政治之興衰等則未能涉級也。孟子以距楊墨爲己任，鼓吹仁政爲職志，於音樂理論則未贊一辭也。墨家與道家更由敵對學派之立場力闢孔門重視樂教之理論，荀了處此極端艱困之狀況，毅然遠紹旁蒐，力推眾議，苦心孤詣建立中國第一篇立論嚴謹而系統化之音樂理論也。

　　荀子不同於道家論樂曰：「大音希聲」〔註3〕或曰：「至樂」、「天樂」。〔註4〕荀子以天爲自然而然，〔註5〕主張「天人分途」。天人分途則天與人各有分際而

〔註1〕　金：鐘、鉦、鏞。石：磬。絲：琴、瑟。竹：簫、箎、笐、簫、管。匏：笙、簧。土：缶、壎。革：鼓、鼙、賁鼓、鼉鼓、應、田、縣鼓、桃。木：祝、圄。見薛宗明，《中國音樂史‧樂器篇》。

〔註2〕　宮、商、角、徵、羽，加四變宮，變徵是爲七聲音階。

〔註3〕　《老子》四十一章。

〔註4〕　《莊子‧天運篇》。

〔註5〕　《荀子‧天論篇》云：「天行有常，不爲堯存，不爲桀亡；應之以治則吉，應之以亂則凶。」「不爲而成，不求而得，夫是之謂天職。」

不相奪，「天有其時，地有其財，人有其治。」〔註6〕而天職乃「不爲而成，不求而得」，〔註7〕因此「雖深，其人不加慮焉；雖大，不加能焉；雖精，不加察焉；夫是之謂不與天爭職。」〔註8〕由此釐清傳統依賴於天之天人關係，突出人類處於人生界之地位與重責大任也。故曰：「君子敬其在己者，而不慕其在天者」〔註9〕而樂之起源亦不出於天之啟示，乃先王之制也。

荀子論先王之制樂，亦本其「人性論」之觀點而敘述之。蓋荀子言「性」，包含感官與其欲求，而以知慮之心統攝之。其性惡論則自人天生之情欲以申論之。人之情欲本爲中立色彩，無所謂善與惡者，若順其欲望之發展而不加以節制，則必流爲惡矣。故荀子言人「生而有耳目之欲，有好聲色焉，順是故淫亂生而禮義文理亡焉。」，〔註10〕而求樂之心亦人情之所必不免也，若形而不爲道，則不能無亂，此先王所以制雅頌之聲以導之也，使其聲音動靜皆能喜樂而合於道。

> 夫樂者，樂也，人情之所必不免也。故人不能無樂，樂則必發於聲音，形於動靜；而人之道，聲音動靜，性術之變盡是矣，故人不能不樂，樂則不能無形；形而不爲道，則不能無亂。先王惡其亂也，故制雅頌之聲以道之。（〈樂論〉）

先王因爲人之聲音動靜，包含性術之所有變化，故制雅頌之聲以導之，用以防其亂也。而且凡是相異之場所，不同之服裝，多變動作，發出殊異之音聲，亦會引起人們不同之情緒反應，而君子應愼其所去就也。

> 齊衰之服，哭泣之聲，使人心悲；帶甲嬰軸，歌於行伍，使人之心傷；姚冶之容，鄭衛之音，使人之心淫；紳端章甫，舞韶歌舞，使人之心莊。（〈樂論〉）

哭泣之聲，使人心悲，歌於行伍使人心傷：鄭術之音使人心淫，而韶武之歌舞，令人心莊，荀子有見於此，故主張「君子耳不聽淫聲，目不視女色，口不出惡言。」積極方面則以樂脩身，廣其志意，莊其容貌，「故聽其雅頌之聲，而志意得廣焉。執其干戚，習其俯仰屈伸，而容貌得莊焉。〔註11〕更可進而

〔註6〕　《荀子・天論篇》。
〔註7〕　《荀子・天論篇》。
〔註8〕　《荀子・天論篇》。
〔註9〕　《荀子・天論篇》。
〔註10〕　《荀子・性惡篇》。
〔註11〕　《荀子・樂論篇》。

與天地四時相和也。

> 故其清明象天，其廣大象地，其俯仰周旋有似於四時。故樂行而志
> 清，禮脩而行成。〔註12〕

個人以樂脩德而志清，以禮脩身而行成，及於社會之中，宗廟之上，閨門之內，鄉里之中，皆可以樂而得其和也。「故樂者，審一以定和者也，比物以飾節者也，合奏以成文者也。」故曰：「樂者，聖人之所樂也。而可以善民心，其感人深，其移風易俗。〔註13〕

在政治之中，中平之樂可使民和而不流，肅莊之樂，可使民齊而不亂，民和齊則兵勁城固矣。

> 如是，則百姓莫不安其處，樂其鄉，以至足其上矣。……是王政之
> 始也。（〈樂論〉）

樂於社會上既可和睦上下，移風易俗，政治上則使「四海之民，莫不願得之以爲師」因此曰：「是王政之始也。」

荀子又將禮樂性質上之差異予以界定，明確其相互配合之關係。

> 恭敬，禮也，調和，樂也。（〈臣道〉）

> 禮之敬文也，樂之中和也，……在天地之間者畢矣。（〈勸學〉）

禮主教，而樂主和。禮之功用爲「著誠去僞」爲「理之不可易者也」，樂之功用爲「窮本極變，審一以定和」者也。（〈樂論〉）

而姚冶之容，鄭衛之音，使人之心淫，其禍人之深，可導至危削侮辱，兵弱城犯，斯爲荀子所深爲儆惕者也。

> 樂姚冶以險，則流僈鄙賤矣。流僈則亂，鄙賤則爭。亂爭則兵弱城
> 犯，敵國危之，……故禮樂廢而邪音起者，危削侮辱之本也，故先
> 王貴禮樂而賤邪音。

> 鄭衛之音，使人之心淫，故君子耳不聽淫聲。（〈樂論〉）

正因爲鄭衛之音，使人之心淫，而姚冶之樂，使民流僈鄙賤，民鄙賤則爭，兵流僈則弱，民爭兵弱，則有敵國歷境之患也，故荀子曰：「聲則非雅聲者舉廢。」（〈王制〉）

荀子將樂器與天地、日月、星辰、萬物相比擬，而君子脩德以鐘鼓、琴瑟，舞以干戚羽旄，亦可象天地四時而與之相似矣。

〔註12〕《荀子・樂論篇》。
〔註13〕《荀子・樂論篇》。

鼓似天，鐘似地，磬似水，竽笙簫笳似星辰日月，鞉柷拊鞷椌楬似萬物。（〈樂論〉）

君子以鐘鼓道志，以琴瑟樂心；動以干戚，飾以羽旄，從以磬管。

故其清明象天，其廣大象地，其俯仰周旋有似於四時。（〈樂論〉）

由此可知荀子之樂論，本其天人分途之形上學觀點，論先王基於人之不可免於求樂之心，而爲之制樂，命其「樂而不流」，「辨而不諰」，而感動其善心；又使君子脩禮行樂，移風易俗，使「百姓莫不安其處，樂其鄉」，四海之民歸之如水之就下也，「是爲王政之始」。再論及禮樂之異同，力倡尚雅樂，廢淫聲之旨，以迄於脩德者藉樂之陶冶而達到「其清明象天，其廣大象地，其俯旋有似於四時。」之境界而上與天地、四時、萬物相象而似其德，可謂系統井然，深刻而嚴密矣。

第二節　「樂論」之特殊地位

一、「禮樂之統」與「禮義之統」

荀子以其篤實堅毅之人格，運用明智之認識心，而提出「禮義之統」以矯正孟子一派之儒者空言心性，「略法先王，而不知其統」之流蔽也。其曰：「禮者，法之大分，類之綱紀也。」〔註14〕而禮法綱紀者即文武周孔等所脈相傳之道也。

君子審後王之道而論於百王之前，若端拱而議，推禮義之統，分是分之分，總天下之要，準海內之眾，若使一人。（〈不苟〉）

先王之道，仁之隆也。比中而行之。曷爲中？曰：禮義是也。（〈儒效〉）

蓋孟子主張「性善」，乃向精深之處，爲孔子之「仁」求一理論上之依據也。因其言人之性善則仁義禮智皆爲我所固有，而非由外鑠者也。〔註15〕荀子「隆禮義而殺詩書」（〈儒效〉）正是將孔子之「仁」向外推廣而使之客觀化，此爲外王之道也。外王之道，若眞欲實現於人間，則不可止於個人德性上之「上下與天地同流」〔註16〕或語人曰：「萬物皆備於我，反身而誠，樂莫大焉。」，〔註17〕

〔註14〕《荀子・勸學篇》。

〔註15〕《孟子・告上篇》上：「仁義禮智，非由外鑠我也，我固有之也，弗思耳矣。」

〔註16〕《孟子・盡心篇》上：「夫君子所過者化，所存者神，上下與天地同流，豈曰小補之哉？」

而必須建立社會人群之組織與制度，使天子、諸侯、君子、小人皆有所遵循而運作，以分義凝聚之，而維持一定之秩序也。此「禮義」即是仁義之客觀化也。政治國家之形式依此而成，文化歷史亦託此而傳也。

　　此皆源於荀子面對「禮壞樂崩」之時代，回顧往聖之禮憲，尋求其普遍之根據，研幾其共理，使之堅固而具體化，此有待於「禮」與「統類」之釐清與界定，因此建立「禮義之統」也。即善繼聖王所累積之法度以綱紀人群，規範天下也。

　　荀子志於周孔之道，而弘揚聖教。周公「制禮作樂」，孔子承其精神而禮樂並論，見諸論語者即有：

　　　　先進而禮樂，野人也，後進於禮樂，君子也。（〈先進〉）

　　　　天下有道，則禮樂征伐自天子出，天下無道，則禮樂征伐自諸侯出。
　　　　（〈季氏〉）

　　　　禮云，禮云，玉帛云乎哉？樂云，樂云，鐘鼓云乎哉？（〈陽貨〉）

何以《荀子》一書中，禮樂並用之次數不及禮義並舉之頻繁，此即因為前述荀子思想之中心在於促使仁義之客觀化而立基於體制之中，故重視「禮」、「義」、「群」、「分」等概念之界定也。然而此並不意味荀子否定「禮樂並重」相輔相成之儒門大傳統也，相反者，其單言「禮」之時，恆包含「樂」於其中，〔註18〕此時之「禮」或「禮義」非但側重於制度與儀式之義，亦為廣義之用法，統攝諸德，甚至天地古今，無所不包矣。〔註19〕此為荀子之創見也。

　　禮樂並重，以之成德而相輔相成，為先秦儒者所堅持之傳統也，實則亦為荀子思想之根源與命脈之所寄也。其雖以重視客觀化之外王面而力言「禮

〔註17〕《孟子・盡心篇》上：「萬物皆備於我，反身而誠，樂莫大焉，彊恕而行，求仁莫近焉。」

〔註18〕錢穆，《國學概論》，頁23：「蓋荀子單言詩書則包春秋，單言禮則包樂。」

〔註19〕錢穆，《國學概論》，頁55：「則禮之概念已普及人類全體，較孔子之僅言貴族禮，與孟子之僅言仕禮，所謂禮不下庶人者，荀卿之意特為博大精深。」如1. 禮與政治：「禮義者，治之始也。」（〈王制〉）「不隆禮則國弱。」2. 禮與生活：「禮及身而行脩。」（〈致士〉）3. 禮為思想之最高標準：「鉤有須，卵有毛，是說之難持者也，而惠施、鄧析能之，然君子不貴者，非禮義之中也。」（〈不苟〉）4. 禮與軍事：「禮義教化是齊之也……吳闔閭、越句踐，是皆和齊之兵也，可謂入其域矣。」（〈議兵〉）5. 禮為天地四時之根據：「天地以合，日月以明，四時以序，星辰以行，江河以流，萬物以昌，萬物變而不亂，貳之則喪，禮豈不至矣哉！」（〈禮論〉）

義之統」，同時亦以堅定之態度，於〈樂論篇〉提出「禮樂之統」，並曰：「禮樂之統，管乎人心矣。」此易爲一般人所忽略者也。荀子於此篇中詳析禮樂性質之差異與相互配合之關係，不但超乎論語之所述，且爲《禮記・樂記》論樂之所本也。蓋「禮樂之統」爲「禮義之統」之根源也；「禮義之統」爲「禮樂之統」之推廣與落實也，著重於外王之制度義也。若無「禮樂之統」爲基本架構，則「禮義之統」殆無以建構也。茲首述荀子言「禮」而包含「樂」之功用者。言禮樂之差異性者次之。

> 故禮者養也。芻豢稻粱，五味調香，所以養口也；椒蘭芬苾，所以養鼻也；雕琢刻鏤，黼黻文章，所以養目也；鐘鼓管磬，琴瑟竽笙，所以養耳也。（〈禮論〉）

> 禮者養也……和鸞之聲，步中武象，趨中韶護，所以養耳也。（〈禮論〉）

此處言禮者養也，然而其中鐘鼓管磬，琴瑟竽笙，和鸞之音，及步中武象，趨中韶護等皆樂也，在此則爲禮所涵攝也。

荀子又言禮者，乃爲了達愛敬之文，而滋成義之美，故立聲樂，哭泣之文。

> 禮者，斷長續短，損有餘，益不足，達愛敬之文，而滋成行義之美也。……其立聲樂、恬愉也，不至於流淫、惰慢；其立哭泣、哀戚也，不至於隘慴傷生，是禮之中流也。（〈禮論〉）

其中所言立聲樂以恬愉，使不至於流淫、惰慢；此爲先王之所以作樂也，而荀子曰：「禮之中流也。」是則廣義之禮已涵攝樂也。

〈樂論〉之中言「樂者，審一以定和者也。」是和爲樂之主要功用也。荀子又曰：

> 故先王案爲之制禮義以分之，使有貴賤之等，長幼之差，知愚能不能之分，皆使人各載其事而各得其宜，是夫群居和一之道也。（〈榮辱〉）

在此言「群居和一之道」爲禮義，而「審一以定和」爲樂之功用也。故論禮義者，實乃禮樂兼容並包矣。其他如〈修身篇〉所云：「食飲、衣服、居處、動靜，由禮則和節，不由禮則觸陷生疾。」亦然。而〈樂論篇〉又云：

> 樂在宗廟之中，君臣上下同聽之，則莫不和敬。閨門之內，父子兄弟同聽之，則莫不和親，鄉里之中，長少同聽之則不和順。

是可知樂之功用包涵於禮也，亦即廣義之「禮」字乃採擷相反相成之「禮樂」

二字而成，荀子爲了表明其著重外王之面，且具有客觀制度化之意義則曰：「禮義之統」，此並非表示荀子昧於禮樂之分際與差異，而是「禮義之統」乃根植於「禮樂」而推廣之也，而「禮樂之統」爲其本源也。

二、禮樂之差異與禮樂之極致

《論語》之中，孔子雖常將禮樂相提並論，然而皆未言及禮樂性質之差異也。或曰有子所言：「禮之用，和爲貴，先王之道，斯爲美，小大由之。有所不行，知和；而和不以禮節之，亦不可行也。」（〈學而〉）其中，「禮之用，和爲貴」以及「和而不以禮節之」之二和字即是指樂；而「禮以節之」爲禮之功用，此即言禮樂之差異也。然而若言「和爲貴」乃詮釋「禮之用」，而非指「樂」也，亦無不可，以此爲《論語》一書中論禮樂之異同者，猶有疑義也。而且《季氏篇》又云「樂節禮樂，則禮樂之作用同爲「節」也。故禮樂之差異性於論語中並無明確之釐定也。倒是《尚書》、及《周禮》皆見有以「和」爲樂之作用也。〔註20〕

及乎荀子，則禮樂之差異及相互間之關係則有清晰之論斷也。

> 樂也者，和之不可變者也；禮也者，理之不可易者也。（〈樂論〉）

> 窮本極變，樂之情也；著誠去僞，禮之經也。（〈樂論〉）

> 恭敬禮也，調和樂也。（〈臣道〉）

> 禮言是其行也，樂言是其和也。（〈儒效〉）

由此可知禮爲客觀外在之理，共恭敬之儀式表現行爲，用以著誠去僞也。樂者爲主觀內在之情，以和表現於聲音動靜也。和者喜怒哀樂而皆中節謂也。〔註21〕故樂以調和爲本而能窮本極變也。《樂記》承繼《荀子・樂論》之義而加以推衍，使禮樂之關聯與差異更爲詳盡而豐富也。

> 禮者爲同，禮者爲異。同則相親，異則相敬，樂勝則流，禮勝則離。
> （〈樂記〉）

> 樂由中出，禮自外作，樂由中出故靜，禮自外作故文。（〈樂記〉）

> 大樂與天地同和，大禮與天地同節。（〈樂記〉）

〔註20〕有子曰：「禮之用，和爲貴」以此「和」乃指樂也，見韋政通，《荀子與古代哲學》，第五章，二。《尚書・堯典》：「八音克諧，無相奪倫，神人以和。」周禮，春官，大司樂：「以樂德教國子中和、祇庸、孝友。」

〔註21〕《中庸》：「喜怒哀樂之未發，謂之中，發而皆中節，謂之和。」

際此則禮樂之關係已相當明確，禮自外作，異而相敬，序而不爭，與天地同節；樂則由中而出，同而相親。禮至則不爭，樂至則無怨，與天地同和也。凡此皆本於荀子也。

然而孔子所言「興於詩，立於禮，成於樂」與荀子經由認識心觀察天人分途與人之性惡等現象而推衍建構之「禮樂之統」，其境界並不相同。

蓋孔孟所言之天，乃形上之天，道德之天，如子曰：「天生德於予，桓魋其如予何？」（〈述而〉），「下學而上達，知我者其天乎！」（〈憲問〉），孟子言：「君子所過者化，所存者神，上下與天地同流」（〈盡心上〉），「萬物皆備於我」（〈盡心上〉），故其言仁義禮樂皆由天出，亦即由自性出，而禮樂仁義之教皆聖賢人格之完成也。人欲則為小體義禮樂皆由天出，亦即由自性出，而禮樂仁義之教皆聖賢人格之完成也。人欲則為小體，非所謂性與天也。〔註22〕此孟子所以曰：「仁義禮智，非由外鑠我也，我固有之也。」（〈告子上〉）

孔子在周期禮樂淪為繁文縟節之時，返求禮樂之根本，〔註23〕以仁為禮樂之精神，而注以新生命。禮者以外在之禮儀以節制人之語默動靜，應對進退之行為也，不免有強制性之要求也，而樂者，則可於情欲未發之前予以淨化、感染，使其心能調和情欲而趨向中道，捐惡向善而可為諸之源也。故《史記·樂書》云樂之功用曰：「萬民咸蕩滌邪穢，斟酌飽滿，以飾厥性」，亦即以藝術之美，使人民趨近於道德之善，而於此情欲與禮義之扞格處消融為一，而呈現中和之氣象，及其至也，可與天地萬物，上下同流矣。

如《論語》所載，孔子與弟子各言其志時，曾子鼓瑟希，鏗爾，舍瑟而作，對曰：

> 莫春者，春服既成，冠者五六人，童子六七人，浴乎沂，風乎舞雩，
> 詠而歸。（〈八佾〉）

孔子聞之，喟然歎曰：「吾與點也。」曾子之言，表現出其音樂脩養所陶冶出之藝術情操與道德生活融合無間，一片祥和，無入而不自得，其氣象甚至有與天地萬物相合者，故深為孔子所讚許也。

朱熹曰：

> 曾點之學，蓋有以見夫人欲盡處，天理流行，隨處充滿，無稍欠缺……
> 而其胸次悠然，直與天地萬物，上下同流，各得其所之乘，隱然自

〔註22〕牟宗三，《荀子大略》，二、荀子之基本原則：天生人成。

〔註23〕《論語·八佾篇》：「人而不仁，如禮何？人而不仁，如樂何？」

見於言外。(〈四書集註〉)

樂之極致，美善相樂，從容乎禮義之中，與天地萬物，上下同流，此孔子論樂，其層次在禮之上，直可與天人合德，而物我合一也，故曰：「立於禮，成於樂。」(〈泰伯〉)〔註24〕

荀子所認識之天為自然之道，亦即常理也，非道德性之天，非形上之天。所謂「天行有常」，「天有常道矣」(〈天論〉)萬物賴之以得和，因之而各得養以成，而且是「不見其事，而見其功」(〈天論〉)凡此表示天乃「不為而成，不求而得」(〈天論〉)之常道也。然天有其局限也，所謂「天能生物，不能辨物，地能載人，不能治人」，此其深受道家影響之形上論也。〔註25〕

天既然是不為而成，不求而得，則雖深而吾人不加慮焉，雖大而不加能焉，雖精亦不加察焉，斯之謂「不與天爭職」(〈天論〉)人所必須確認而謹守者為「天有其時，地有其財，人有其治，夫是之謂能參。」(〈天論〉)其所謂參乃治也，知也，與孔孟之上下與天地同流之參贊不同。〔註26〕故有「制天命而用之」(〈天論〉)之語，人之禍福吉凶，悉皆取決於人為之努力也。

　　彊本而節用，則天不能貧；養備而動時，則天不能病；脩道而不貳，
　　則天不能禍。(〈天論〉)

因此荀子之禮樂，皆為教化之工具，〔註27〕以正理平治，移風易俗也。而禮樂之極致並非如孔孟所言與天地合德者，其言樂之極致乃「窮本極變」與天地、日月、四時之關係為象之、似之也。〈樂論篇〉云：

　　君子以鐘鼓道志，以琴瑟樂心，動以干戚，飾以羽旄，從以磬管。

　　故其清明象天，其廣大象地，其俯仰周旋有似於四時。

禮之極致，並非以天為取法之對象，如孔子者，〔註28〕禮成為天地、日月、四時，宇宙萬物生成之原理，而不得違背者。〈禮論篇〉云：

〔註24〕參見徐復觀，《中國藝術精神》：第一章，第五節。

〔註25〕如《老子》曰：「有物混成，先天地生。寂兮寥兮，獨立而不改，周行而不殆，可以為天下母。吾不知其名，字之曰道。」(〈二十五章〉)《莊子》曰：「天能覆之，而不能載之；地能載之，而不能覆之。大道能包之，而不能辨之。」(〈天下〉)

〔註26〕同註22。

〔註27〕如《荀子‧性惡篇》云：「故古者聖人以人之性惡，以為偏險而不正，悖亂而不治，故為之立君上之勢以臨之，明禮義以化之。」〈樂論篇〉云：「先王惡其亂也，故制雅頌之聲以導之。」

〔註28〕如《論語‧泰伯篇》云：「唯天唯大，唯堯則之。」，〈陽貨篇〉云：「子欲無言，……天何言哉！四時行焉，百物生焉。」

> 天地以合，日月以明，四時以序，星辰以行，江河以流，萬物以昌……
>
> 萬物變而不亂，貳之則喪也，禮豈不至矣哉！

荀子以天人之分，去除人對天之希慕企求之心，凸顯人類挺立於人生界之重責大任，而知統類，通禮樂，涵蓋乾坤宇宙，無所不包矣，牟宗三先生論荀子曰：

> 充實飽滿，莊嚴隆重，盡人生宇宙皆攝而統治於一大理性系統中。

〔註29〕

此禮樂又被能經緯天地，材官萬物，制割大理而裹宇宙之「大清明之心」所觀照之察〔註30〕則荀子之認知心在宇宙間，徹上徹下，與天地萬物毅然鼎立，可謂立人道之極矣。故以下論荀子之心與性以及心與樂之關係。

三、「以心治性」與「以樂治心」

荀子以天生而具備於人者為「性」，曰：「凡性者，天之就也，不可學，不可事……不可學，不可事而在人者謂之性。」（〈性惡〉）而人之性，又可含二義，既自然之本能與自然之情欲也。

> 今人之性，目可以見，耳可以聽；夫可以見之明不離目，可以聽之聰不離耳；目明而耳聰，不可學明矣。（〈性惡〉）

> 今人之性，飢而欲飽，寒而欲煖，勞而欲休，此人之情性也。（〈性惡〉）

人秉此天所就之本能與情欲，若順其好利之欲則爭奪生焉，順其疾惡之心，則殘賊生焉，順其目耳之欲則淫亂生焉，因此荀子曰：

> 然則從人之性，順人之情，必出於爭奪，合於犯分亂理，而歸於暴，……用此觀之，然則人之性惡明矣，其善者偽也。（〈性惡〉）

荀子之言性惡者，非謂人天生之耳目聲色之欲與好利疾惡之情之本身為惡，甚至亦非謂凡隨順人之自然情欲既是惡〔註31〕而是謂凡隨順情欲以至於偏險悖亂，有害於正理平治，斯為惡也。「故必將有師法之化，禮義之道，然後出

〔註29〕 同註22。

〔註30〕 《荀子·解蔽篇》云：「虛壹而靜，謂之大清明。萬物莫形而不見，莫見而不論，莫論而失位。……經緯天地而材官萬物，制割大理而宇宙裹矣。」

〔註31〕 《荀子·禮論》：「人生而有欲，欲而不得，則不能無求；求而無度量分界，則不能不爭。」先王制禮義正所以「養人之欲，給人之求，使「欲必不窮于物，物必不屈於欲。」可知僅要合於「度量分界」則順其欲，並不為惡，而此正先王之所以化性起偽而立禮義也。

於辭讓，合於文理，而歸於治。」（〈性惡〉）

　　既言性惡，而性又爲「天之就也」（〈性惡〉）則聖人爲之奈何？「師法之化，禮義之道」如何可能？荀子曰：

　　　　不可能學不可事而在人者，謂之性；可學而能，可事而成之在人者，謂之僞。（〈性惡〉）

　　　　無性，則僞之無所加；無僞，則性不能自美。（〈禮論〉）

因此聖人化性起僞，而「性僞合，然後聖人之名一……性僞合，而天下治。」然而「化性起僞」如何成立？荀子提出「心」以解決之。

　　其所謂「心」，有下列三種含義：

　　1. 心爲耳目鼻口所牽制而與其情欲同也。

　　　　人無師無法，則其心正其口腹也。（〈榮辱〉）

　　　　形體好佚，而安重閒靜莫愉焉，心好利，而穀祿莫厚焉。（〈王霸〉）

　　2. 心具有主宰五官之地位。

　　此心類似於孟子所說之大體，所謂「先立乎其大者，則其小者不能奪也。」〔註32〕然後此心不具道德性也。

　　　　心居中盧，以治五官，夫是之謂天君。（〈天論〉）

　　　　心者，形之君也，而神明之主也，出令而無所受令。（〈解蔽〉）

　　3. 大清明之心

　　此心可衡量評斷萬事萬物，不但經天緯地而制割大理，並可參稽古今之治亂也。

　　　　處壹而靜，謂之大清明。萬物莫形而不見，莫見而不論，莫論而失位。坐於室而見四海，處於今而論久遠。疏觀萬物而知其情，參稽治亂而通其度，經緯天地而材官萬物，制割大理而宇宙理矣。（〈解蔽〉）

此三種心，以後者之「大清明」心爲荀子論禮樂之首要者。其言約「人之性惡明矣，其善者僞也」（〈性惡〉），何以「僞」被論斷爲「可學而能，可事而成之在人者」（〈性惡〉）？此正必須依靠「大清明」心之作用也。

　　　　情然而心爲之擇之慮，心慮而能爲之動謂之僞（〈正名〉）

　　　　治亂在於心之所可（〈正名〉）

〔註32〕見《孟子・告子篇》上。

欲過之而動不及，心止知也，心之所可中理，則欲雖多，奚傷於治？
（〈正名〉）

可知聖王之禮義教化，其化性起偽之根本關鍵在於心之能慮；慮而後動，偽乃成為可能，荀子所建立之思想體系中，其最根本之主宰在於「大清明」之心，故曰：「心也者，道之工宰也。」本此「大清明」之心，則「明參日月，大滿八極」（〈解蔽〉）而無蔽塞之患也。如此則必能「可道然後守道以禁非道。」斯為治之要也。

荀子除了「以心治性」之外，更「以樂治心」。蓋樂無禮儀之繁瑣與強制性而且由中而出，其化人也速，無形無象而移風易俗，發乎聲音形於動靜，以之為文而盡性術之變，故先王謹為之擇也。荀子以人心如槃水，正錯而勿動，則湛濁在下，而清明在上，若微風過之則湛濁動乎下，清明亂於上，則不可為大形之正，心之易受外物干擾而失其清明。有如此者，例如不同之場合，相異之音聲亦可使心失其正，而有悲、傷、淫、莊之情緒反應也。

故齊衰之服，哭泣之聲，使人心悲。帶甲嬰軸，歌於行伍，使人之心傷，姚冶之容，鄭衛之音，使人之心淫，紳端章甫，舞韶歌舞，使人之心莊。（〈樂論〉）

人既生而有好惡之情，則情緒易受外在環境之感染，斯為不可避免者，為了防止人民之悲傷淫亂無度，故先王「脩其行，正其樂」，「使其曲直繁省廉肉節奏，足以感動人之善心，使夫邪污之氣無由得接焉。」（〈樂論〉）故君子以樂脩德，以琴瑟樂心，而足以率一道而治萬變也。

「以心治性」，乃心以其所可之道以衡諸行為，予以自禁自使也，而所謂道，即先王之禮義也。〔註33〕禮自外作，為先王為防止人民縱其貪利好佚之欲而為之禁制也，亦所以養人之欲也，使「欲必不窮乎物，物必不屈於欲」（〈禮論〉），其外來之強制性甚明也，與人之情欲相頡頏者也，故消除此相對之抗爭性，使情安於禮，則為聖人也。〔註34〕是以子曰：「七十而從心所欲，不踰距。」（〈為政〉）而為曠世之聖人，立人倫之極也。樂則不然，聖王本著人求樂之心，以為必不可免也，順其求樂之心而制雅頌之聲以導之，調和人之喜

〔註33〕荀子所謂道者，禮義也。如〈儒效篇〉云：「先王之道，仁之隆也，比中而行之。曷謂中：曰：禮義是也。」可知荀子以「禮義」為道之實質。見李滌生，《荀子集釋‧解蔽篇》。

〔註34〕《荀子‧脩身篇》云：「禮然而然則是情安禮也；師云而云，則是知若師也。情安禮，智若師則是聖人也。」

怒樂，聲音動靜，在心發為情與欲之時先導之於正，使邪污之氣無由得接焉，可謂直溯性與情之源頭也，故荀子曰：「窮本極變，樂之情也。」是為「以樂治心也。」《禮記》對此有甚佳之詮釋：

> 致樂以治心，則易直子諒之心，油然生矣。易直子諒之心生則樂，
> 樂則安，安則久，久則天，天則神。天則不言而信，神則不怒而威，
> 致樂以治心者也。

樂之入人也深，其化人也速，故先王制雅頌之聲以「感動人之善心，使夫邪污之氣，無由得接焉。」（〈樂論〉）如此則「易直子諒之心，油然生矣。」（〈樂記〉）此荀子思想中，正面之進路也，故曰：「樂者，樂也，君子樂得其道，小人樂得其欲，以道制欲，則樂而不亂。」此非如性惡論全由反面立說也。蓋先生以人求樂之心為必不可免，因此以樂「感動人之善心」此處所言之善心非由外鑠者也，明矣。惜乎荀子並未循此思路而追問「善心」之所由生，而確立善根植於人心之可能性，是以樂既成為政治教化之工具耳，所謂「樂者，治人之盛者也。」（〈樂論〉）因而人心縱使有辨知之能力，足以參稽治亂，制割大理，而善心卻無落實之處，此為道德根源之失落也，其後學之步入歧路者實肇端於此。

　　因為荀子之思想中，一切禮樂教化皆為聖人所制〔註35〕而繫於人心之所可〔註36〕則禮樂外來之規範，而心則為價值中立之認識心也，韓非既襲荀子性惡論而變本加厲，視人之關係，雖親如父子，夫妻，義如君臣、官師，下至百工技藝，皆挾自利之心以相記算逼害也。〔註37〕而禮樂教化之可能性與必需性已被否定，荀子曰：「由士以上，則必以禮樂節之，眾庶百姓，則必以法數制之。」（〈富國〉），韓非則取其下半段之法數擴及於百姓與士大夫，而人民所需要者僅為君勢與官吏法術統治也。此為韓非思想之一大轉折也。韓非又云：「夫智，性也。」（〈五蠹〉）而智乃心之所生也，如此則人之智心悉

〔註35〕《荀子・禮論篇》云：「先王惡其亂也，故制禮義以分之，以養人之欲，給人之求。樂論篇云：「夫聲樂之入人也深，其化人也速，王謹為之擇。」

〔註36〕《荀子・解蔽篇》云：「心不知道，則不可道，而可非道。……心知道，然後可道；可道然後守道以禁非道。」，故知心具有辨知抉擇之能力，道與非道率皆取決於心之所可。

〔註37〕《韓非子》之〈六反篇〉云：「父母之於子也，產男則相賀，產女則殺之。此俱出於父母之懷衽，然男子受賀，女子殺之者，慮之後便，計之長利也。」〈備內篇〉云：「人主之患在於信人，信人則制於人。……故為人臣者窺覘其君心也，無須臾之休。」另外亦可見於〈儲說左上〉。

皆營一已之私利而相互忌害，人心遂成爲漆黑莫測之深淵矣。此與荀子以心治性，辨知仁義法正，導惡向善積僞而成聖，又以樂治心，感發人之善心而象乎天地四時者迥然有別以。故荀子雖主「性惡」，又兼言「禮法」、「王霸」，而禮樂教化爲治人之隆盛者則爲其所堅持，又以無蔽塞之大清明心爲禮樂之保障此其卓然猶爲儒家之大儒也。韓非嘗師事荀子，口稱聖人而語仁義然不免流爲法家之巨擘者，於禮樂教化之抉擇取捨間，判然分矣。荀子之心性論無法使禮樂根植，導至道德源頭之失落，誠有以致之也，然而此失落亦爲人類之理性立一極峰，其得失功過，惟在寸心之間耳。

第三節 「樂論」對樂記之影響

《禮記》之〈樂記〉，乃荀子之後，儒家論樂之集大成者。其論樂之詳盡周賅，後世無出其右者。然而細考其條理脈絡，立論根據則深受旬子之影響也。

（一）音樂之起源與人心

樂記言樂之起源，由人心之感於物也，且及於聲、音、樂之差異。

> 凡音之起，由人心生也。人心之動，物使之然也。感於物而動，故形於聲。升相應，故生變，變成方，謂之音。比音而樂之，及干戚羽旄，謂之樂。樂者，音之所由生也，其本在人心之感於物也。

〈樂記〉所言之心，並非如孟子所言道德性之四端之心，亦荀子所言之經緯天地，材官萬物「虛壹而靜」之大清明心，而是統攝五官之心。〔註38〕

荀子論樂則言「夫樂者，樂也，人情之所必不免也。」此「人情」所指爲好惡、喜怒之心也〔註39〕發而爲「人情」而形於聲音動靜也。荀子又言人心受環境之變化，樂曲之雅正或姚冶，齊衰之服或帶甲嬰軸，皆使人心起伏動盪。

> 齊衰之服，哭泣之聲，使人之心悲；帶甲嬰軸，歌於行伍，使人之心傷；姚冶之容，鄭衛之音，使人之心淫；紳端章甫，舞韶歌武，使人之心莊。

〔註38〕《荀子・天論》：「心居中虛，以治五官，夫是之謂天君。」
〔註39〕《荀子・樂論》：「夫民有好惡之情，而無喜怒之應則亂，先王惡其亂也。故修其行，正其樂而天下順焉。」

可知聲音動靜影響於人心者，何其鉅大也。〈樂記〉則以喜怒哀樂所從發之「人心」替代荀子之「人情」，而爲樂之起源也。並由人心與物之交感論聲樂之變。

> 樂者，音之所由生也。其本在人心之感於物也，齊哀心感者，其聲噍以殺；其樂心感者，其聲嘽以緩；其善心感者，其聲發以散，其怒心感者，其聲粗以厲；其敬心感者，其聲直以廉；其愛心感者，其聲柔以和；六者非性也，感於物而後動也。

荀子以外在之狀況如齊衰之服、帶甲嬰軸、紳端章甫、姚冶之容等，其發出之哭泣之聲、行伍之歌、鄭衛之音、舞韶歌武，可使人心或悲、或傷、或淫、或莊。樂記則由哀心、樂心、善心、喜心、怒心、敬心、愛心等人之情緒反應以詮釋樂曲，以分別其風格爲噍以殺、嘽以緩，發以散、粗以厲、直以廉、和以柔等。

（二）姦聲、正聲、與德音

樂起源於人心，因感於物而其情緒變化，形之於樂曲，因而凡姦聲之感於人心者，必成逆象而生亂，正聲感人則順氣成象，而治生焉。

荀子曰：

> 凡姦聲感人而逆氣應之。逆氣成象而亂生焉。正聲感人而治生焉。
> （〈樂論〉）

〈樂記〉承襲荀子之言，僅更改數字耳。

> 凡姦聲感人而逆氣應之。逆氣成象而淫樂興焉。正聲感人而順氣應之。順氣成象而和樂興焉。

荀子崇雅樂而廢棄淫聲，曰：

> 鄭衛之言，使人之心淫……故君子耳不聽淫聲。（〈樂論〉）

> 聲則非雅樂者舉廢。（〈王制〉）

> 故聽其雅頌之聲而志意得廣焉。（〈樂論〉）

〈樂記〉則以鄭衛之音爲亂世之音而雅頌韶武爲德音也。

> 鄭衛之音，亂世之音也，比於慢也。（〈樂記〉）

> 夫古者天地順而四時當，民有德而五穀昌，疾疢不作，而無妖祥，此之謂大當。然後聖人作，爲父子君臣，以爲紀綱；紀綱既正，天下大定。天下大定然後正六律，和五聲，弦歌詩頌，此之謂德音，德音之謂樂。

德音之謂樂，亦唯有君子爲能知樂，而眾庶僅能知音而不知樂，若夫知聲而不知音者，禽獸是也。

（三）禮樂之差異與相輔相成者

先秦儒家中荀子首先明確指出禮樂之差異，及其相成之關係，一般人僅注意及荀子之思想以禮核心，卻未察及荀子對樂之關懷，並忽視其曾提出「禮樂之統，以管乎人心」者。荀子一書中，除了〈樂論篇〉之外，尟於禮樂並舉，此並非表示其不解禮與樂相互間之功能，相反者乃其甚深入明瞭禮樂之關係，斯有〈樂論篇〉之作以闡明之，而「禮樂之統」之架構，亦以禮樂爲其根源也。〈樂記〉論禮樂之關係及其差異者，皆秉荀子所論而衍伸推廣也。

> 樂也者，和之不可變者也；禮也者，理之不可易者也。（〈樂論〉）

> 禮合同，禮別異，禮樂之統管乎人心矣。（〈樂論〉）

> 窮本極變，樂之情也；著誠去僞，禮之經也。（〈樂論〉）

> 恭敬禮也，調和樂也。（〈臣道〉）

> 禮言是其行也，樂言是其和也。（〈儒效〉）

> 故先王導以禮樂而民和睦。（〈樂論〉）

> 《先王之道，禮樂正其盛者也。（〈樂論〉）

〈樂記〉言禮樂分際及其作用如下：

言禮樂之異同及其關係者

> 禮節民心，樂和民聲，政以行之，刑以防之，禮樂行政四達而不悖，則王道備矣。

> 樂由中出，禮自外作。樂由中出，故靜；禮自外作，故文。

> 禮者殊事，合敬者也；樂者異文，合愛者也。禮樂之情同，故明王以相沿也。

言禮樂之本質重於形式者

> 大樂必易，大禮必簡。樂至則無怨，禮至則不爭。揖讓而治天下者，禮樂之謂也。

> 樂也者，非謂黃鐘大呂，弦歌干揚也，樂之末節也，故童者舞之。鋪筵席，陳尊俎，列籩豆，以升降爲禮者，禮之末節也，故有司掌之。

言禮樂之制作與天地相和節也。

> 大樂與天地同和，大禮與天地同節。和，故百物不失；節，故祀天
> 祭地。

> 樂者，天地之和也；禮者，天地之序也。和故百物皆作；序故群物
> 皆別。

（四）以樂為教化之工具

先王見人求樂之心為不可免者，若樂而形之於聲音動靜，又無以節之則
不能無亂，故

> 先王惡其亂也，故至雅頌之聲以道之，使其聲足以樂而不流，使其
> 文足以辨而不諰，使其曲直繁省廉肉節奏足以感動人之善心，使夫
> 邪污之氣無由得接焉；是先王立樂之方也。（〈樂論〉）

《樂記》亦云：

> 先王恥其亂，故制雅頌之聲以道之，使其聲足樂而不流，使其文足
> 論而不息，使其曲直繁瘠廉肉節奏，足以感動人之善心而已矣。不
> 使放心邪氣得接焉。是先王立樂之方也。

此段文字幾乎全承襲《荀子‧樂論》，僅有數字之易也。如「先王惡其亂也」
改為「先王恥其亂也」，「使其聲足以樂而不流」去其「以」字，「使其文足以
辨而不諰」改為「使其文足論而不惜」，「曲直繁省」改為「曲直繁瘠」，「足
以感動人之善心」加上「而已矣」三個字，「使夫邪污之氣無由得接焉」改為
「不使放心邪氣得接焉。」

荀子論及樂之功用效時，言其施於宗廟之中，閨門之內，鄉里族長之中，
皆可使其相和也。

> 故樂在宗廟之中，君臣上下同聽之，則莫不和敬；閨門之內，父子
> 兄弟同聽之，則莫不和親；鄉里族長之中，長少同聽之，則莫不和
> 順。故樂者審一以定和者也，比物以飾節者也，合奏以成文者也；
> 足以率一道，足以治萬變。是先王立樂之術也，而墨子非之奈何！

《樂記》亦論及樂於宗廟、鄉里、閨門之內，可以附親萬民也。

> 是故，樂在宗廟之中，君臣上下同聽之，則莫不和敬；在族長鄉里
> 之中，長幼同聽之，則莫不和順；在閨門之內，父子兄弟同聽之，
> 則莫不和親。故樂者，審一以定和，比物以飾節，節奏合以成文，

　　所以合和父子君臣，附親萬民也；是先王立樂之方也。

其他《樂記》襲《荀子》之文而略加更動者，亦所在多有，蓋《樂記》乃成書於戰國之末期，舊傳有二十三篇，以十一篇編入《禮記》，總結先秦之音樂思想，有其後進轉精而創發者，然而《禮記》論樂大旨則承襲於《荀子》，雖周洽而不免博雜，未如《荀子・樂論》之精審而體系謹嚴也。後代之論者如：《呂覽》、《淮南子》、《史記・樂書》、及其他史志樂書與個人之論述皆受荀子樂論之直接或間接影響而無出其右者。

參考書目

凡本文所徵引者有※記號

壹、經　部

※1. 《尚書》，孔安國注，十三經注疏本，藝文印書館。

※2. 《詩經》，鄭玄箋，十三經注疏本，藝文印書館。

※3. 《禮記》，陸德明注，十三經注疏本，藝文印書館。

※4. 《周禮》，鄭玄箋，十三經注疏本，藝文印書館。

※5. 《儀禮》，鄭玄箋，十三經注疏本，藝文印書館。

※6. 《左傳》，杜預注，十三經注疏本，藝文印書館。

※7. 《論語》，何晏集解，十三經注疏本，藝文印書館。

　8. 《孟子》，趙歧注，十三經注疏本，藝文印書館。

　9. 《新譯尚書讀本》，吳師璵，三民書局。

10. 《詩集傳》，朱熹，藝文印書館。

11. 《禮記章句》，王夫之，廣文書局。

12. 《禮記集解》，孫希旦，文史哲出版社。

13. 《禮記集解》，魏湜，大通書局。

14. 《禮學新探》，高師仲華，學生書局。

15. 《周禮正義》，孫詒讓，藝文印書館。

16. 《三禮研究論集》，李曰剛等撰，黎明文化事業公司。

17. 《禮記引得》，洪業，哈佛燕京學社。

18. 《大戴禮記補注》，孔廣森，皇清集解本。

19. 《大戴禮記解詁》，王聘珍，世界書局。

20. 《大戴禮記今註今釋》，高師仲華，商務印書館。

21. 《小戴禮記今註今釋》，王夢鷗，商務印書館。

22. 《左傳會箋》，竹添光鴻箋，廣文書局。

23. 《春秋左傳注》，楊伯峻，源流出版社。

24. 《春秋三傳研究論集》，戴君仁等撰，黎明文化事業公司。

25. 《論語正義》，劉寶楠，中華書局。

26. 《論語集注補正述疏》，簡朝亮，鼎文書局。

27. 《孟子字義疏證》，戴震，商務印書館。

※28. 《四書集註》，朱熹，世界書局。

※29. 《新譯四書讀本》，謝冰瑩，李鍌，劉正浩，邱燮友等撰，三民書局。

30. 《讀經示要》，熊十力，廣文書局。

31. 《經學通論》，皮錫瑞，商務印書館。

32. 《經與經學》，蔣伯潛，世界書局。

33. 《經學纂要》，蔣伯潛，世界書局。

※34. 《經籍考》，朱彝尊，中華書局。

35. 《經學歷史》，皮錫瑞，藝文印書館。

※36. 《說文解字注》，段玉裁，蘭臺書局。

※37. 《殷墟書契考釋》，羅振玉，藝文印書館。

貳、史 部

※1. 《史記》，司馬遷撰，裴駰集解，司馬貞索隱，張守節正義，鼎文書局。

※2. 《漢書》，班固，藝文印書館。

3. 《漢書》，顏師古注，鼎文書局。

※4. 《國語》，左丘明，九思出版社。

5. 《國語》，韋昭注，世界書局。

※6. 《戰國策》，劉向集錄，里仁書局新校本。

※7. 《通典》，杜佑，鼎文書局。

※8. 《通志》，鄭樵，新興書局。

9. 《周秦漢政治社會之結構》，徐復觀，學生書局。

※10. 《日知錄》，顧炎武，明倫出版社。

11. 《文史通義》，章學誠，廣文書局。

12. 《國史大綱》，錢穆，商務印書館。

※13. 《古史辨》，羅根澤等撰，明倫出版社。

14. 《史學方法論叢》，黃俊傑，學生書局。

15. 《中國古代禮教史》，周林根，商務印書館。

16. 《禮樂與民生》，劉象山，幼獅書店。

參、子　部

1. 《孔孟荀哲學》，吳康，商務印書館。

2. 《孟子的明理思想及其辯說實況》，陳大齊，商務印書館。

※3. 《荀子集解》，王先謙，藝文印書館。

4. 《荀子正名篇》，梁啓超，成文書局。

5. 《荀子評諸子語彙釋》，梁啓超，成文出版社。

※6. 《荀子約注》，梁叔任，世界書局。

※7. 《荀子柬釋》，梁啓雄，商務印書館。

※8. 《荀子學說》，陳大齊，華岡出版社。

※9. 《荀子箋釋》，謝墉，成文書局。

※10. 《荀子研究》，楊筠如，商務印書館。

※11. 《荀子與古代哲學》，韋政通，商務印書館。

12. 《荀子讀本》，王忠林，三民書局。

※13. 《荀子思想體系》，美尚賢，作者自印。

14. 《荀子哲學綱要》，劉子靜，商務印書館。

15. 《荀子倫理學說平議》，黃美貞，嘉新文化基金會。

16. 《荀子哲學思想研究》，魏元珪，海天出版社。

17. 《荀子哲學》，許鈞儒，大學文選社。

18. 《荀子斠證》，阮廷卓，商務印書館。

19. 《荀子修身研究》，王孺松，新竹師範專科學校印行。

20. 《荀子假借字譜》，張亨，台大文史叢刊。

21. 《荀子補釋》，劉師培，藝文印書館。

22. 《荀子斠補》，劉師培，成文出版社。

23. 《荀子詞例舉要》，劉師培，藝文印書館。

24. 《荀子新證》，于省吾，藝文印書館。

25. 《荀子學說研究》，楊大膺，成文書局。

26. 《荀子》，松本達夫，專心企業印行。

27. 《荀子人性論研究》，董承文，大新書局。

28. 《荀子文論研究》，楊鴻銘，文史哲出版社。

29. 《荀子評議》，俞樾，成文出版社。

30. 《荀子樂論》，吉聯抗，成文出版社。

31. 《荀子增註》，久保愛，成文出版社。

32. 《荀子增註補遺》，豬飼彥博，成文出版社。

33. 《荀子札迻》，孫詒讓，成文出版社。

34. 《荀子的知識方法論》，趙文秀，作者印行。

35. 《荀子非十二子篇釋》，方光，成文出版社。

36. 《荀子要義》，周紹賢，中華書局。

37. 《荀子訓解補正》，毛子水，華正書局。

38. 《荀子校釋》，趙海金，作者印行。

39. 《荀子教育學說》，余家菊，中華書局。

※40. 《荀子集釋》，李滌生，學生書局。

41. 《荀子學述》，韋日春，蘭臺書局。

42. 《荀子學說析論》，鮑國順，華正書局。

※43. 《名家與荀子》，牟宗三，學生書局。

※44. 《墨子哲學》，郎擎霄，成文出版社。

※45. 《儒墨之異同》，王桐齡，成文出版社。

46. 《墨子簡編》，顏靈峰，成文書局。

※47. 《墨子探微》，史墨卿，學生書局。

48. 《墨子思想研究》，周長耀，正中書局。

※49. 《墨子閒詁》，孫詒讓，商務印書館。

※50. 《道德真經注》，王弼，藝文印書館。

51. 《老子讀本》，余培林，三民書局。

52. 《老子探義》，王淮，商務印書館。

53. 《老子微旨例略》，王弼，藝文印書館。

54. 《老子道德經》，河上公注，藝文印書館。

55. 《老子道德經憨山解》，憨山注，藝文印書館。

56. 《老子哲學》，王邦雄，東大圖書公司。

※57. 《莊子集釋》，郭慶藩，河洛圖書出版社。

58. 《南華真經注疏》，成玄英，藝文印書館。

59. 《莊子今箋》，高亨，中華書局。

60. 《莊子研究》，葉國慶，商務印書館。

61. 《莊子纂箋》，錢穆，三民書局。

62. 《莊子》，福永光司撰，陳冠學譯，三民書局。

63. 《莊子研究論集》，葉國慶等撰，木鐸出版社。

64. 《莊子讀本》，黃師錦鋐著，三民書局。

65. 《韓非子的哲學》，王邦雄，東大圖書公司。

66. 《韓非子集釋》，陳奇猷，世界書局。

67. 《韓非子校釋》，陳啓天，商務印書館。

68. 《呂氏春秋》，呂不韋，藝文印書館。

69. 《淮南鴻烈集解》，劉文典，粹文堂書局。

70. 《淮南子》，劉安撰，高琇注，世界書局。

71. 《秦漢思想研究》，黃師錦鋐，學海出版社。

※72. 《春秋繁露》，董仲舒，世界書局。

73. 《諸子考察》，羅根澤，學林書局。

74. 《諸子評議》，俞樾，商務印書館。

75. 《諸子考釋》，梁啓超，中華書局。

※76. 《讀子巵言》，江瑔，文海書局。

※77. 《先秦諸子繫年》，錢穆，三民書局。

※78. 《中國古代哲學史》，胡適，商務印書館。

※79. 《中國古代哲學史》，陳元德，中華書局。

※80. 《中國哲學元論導論篇》，原到篇，原性篇，唐君毅，學生書局。

81. 《中國哲學十九講》，牟宗三，學生書局。

82. 《中國哲學的特質》，牟宗三，學生書局。

83. 《中國哲學思想論集先秦篇》，梁啓超等撰，牧童出版社。

84. 《中國思想史方法論文選集》，韋政通編，大林出版社。

85. 《中國政治思想史》，蕭公權，聯經出版社。

86. 《中國人性論史先秦篇》，徐復觀，商務印書館。

87. 《中國學術思想史論叢》，錢穆，東大圖書公司。

88. 《中國思想史論集》，徐復觀，學生書局。

89. 《中國思想史論集續編》，徐復觀，時報出版社。

※90. 《中國倫理學史》，蔡元培，商務印書館。

91. 《中國思想史》，錢穆，學生書局。

92. 《原始儒家道家哲學》，方東美，黎明文化事業公司。

※93. 《中國政治思想史綱》，謝扶雅，正中書局。

94. 《先秦政治思想史》，梁啓超，中華書局。

95. 《文中研究方法論集》，梁啓超等撰，泰華堂出版社。

※96. 《朱子語類》，朱熹，漢京文化事業公司。

肆、集 部

※1. 《文心雕龍》，劉勰著，范文瀾註，開明書局。

※2. 《中國藝術精神》，徐復觀，學生書局。

※3. 《中國古代文藝思潮》，青木正兒，莊嚴出版社。

※4. 《樂律全書》，朱載堉，商務印書館。

※5. 《古今圖書集成》，樂律典，文星書店。

6. 《生活與音樂》，田邊尚雄，開明書店。

※7. 《樂學通論》，唐謳，正中書店。

8. 《中華樂學通論》，黃體培，中華國樂會。

9. 《中樂尋源》，童斐，學藝出版社。

※10. 《中國音樂思想批判》，黃友隸，樂友書房。

11. 《中國音樂史》，王光祈，中華書局。

12. 《東西樂制之研究》，王光祈，中華書局。

13. 《中國音樂史論集》，史惟亮等，中華文化出版事業委員會。

※14. 《中國音樂史》，楊隱，學藝出版社。

15. 《中國音樂史》，田邊尚雄，商務印書館。

※16. 《中國音樂史》，樂器篇，薛宗明，商務印書館。

※17. 《春秋戰國》、《泰漢音樂史料譯注》，吉聯抗，源流出版社。

※18. 《中國美學史資料彙編》，明文書局。

※19. 《要籍解題及其讀法》，梁啓超，中華書局。

※20. 《古書真偽及其年代》，梁啓超，中華書局。

※21. 《偽書通考》，張心澂，商務印書館。

※22. 《國學概論》，錢穆，商務印書館。

23. 《國故論衡》，章太炎，廣文書局。

※24. 《國學概說》，章太炎，廣文書局。

25. 《章氏叢書》，章太炎，世界書局。

※26. 《劉申叔遺書》，劉師培，華世出版社。

五、論 文

1. 《荀子論禮樂》，吳康，孔孟學報，第二十期。

2. 《荀子樂論篇試釋》，李滌生，文史哲學報，第六期。

3. 《荀子道德修脩養論研解》，楊承彬，政大學報，第十六期。

4. 《荀子成聖成治思想研究》，劉文起，師大國研所，碩士論文。

5. 《荀子禮分思想之研究》，吳清淋，師大國研所，碩士論文。

6. 《荀子禮論之研究》，楊連生，師大國研所，碩士論文。

※7. 《大小載記與荀子關係之探索》，閻隆庭，政大中文所，碩士論文。

8. 《荀子禮義之統思想之研究》，李哲賢，文化中研所，碩士論文。

9. 《荀子名學發凡初稿》，陳大齊，文史哲學報，第二期。

10. 《荀子在中國哲學史的關鍵地位及其現代意義（〈上、中、下〉）》，項退結，哲學與文化第九卷，第十、十一、十二期。

11. 《荀學的基本精神——一個現實主義的智者》，鮑國順，靜宜女子文理學院學報。

※12. 《荀子真偽問題》，龍宇純，中山學術文化集刊，第三十集。

13. 《從類字透視荀子政治思想之體系》，俞仁寰，台大法學院學報，51年4月。

14. 《荀子禮論篇非取自大小戴禮記辨》，張亨，大陸雜誌，四二卷，第二期。

15. 《荀子性惡論》，李滌生，民主評論，十五卷，第十七、十八期。

16. 《荀子所謂禮與韓非所謂法之研究》，熊琬，輔大碩士論文。

17. 《略談荀子》，傅佩榮，青年日報，七四、二、五，第十版。

18. 《孟荀異同考》，陳正雄，文化學院碩士論文。

19. 《孟子的禮樂之教（〈上、下〉）》，張泰祥，東方雜誌，十四卷，第二、四期。

20. 《孟墨莊荀之言心申義》，唐君毅，新亞學報，第二期。

21. 《孟子仁義與荀子禮義其辨若何》，熊公哲，孔孟學報，第十六期。

※22. 《儒家的音樂思想》，潘呂棋昌，國立編譯館館刊，第六卷，第一期。

23. 《儒家政治思想中的禮樂》，華師仲麐，教育部文化局。

24. 《孔門之禮學精神》，羅聯添，孔孟月刊，第二卷，第一期。

25. 《詩與樂舞》，涂公遂，中國詩季刊，第十二卷，第四期，及第十三卷，第一期。

26. 《詩經與樂歌的原始關係》，何定生，文史哲學報。

27. 《古代樂與舞關係之探討》，馬水龍，東吳文史學報。

28. 《周禮春官禮樂思想之研究》，嚴定暹，師大國研所，碩士論文。

29. 《樂記研究》，陳玲琇，師大國研所，碩士論文。

30. 《中國古代音樂研究序編》，陳萬鼐，中山學術文化集刊，第二十九、三十集。

31. 《王國維「釋樂次」補述》，季旭昇，孔孟月刊，第二十一卷，第七期。

32. 《中國音樂的倫理觀與科學觀》，薛宗明，中華學術與現代文化叢書六，音樂、影劇論集

後　記

謹以此書獻給我的母親，感謝她辛勤持家二十餘載，先父之遺業賴以不墜，全家長幼仰之以成人，欲報之德昊天罔極，於此誌之，略表寸草之於春暉也。

荀韓思想關係研究

洪銘吉　著

作者簡介

洪銘吉，民國五十年生。新北市板橋區江子翠人。祖籍福建泉州府同安縣柏埔庄。輔仁大學中國文學系、中國文學研究所畢業，今為逢甲大學中國文學系博士候選人。現職為台中市僑光科技大學通識教育中心專任講師。

提　　要

　　史載戰國時期，韓非曾為荀子的弟子，然在漢代對諸子思想的分類，一是法家；另一卻是儒家。今從《荀子》及《韓非子》二書來分析，可清楚得知其二人同受法家、名家、墨家、道家思想的影響非常的深遠。但《荀子》一書裡所呈現出思想的精髓，是在孔子禮學、名學思想的範圍，仍舊在強調禮樂制度的重要性。但荀子的主張，卻較孔子偏激。因為，對不守禮制的貴族，荀子主張律法來制裁。這一看法深深影響韓非。因此，在《韓非子》書中，可見韓非以「時移而事異，事異而備變」的主張來因應時代的改變，這一見解，無可厚非的是必然傳承自荀子的觀點。本論文以名分之別、君臣之道、農戰之策、非儒之議四面向來討論荀、韓思想之間的關係，並藉以了解為何漢代以來所施行的教育及政策，都是以此為中心，從此擴展出中國政治文化的特色。

目

次

序

　　荀子思想強調禮治，韓非則強調法治，似乎荀、韓思想有絕對不同的地方。昔日學者對荀子的禮學與韓非的法學，均有相當深入的探討，且承認荀、韓有師承的關係。但對荀、韓同處戰國中、末期，為因應局勢而產生之學說，是否在思想上有關連這個問題，多囿於一儒一法的差異，而未曾分析過。同時，對秦、西漢治術之認識，深信部份學者仍滯留在「焚書坑儒」、「黃老之治」、「儒教」的階段，其由戰國至秦漢間的荀、韓之學與政治關係究竟如何？亦少有研究論題。

　　故本論文針對以上兩問題，以學術史的觀點，試圖以荀子的禮學、韓非的法學作基礎，來探究這期間演變的真實情況應是如何？其中分從荀、韓的思想形成背景、與時代變遷作一了解後，根據二者對時局所提出解決方式，分別從名分、耕戰、君臣、非儒四角度，進而探討禮、法在荀、韓思想中的地位。經由荀禮、韓法的內涵，得到荀、韓思想的關係。藉此關係以反映到秦、西漢政治，以證驗秦、西漢政治實荀、韓思想結合後之具體措施。而此即為本論文的研究目的所在。

　　篇內荀、韓二書的引文，因近人李滌生《荀子集釋》、陳啟天《韓非子校釋》的考證頗詳，故引文部分以此二書為底，不復考定。

　　本文寫作，承蒙王師靜芝悉心指導，謹致深忱謝意。唯以才學疏淺，分析推理未精，挂漏之處，尚請博雅君子不吝指正。

洪銘吉　中華民國七十五年五月一日
序於輔仁大學中國文學研究所

第一章　荀韓思想成因及生平著書考

　　大凡一個學術思想的形成，必受社會環境變遷的誘發，前聖先哲的啓導（或師傳、或私淑），再加上個人思考融通，而形成一股激盪人心的影響力。在未探討荀、韓兩家思想關係前，先對其生平、著書作一合理推測；所以使用「推測」二字，乃緣於前人對此說各有所見，莫衷一是。本文將依據前賢之論證，取擇捃汰，以爲此篇依據。

　　荀、韓處在「爭地以戰，殺人盈野；爭城以戰，殺人盈城」的紛亂社會，也正是知識份子以學說干祿、救世，而使思想勃發的時代。荀、韓思想除受歷史經驗的改造，更具有涵融諸家學術思想的特色，然而荀子雖吸取他以前諸家思想，但仍不改其儒家思想的本意；韓非亦然。此處如何釐清荀、韓兩家與諸子之間的承繼，即爲一重要課題；本章將依據荀、韓二書內容，抽取其確實條目，對此一問題作一分析討論。

第一節　荀子生平及其書

　　荀子，名況，戰國時趙人。生年約當周赧王七年，也就是趙武靈王十七年（西元前 308 年）左右，卒於秦始皇三十四年（西元前 213 年），享年九十五歲。

　　荀子年少時甚好學，十五歲遊學于齊，此時正當齊湣王在位，稷下遊學之士聚集，論議風氣正熾。因此，荀子得以在此浸淫於百家學術當中，而養成其經綸天地，因禮治邦定國的荀學。

　　後，齊湣王出兵伐宋，宋王出奔。齊國南取楚國淮北地，並西侵三晉，

欲并周室而爲天子。泗上諸侯、鄒魯之君皆稱臣，其他諸侯國甚爲驚恐。此時，荀子勸說齊相曰：

> ……今巨楚縣吾前，大燕鰍吾後，勁魏鉤吾右，西壤之不絕若繩，楚人則乃有襄賁、開陽以臨吾左，是一國作謀，則三國必起而乘我。如是，則齊必斷而爲四三，國若假城然耳，必爲天下大笑。（〈彊國篇〉）

然而，齊相傲氣依舊如初。不僅荀子，稷下學士亦多因齊君相矜功不休，百姓不堪而諫，但皆不爲所從。於是愼子、捷子相繼離去，田駢去薛地，荀子到楚國。一時齊國內無忠諫之士，燕、秦、楚，三晉乃合謀，以精銳聯軍攻齊；湣王出奔，經衛、鄒、魯而居莒城。後，楚使淖齒將兵救齊，淖齒反殺湣王而與燕國共分寶藏珠器，局勢之發展，正如荀子預言所料。

齊襄王繼位，田單以即墨軍破燕，復臨淄。荀子自楚返稷下，並以學識最爲老師而三爲祭酒。然而，稷下學風因襄王的親近奸臣，排斥諫士而漸趨衰頹，荀子因離齊而周遊列國，準備實行他以禮爲中心的學說。

荀子至楚，正當春申君爲楚相，春申君以荀子爲蘭陵令。不久，有春申君門下客謗荀子於春申君，以荀子具湯武之賢，恐他日將取春申君而代之。春申君不察，遂使人辭謝荀子，荀子便去趙國，趙國以爲上卿。

荀子嘗與趙臨武君議兵於孝成王前。臨武君以爲用兵之術在上得天時，下得地利，觀敵變動而發；然荀子以爲：

> 不然，臣所聞古之道，凡用兵攻戰之本，在乎壹民。弓矢不調，則羿不能以中微；六馬不和，則造父不能以致遠；士民不親附，則湯武不能以必勝也。故善附民者，是乃善用兵者也。故兵要在乎善附民而已。（〈議兵篇〉）

並且說「君賢者其國治，君不能者其國亂；隆禮貴義者其國治，簡禮賤義者其國亂；治者彊，亂者弱，是彊弱之本也。」（〈議兵篇〉）這正是荀子冀望以禮經緯天下的思想主體，也是儒家以民爲國本一貫主張的繼承。

由於荀子在趙之名望漸高。傳至楚，又有客說春申君，言伊尹之佐殷，管仲之相齊，皆以其賢，使君尊而國榮，故不當辭荀子。春申君始悟，遂使人請荀子於趙，荀子辭謝。不久，荀子離趙往秦，秦王政嘗問荀子，以爲儒無益於人之國乎？荀子以爲：

> 儒者法先生，隆禮義，謹乎臣子而致貴其上者也。人主用之，則勢

在本朝而宜；不用，則退編百姓而慤；必爲順下矣。雖窮困凍餒，必不以邪道爲貪。無置錐之地，而明於持社稷之大義。嗚呼而莫之能應，然而通乎財萬物，養百姓之經紀。勢在人上，則王公之材也；在人下，則社稷之臣，國君之寶也；雖隱於窮閻漏屋，人莫不貴，貴道誠存也。（〈儒效篇〉）

應侯（范睢）亦嘗問荀子入秦何所見？荀子答以：

其固塞險，形勢便，山林川谷美，天材之利多，是形勝也。入境，觀其風俗，其百姓樸，其聲樂不流汙，其服不挑，甚畏有司而順，古之民也。及都邑官府，其百吏肅然，莫不恭儉敦敬、忠信而不楛，古之吏也。……故四世有勝，非幸也，數也。是所見也。故曰：佚而治，約而詳，不煩而功，治之至也，秦類之矣。雖然，則有其諰矣。兼是數具者而盡有之，然而縣之以王者之功名，則倜倜然其不及遠矣！是何也？則其殆無儒邪！故曰「粹而王，駁而霸，無一焉而亡。」此亦秦之所短也。（〈彊國篇〉）

後，荀子去秦往楚，春申君又以爲蘭陵令。荀子便治政講學兩兼，李斯、韓非並爲弟子。繼而，李斯辭荀了而入秦。不久，春申君被殺，荀子廢居蘭陵，在聽到李斯相秦時，嘗爲之憤而不食。後老死於楚地。〔註1〕

　　關於荀子著書立言之動機，《史記》卷七十四《孟子荀卿列傳》記載頗詳：

荀卿嫉濁世之政，亡國亂君相屬，不遂大道而營於巫祝，信機祥，鄙儒小拘，如莊周等又猾稽亂俗，於是推儒、墨、道德之行事興壞，序列著數萬言而卒。因葬蘭陵。

而《荀子》一書，在荀子居蘭陵著述以前，其弟子早已錄其言行而傳布天下了。〔註2〕是以西漢末年，劉向說：

〔註1〕關於荀子生平部份以梁啟超〈荀卿及荀子〉（《古史辨第四冊》）、《史記》卷七十四〈孟荀列傳〉、劉向《荀卿新書敘錄》、《荀子》一書、《戰國策‧楚策四》、錢穆《先秦諸子繫年》等參較而成。但在荀子生平中，尚有二個疑點：一是荀、孫二字關係如何？一是荀子傳經精確性如何？對前一問題，本文以爲當從謝墉《荀子箋釋序》所言：「荀因同孫，語遂移易。」的說法。後一問題尚無確切資料可以印證，故陸德明《經典釋文敘錄》的說法僅可供參考。

〔註2〕《史記》卷八十五〈呂不韋列傳〉：「當是時，魏有信陵君、楚有春申君、趙有平原君、齊有孟嘗君，皆下士喜賓客以相傾。呂不韋以秦之彊，羞不如，亦招致士，厚遇之，至食客三千人。是時諸侯多辯士，如荀卿之徒，

所校讎中孫卿書，凡三百二十二篇，以相校除復重二百九十篇，定
著三十二篇，皆以定殺青，簡書可繕寫。(《荀卿新書序錄》)

乃荀子本人與眾弟子或著書，或口傳而後記著於文字，故不免於重複，直到
劉向時方作此整理。

《漢書·藝文志》、《隋書·經籍志》、《舊唐書·經籍志》、《新唐書·藝
文志》，或載其書三十二篇，或十二卷、二十卷等，但皆題荀況所撰。〔註 3〕
《四庫全書總目提要》亦云「荀子二十卷」，大致今所見即當時所刊行本。

而對《荀子》一書內容之質疑，有以爲乃荀子所著，或弟子所撰，或漢
人相雜。〔註4〕然此多爲推測之詞，不足以爲定論。要在本篇論文爲研究荀子
其人之思想，當先肯定其書之價值，即肯定《荀子》一書均爲其思想之相關
紀錄與資料，不因後人僞託或摻雜而忽視其中篇章之重要性。

第二節　荀子思想形成的來源

孔子的仁，目的在於親親，上至天子，下至平民百姓，皆親其所親，敬
其所長。孟子言性善，以人性善開啓人知，避免因利欲導入爭亂。孔孟的思
想，皆是欲以其理想、原則，維護社會間人與人的和諧。此和諧的保障，不
僅在於個人或是宗族而已，乃擴及到整個國家，甚至天下皆能以此爲準。這
是孔孟思想何以能主宰中國二千餘年在政治、經濟、社會各方面政策的原因，
是以牟宗三說：

中國以往二千餘年之歷史，以儒家思想爲其文化之骨幹。儒家思想

著書布天下。呂不韋乃使其客人著所聞，……號曰呂氏春秋。」案：春申
君被殺時爲始皇十一年（據前引梁考荀子生平一文），呂不韋自殺在始皇十
二年，（據《史記》呂傳集解）可以推測在荀子率弟子周遊列國時，其弟子
已著其言行傳世。

〔註 3〕《漢志》錄〈孫卿子三十三篇〉，據王應麟〈漢志考證〉，以爲係筆誤所成，
當爲三十二篇。而二十卷、十二卷，則係楊倞「以文字繁多，故分舊十二卷
三十二篇爲二十卷。」(《荀子序》)

〔註 4〕胡適以爲〈天論〉、〈解蔽〉、〈正名〉、〈性惡〉四篇全是荀書精華所在，其它
篇係後人雜湊而成。(《中國古代哲學史》)徐復觀則認爲荀卿本人著作當止於
〈性惡〉篇。〈君子〉、〈成相〉〈賦〉等三篇疑非荀子所寫。〈大略篇〉楊倞以
爲係其弟子雜錄荀語而成。考其內容，以兩漢儒者所附入多，其定篇當不能
早於東漢初年。(《中國思想史論集：一個歷史故事的形成及其演進──論孔
子誅少正卯》)案：胡適、徐復觀的説法，皆爲推測的言論，要之，其中或眞
有摻雜的紀錄，但仍不失爲研究荀子的重要資料。

不同于耶，不同于佛。其所以不同者，即在其高深之思想與形上原
則，不徒爲一思想，不徒爲一原則，且可表現爲政治社會之組織。
六藝之教，亦即組織社會之法典也。是以儒者之學，自孔孟始，即
以歷史文化爲其立言之根據。故其所思所言，亦必反而皆有歷史文
化之義用。〔註5〕

不僅於孔孟思想如此，荀子亦然。「孫卿卒不用於世，老於蘭陵，疾濁世之政，
亡國亂君相屬，不遂大道而營乎巫祝，信機祥，鄙儒小拘，如莊周等又猾稽
亂俗，於是推儒、墨、道德之行事興壞，序列著數萬言而卒。」（《劉向·荀
卿新書敍錄》）始則往齊國稷下遊學，吸取諸子思想以立其準則，故諫齊相曰：
「故人莫貴乎生，莫樂乎安；所以養生安樂者，莫大乎禮義。人知貴生樂安
而棄禮義，辟之，是猶欲壽而殉頸也，愚莫大焉。」（〈彊國篇〉）禮義以爲人
生存安樂依據，自有其歷史經驗顯示。從齊而至列國，荀子目睹諸子思想所
造成的影響，及因環境變革而來的一切問題。荀子認爲要治理這些病症的根
本方法，是在於革除人心的欲念。因而，荀子採取了孔儒的禮，想藉禮的精
神，達到至治的目的。

　　大抵荀子一生居齊、楚之時間爲多，然亦有遊於趙、秦等諸侯國地。因
此，除了觀察到社會的變遷以外，對諸子學說的持之有故，言之成理，及因
學說傳衍而產生的流弊，均有其深刻的體認。本節將從此二方面探究其思想
形成的來源。

一、社會環境的變遷

　　周自武王伐商紂，代而有天下。成王承業，周公佐政，鑑於管、蔡二叔，
武庚作亂，遂封宗室功臣爲諸侯國，並制禮作樂以維繫宗族的情感，這即是
傳統所謂的「封建政治制度」。

　　西周的封建，是靠宗法組織維持的。家族當中，以嫡長子繼承祖業，是
爲全姓的大宗；由大宗之弟或庶出兄弟分封出家族，而各以所生之嫡長子嗣
其業，是爲全姓之小宗。對大宗小宗各族而言，每一組成份子均有血統的牽
連，以連絡感情，團結宗族；而每一份子均有所尊、有所分，以爲統屬關係。
此感情、分屬的根源，即由「禮」來確定，上自天子，下至庶人，莫不循「禮」

─────────────

〔註5〕牟宗三〈儒家學術之發展及其使用〉一文，收於《道德的理想主義》一書
　　　　中。

以相調和而不衝突。〔註6〕

　　平王東遷成周以後，「禮樂征伐自天子出」的地位，受到諸侯國勢力膨脹的影響，而漸現衰頹，其原因在於王室與諸侯之間「親親」精神開始瓦解。平王東遷，猶惟晉鄭是依，迨齊桓、晉文之霸後，王室地位陵替無餘。再則，幽王寵褒姒、廢申后太子宜臼，申侯引犬戎來侵，平王東遷，此後王畿範圍縮小，權力、財力、兵力甚微不足道，諸侯間交相侵攻、吞併，王室無法制裁，使王室威信大落。春秋時，弒君犯親屢屢，貴族地位動搖而下移。戰國時，諸侯更各引縱橫遊說之士以爲門下，於是爲取利祿而談政治理論者有之，爲救世而欲一展抱負者有之，諸子百家之學，如百花齊放，亦正是此一時代所造就出的輝煌成績。

　　若觀察荀子受影響最大的戰國中期局勢：齊湣王繼承宣王霸業，與秦親交。但攻宋一役，使得諸侯恐懼，引起燕、秦、楚、三晉合攻，終至潰敗，觀其原因，則在君臣驕恣，上下交利。〔註7〕秦國雖傲於西垂，然常恐諸侯合兵與戰，故雖有古政之美，而不行仁義，此其能霸而不能王天下之原因。〔註8〕楚懷王入秦和談，被置留而憤死，頃襄王不振，爲秦所敗，楚勢遂爲衰退。綜此諸國，或由盛而衰、或由衰而興，其勢權之移轉，莫不令荀子感歎。是以其弟子云：

　　　　孫卿迫於亂世，鰍於嚴刑，上無賢主，下遇暴秦，禮義不行，教化
　　　　不成，仁者絀約，天下冥冥，行全刺之，諸侯大傾。當是時也，知
　　　　者不得慮，能者不得知，賢者不得使。故君上蔽而無覩，賢人距而
　　　　不受。然則孫卿懷將聖之心，蒙佯狂之色，視天下以愚。詩約：「既
　　　　明且哲，以保其身」此之謂也。是其所以名聲不白，徒與不眾，光
　　　　輝不博也。今之學者，得孫卿之遺言餘教，足以爲天下法式表儀。
　　　　所存者神，所過者化，觀其善行，孔子弗過。世不詳察，云非聖人，
　　　　奈何！天下不治，孫卿不遇時也。(〈堯問篇〉)

或許其言有過譽之處，但其逢世不遇，頗類孔子退修《春秋》，以言語代其實際行動，以昭彰於後人之際遇也。

〔註6〕徐復觀〈西周政治社會的結構性格問題〉、〈封建政治社會的崩潰及典型專制
　　　　政治的成立〉二文對此論題分析頗詳，可參閱之。見於氏著《兩漢思想史卷
　　　　一》。
〔註7〕參見《史記》卷四十六〈田敬仲完世家〉及《荀子‧彊國篇》。
〔註8〕參見〈彊國篇〉，荀子與應侯對語。

二、與儒墨道德的關係 〔註9〕

　　荀子之學以禮爲中心，正與孟子性善說合爲孔子儒學之衣鉢。也因其如孔孟抱著「知其不可而爲之」的心情，去勸導諸侯以禮治國，才顯發出荀學思想的可貴。

　　孔子以爲：

　　　　興於詩，立於禮，成於樂。(《論語‧泰伯篇》)

　　　　不學詩，無以言。(〈季氏篇〉)

　　　　不學禮，無以立。(〈季氏篇〉)

亦正是荀子倡學所由：

　　　　學惡乎始？惡乎終？曰：其數則始乎誦經，終乎讀禮；其義則始乎爲士，終乎爲聖人。……故書者，政事之紀也；詩者，中聲之所止也；禮者，法之大分，類之綱紀也。故學至乎禮而止矣。夫是之謂道德之極。禮之敬文也，樂之中和也，詩書之博也，春秋之微也，在天地之間者畢矣。(〈勸學篇〉)

又如孔子言：

　　　　民無信不立。(《論語‧季氏篇》)

　　　　富而好禮 (〈同前引〉)

　　　　爲國以禮 (〈先進篇〉)

而荀子則說：

　　　　然則凡爲天下之要，義爲本，而信次之。古者禹湯本義務信而天下治，桀紂棄義倍信而天下亂。故爲人上者，必將愼禮義，務忠信，然後可。此君人者之大本也。(〈彊國篇〉)

故荀子實承孔氏之說而發揚之。但其因戰國時期局勢所限，捨仁義說而倡禮說，自有其實用性之目的，雖失孔儒正鵠之一偏，但其暢述禮學之功，亦因此而不可沒。

　　儒墨在戰國時期並稱顯學，亦自有內在根本因素，荀子處在這學術交替時代，不免受其影響。墨子言功利：

　　　　仁者之事者，必務求興天下之利，除天下之害。(〈兼愛下〉)

〔註9〕　本段敘述依《史記》言推儒、墨、道德之行事興壞，序列著數萬言語而寫。與法家關係見於第二章第三章、與名家關係見於第三章第二節。

> 有本之者，有原之者，有用之者。於何本之？上本之於古者聖王之
> 事。於何原之？下原察百姓耳目之實。於何用之？廢以爲刑政，觀
> 其中國百姓人民之利。此所謂三表也。(〈非命上〉)

> 殺己以存天下，是殺己以利天下。(〈大取〉)

是墨子之精神，以天下之利爲利，利是人生之最高目標，亦是奮鬥之途。

荀子亦敘此道：

> 湯武者，循其道，行其義，興天下同利，除天下同害，天下歸之。(〈王
> 霸篇〉)

> 義與利者，人之所兩有也。雖堯舜不能去民之欲利，然而能使其欲
> 利不克其好義也。雖桀紂亦不能去民之好義，然而能使其好義不勝
> 其欲利也。故義勝利者爲治世，利克義者爲亂世。(〈大略篇〉)

並非荀子反對利，而是亂世之源正由於人欲利而來。要言利，則必利民利國
利天下之利，若是私欲，則不若由義而爲。此正見荀子襲取墨子功利說，加
以修正發揮，予以新生命的出現。〔註10〕

對當世的營巫祝、信機祥的現象，荀子站在極力強調人爲禮治立場，反
對這股邪說，他的論點「天人之分」，正是掬取道家自然之說，與智慮清明的
理論。老子說：

> 人法地，地法天，天法道，道法自然。(〈三十五章〉)

莊子亦云：

> 天其運乎？地其處乎？日月其爭於所乎？孰主張是？孰維綱是？孰
> 居无事推而行是？意者其有機緘而不得已邪？意者其運轉而不能自
> 止邪？雲者爲雨乎？孰隆施是？孰居无事淫樂而勸是？風起北方，
> 一西一東，上有彷徨，孰噓吸是？孰居无事而披拂是？敢問何故？
> (〈天運篇〉)

而荀子說：

> 列星隨旋，日月遞炤，四時代御，陰陽大化，風雨博施，萬物各得其
> 和以生，各得其養以成，不見其事，而見其功，夫是之謂神。皆知其
> 所以成，莫知其無形，夫是之謂天功。唯聖人爲不求知天。(〈天論篇〉)

老莊以形而上的天道勉勵人因循萬物之自然而爲。荀子取其說，除承認天之

〔註10〕荀子對義的闡釋，參見第二章第一節

自然循變外，還賦予禮學新生命，即「天能生物，不能辨物也；地能載人，不能治人也；宇中萬物生人之屬，待聖人然後分也。」〈禮論篇〉唯有人治才能破除對天的迷信，與其去求知天，不如返身追求人間禮義所造成的和諧。

老子又云：

> 天下皆知之美之爲美，斯惡已；皆知善之爲善，斯不善已。（〈二章〉）

> 五色令人目盲，五音令人耳聾，五味令人口爽，馳騁田獵令人心發狂，難得之貨令人行妨。（〈十二章〉）

知有所蔽，則有所歧；心有所欲，則有所害。人常是認識不清或欲望過多，而造成禍害降身。於此，老子的解決辦法是：

> 絕聖去智，民利百倍。（〈十九章〉）

> 絕學無憂。（〈二十章〉）

> 致虛極，守靜篤。萬物並作，吾以觀其復。（〈十七章〉）

唯有去智，返回自然，以致虛、守靜之修養工夫而達到體道的境界，才能徹底消滅知欲的禍亂。

荀子以爲：

> 故爲蔽：欲爲蔽、惡爲蔽、始爲蔽、終爲蔽、遠爲蔽、近爲蔽、博爲蔽、淺爲蔽、古爲蔽、今爲蔽。凡萬物異則莫不相爲蔽，此心術之公患也。（〈解蔽篇〉）

人的思慮如不能反複推敲，不能面面俱道，就會發生蔽病。而解決方法，即在於知道，以道爲取捨標準，而此標準，則必以心之虛壹而靜去造就：

> 心未嘗不臧也，然而有所謂虛；心未嘗不兩也，然而有所謂壹；心未嘗不動也，然而有所謂靜。人生而有知，知而有志；志也者，臧也；然而有所謂虛；不以所已臧害所將受謂之虛。心生而有知，知而有異，異也者，同時兼知之；同時兼知之，兩也；然而有所謂一；不以夫一害此一謂之壹。心臥則夢，偷則自行，使之則謀；故心未嘗不動也；然而有所謂靜；不以夢劇亂知謂之靜。未得道而求道者，謂之虛壹而靜。……虛壹而靜，謂之大清明。（〈解蔽篇〉）

雖然，荀子之道異於老子之道，但在方法上，同樣是要求心知要能虛靜，使能滌除雜念，各達其理想地域。孔孟未嘗論及於此，荀子取道家虛靜方法加以融通，注入儒家思想中，而達其積極之目的。戴君仁先生說：

道家的虛靜，是槁木死灰，心齋坐忘的境界，是無事，無爲的。而
荀子則是有事的，有爲的。他所謂「冥冥惛惛」者，並不是寂寞無
心，而是「眞積力久」的努力，是積極的，不是消極的。這正是儒
家剛健的精神，有意矯正道家之弊。戰國之末，各家學術俱已顯盛，
自然會互相影響。其間雖多相斥，而也有吸收融合，加以修正的。
〔註11〕

荀子思想形成之來源，有截取中心旨意的（如孔子），有截取其方法的（如老
莊），但在構其思想體系前，已先融入其意識中，而加以整合排列。荀子之所
以爲荀子，正在其本身精深博大，不但對當時各家的學說有所體認，更能融
鑄鍛鍊成爲一套適應社會環境變遷之獨立學說。

第三節　韓非生平及其書

韓非，戰國時韓之諸公子，生年約在韓桓惠王元年（西元前 275 年），卒
於秦王政十四年，韓王安六年（西元前 232 年），享年四十二歲。

韓非甚好刑名法術之學，嘗與李斯共事師荀子，且能力在李斯之上。韓
非爲人口吃，但善著書。其學術取源於道家之學，並吸收戰國以來商君法、
申子術、愼子勢與諸家思想菁華，而成一家之言。其學說以法爲中心，因天
道、守成理，法自然。以爲君須有勢以行權，有術以制臣下，行法須有其公
平性，賞罰分明。臣則依法行事，各盡其職，不得徇私。民則守法安業，如
此國富國疆，達到至治之世。

當時，韓國的局勢是：

韓事秦三十餘年，出則爲扦蔽，入則爲席薦，秦特出銳師取地，而
韓隨之怨懸於天下，功歸於強秦。且夫韓入貢職，與郡縣無異也。（〈存
韓篇〉）

而重臣當道，人主庸愚，亦韓國內將亡之徵：

是當塗者之徒屬，非愚而不知患者，必污而不避姦者也。大臣挾愚
污之人，上與之欺主，下與之收利侵漁，朋黨比周，相與一口，惑
主敗法，以亂士民，使國家危削，主上勞辱，此大罪也。臣有大罪，
而主弗禁，此大失也。使其主有大失於上，臣有大罪於下，索國之

〔註11〕戴君仁：〈荀子與大學中庸〉一文，見氏著《梅園論學集》。

不亡者，不可得也。(〈孤憤篇〉)

韓非觀祖國內外險惡交征，思有所奮作。而秦孝公用商鞅而治國，給予其啓發性甚大。是以韓非亦欲以法家治術振興韓國，無奈積弊已深，情勢上是已至韓非所不能挽救的命運。韓非乃據其歷史經驗，深察政治得失，作〈孤憤〉、〈五蠹〉、〈內外儲說〉、〈說林〉、〈說難〉等篇，共十萬餘言。其書嘗傳到秦國，秦王政讀後感歎地說：寡人能與此人見面交遊，雖死無憾。

秦王政十三年，李斯說秦王攻韓以脅他國。韓國先不肯用韓非，秦急攻韓，韓始用非出使秦以謀和議。秦王政十四年，非到秦國，說秦王：

> 今臣竊聞貴臣之計，舉兵將伐韓。夫趙氏聚士卒，養從徒，欲贅天下之兵，明秦不弱，則諸侯必滅宗廟，欲西面行其意，非一日之計也。今釋趙氏之患，而攘內臣之韓，則天下明趙氏之計矣。……計者所以定事也，不可不察也！韓秦強弱，在今年耳。且趙與諸侯陰謀久矣，夫一動而弱於諸侯，危事也。爲計而使諸侯有意伐之心，至殆也。見二疏，非所以強於諸侯也。臣竊願陛下之幸孰圖之。夫攻伐而使從者閒焉，不可悔也。(〈存韓篇〉)

秦王下詔與群臣共議韓非所上之書，李斯不以爲然。李斯指韓國爲秦心腹之患，秦若專力於齊趙，則韓必反，此乃韓非爲韓私計，不可信。李斯上計請韓王入秦，因留不放，使韓割地求和。秦王聽信李斯所言，遂派斯入韓，請韓王入秦，韓王不肯見，斯乃上書言秦韓應交心，不可相背，韓王不聽，李斯遂反秦國。

李斯自知其能力不及韓非，又恐秦王喜韓非之說，甚爲嫉妒，屢欲殺害韓非。後韓非諫秦王以姚賈資金千斤出使四國，乃自盜之計。秦王聽信姚賈辯言，遂棄韓非。於是，李斯姚賈乘便謗韓非於秦王：

> 韓非，韓之諸公子也。今王欲拜諸侯，非終爲韓不爲秦，此人之情也。今王不用，久留而歸之，此自遺患也，不如以過法誅之。(《史記・韓非列傳》)

秦王以爲然，遂將韓非下吏治罪。李斯陰使人遺藥韓非使自殺，韓非初不肯，欲見秦王而不得，遂死。時秦王後悔，使人赦罪，至時韓非已死。〔註12〕

〔註12〕韓非生平部份，以梁啓超《先秦學術年表》、《史記・韓非列傳》、《史記・李斯列傳》、《戰國策》、《韓非子》一書、錢穆《先秦諸子繫年》、王師靜芝《韓非思想體系》參較而成。

韓非著書立說的動機，史遷以爲：

> 非見韓之削弱，數以書諫韓王，韓王不能用。於是韓非疾治國不務
> 脩明其法制，執勢以御其臣下，富國彊兵以求人任賢，反舉浮淫之
> 蠹而加之於功實之上。以爲儒者用文亂法，而俠者以武犯禁。寬則
> 寵名譽之人，急則用介冑之士。今者所養非所用，所用非所養。悲
> 廉直不容於邪枉之臣，觀往者得失之變，故作孤憤、五蠹、内外儲、
> 說林、說難十餘萬言。（〈韓非列傳〉）

《韓非子》一書，《漢志》以爲：「韓子五十五篇。」《隋書‧經籍志》、《新
唐書‧藝文志》、《舊唐書‧經籍志》、《宋史‧藝文志》、《四庫全書總目提要》，
均載其爲二十卷，不錄篇數。今存《韓非子》一書爲二十卷五十五篇，或即
與歷代著錄相等。

而本書之內容，可得知有三篇確非韓非所作：其一爲〈初見秦篇〉，内容
載《戰國策‧秦策》張儀說秦王的一段話，可見是後人所摻入。其二爲〈存
韓篇〉，內容載韓非上書勸秦聯親於韓，秦王下詔李斯議論，李斯上書駁韓。
後斯使韓，上書韓王，全篇所錄，爲非使秦和議事之始末，乃後人輯湊成篇。
其三爲〈有度篇〉，其中有荊、齊、燕、魏四國之亡，此已在韓非死後事，非
韓非所能親見耳聞。

《四庫全書總目提要》以爲：

> 疑非所著之書，本各自爲篇。非歿後，其徒收拾編次以成一帙，故
> 在韓在秦之作均爲收錄，併其私記未完之藁亦收入書中，名爲非撰，
> 實非非所手定也，以其本出於非，故仍題非名以著於錄焉。

研究韓非思想，亦先肯定其書之價值，方有論證之依據，除却前三篇肯定非
非所作之外，其餘諸篇或可從《四庫全書總目》所言，其書或爲非所著，或
乃其弟子輯錄其言而成書，然皆不失爲韓非思想研究之最好定本。〔註13〕

第四節　韓非思想形成的來源

韓非嘗與李斯師事荀卿，史記確載，但其內容如何，卻不得而知，所可
肯定者，韓非思想必受荀儒之啓發。韓國國勢積弱不振，上有昏君，下有亂

〔註13〕韓非子一書中各篇章之考證，以王師靜芝《韓非思想體系》中〈韓非理論條
　　　　貫〉一篇最詳，可參閱之。

臣，故韓非思非法家法術不足以整頓其國內秩序，無奈其說不為韓國所接受。反為其最大敵國——秦所欣賞，後非因陷於李斯之害，終僅有理論而無實際行效。但此不損韓學價值所在。於此，分從儒、道、墨、法諸家分述其與韓非之關係。

韓非受學於荀卿，卻成為法家人物，頗耐人尋味。唯一可作為解釋原因是，韓國情勢非法治不可。但荀卿予韓非啟示最大的，當為性惡說：

> 人之性惡，其善者偽也。今人之性，生而有好利焉，順是，故爭奪生而辭讓亡焉；生而有疾惡焉，順是，故殘賊生而忠信亡焉；生而有耳目之欲，有好聲色焉，順是，故淫論生而禮義文理亡焉。然則從人之性，順人之情，必出於爭奪，合於犯分亂理，而歸於暴。（〈性惡篇〉）

荀子認為人性有好利、好欲等習性，順此而來，必產生爭亂。韓子襲其說，而以為：

> 父母之於子也，產男則相賀，產女則殺之。此俱出父母之懷衽，然男子受賀，女子殺之者，慮其後便，計之長利也。故父母之於子也，猶用計算之心以相待也，而況無父子之澤乎！（〈六反篇〉）

> 臣盡死力，以與君市；君垂爵祿，以與臣市。君臣之際，非父子之親也，計數以所出也。（〈難一篇〉）

父子，君臣之間，莫不以利相交接，韓子所述人之性甚為低劣。因此，韓非認為以禮去定分止爭，不若以法去制止、矯正此關係之迅速發展。此為韓子承荀卿之學，而有其修正的一面。

韓非中心思想法的根源，取擇於老子自然之道，非有〈解老〉、〈喻老〉二篇，闡揚所援取《道德經》，重新賦予韓法理論的詮釋。觀韓子一書，可知其應用老子思想，以為君王政治之權謀甚為顯然，故史遷說其：「喜刑名法術之學，而其歸本於黃老。」、「韓子引繩墨，切事情，明是非，其極慘礉少恩，皆原於道德之意，而老子深遠矣。」

韓非認為：

> 古之全大體者，望天地，觀江海，因山谷，日月所照，四時所行，雲布風動。不以智累心，不以私累己。寄治亂於法術，託是非於賞罰，屬輕重於權衡。不逆天理，不傷情性，不吹毛而求小疵，不洗垢而察難知；不引繩之外，不推繩之內；不急法之外，不緩法之內。守成理，因自然。禍福生乎道法，而不出乎愛惡。（〈大體篇〉）

所言盡得學於老子：

> 人法地，地法天，天法道，道法自然。(〈二十五章〉)

王師靜芝對這兩者之間的關係，有精闢的見解：

> 我們應該有一普遍的了解，人類生存於宇宙之間，萬事沒有不循自
> 然之理而發展的。自然如此，人便需如此；自然如彼，人便須如彼。
> 既然這樣，一切都已有軌道可循。何以歷史上有治有亂呢？因爲若
> 干人的不肯循自然之理而行。那就是爲了私人的好惡而縱欲爲惡，
> 詐譎凌暴，故而成亂。爲了阻過這些不循自然之理的行爲，韓非以
> 爲便需要法。法爲了糾正不循自然之理，所以這法必然是循自然之
> 理所立的法條。所謂望天地觀江海以至雲布風動者，就是指出要根
> 據自然的所現，自然的所行。所以全大體必須根據自然而爲之，這
> 是韓非的基本觀念。〔註14〕

但韓非亦有與老子背道而馳者，即韓非取其說以爲法之源，而老子卻最
反對用法：

> 法令滋彰，盜賊多有。(〈五十七章〉)

法令愈多，弊端愈多，未始不是韓非所能認清的一面。〔註15〕

墨者言利、同爲韓子所崇依，並取爲己道。

墨子云：

> 古者民始生，未有刑政之時，蓋其語人異義。是以一人則一義，二
> 人則二義，十人則十義，其人茲眾，其所謂義者亦茲眾。是以人是
> 其義以非人之義，故交相非也。(〈尚同篇上〉)

韓非取墨子理論，注入其思想體系中，以爲：

> 法之爲道，前苦而長利；仁之爲道，偷樂而後窮。聖人權其輕重，
> 出其大利，故用法之相忍，而棄仁之相憐。(〈六反篇〉)

是法乃爲長久大利著眼，忍一時之苦得百世之利，此乃法比仁更近於實際，
易於施行。可見韓非行法之目標，不在荼苦百姓，亦有其理想所在：

> 故明主之治國也，適其時事以致財物，論其稅賦以均貧富，厚其爵
> 祿以盡賢能，重其刑罰以禁姦邪，使民以力得富，以事致貴，以過
> 受罪，以功致賞而不念慈惠之賜，此帝王之政也。(〈六反論〉)

〔註14〕王師靜芝：《韓非思想體系》一書中〈大體解〉。
〔註15〕關於君主無爲之部份，參見第三章第二節

　　韓非思想以法爲要，其受法家之影響者，有愼到的勢論，承認行法者必有勢位爲據：

> 有材而無勢，雖賢不能制不肖。故立尺於高山之上，下臨千仞之谿。材非長也，位高也。桀爲天子能制天下，非賢也，勢重也。堯爲匹夫不能正三家，非不肖也，位卑也。千鈞得船則浮，錙銖失船則沉，非千鈞輕而錙銖重也，有勢之與無勢也。（〈功名篇〉）

所受之術，是君以制臣之術。術不是法，是一種技巧，此說承申子而來：

> 申不害言術，……術者，因任而授官，循名而責實，操殺生之柄，課群臣之能者也。此人主之所執也。（〈定法篇〉）

而於法之主張，則於實際經驗中得知：

> 商鞅教秦孝公以連什伍，設告坐之過，燔詩書而明法令，塞私門之請而遂公家之勞，禁游宦之民而顯耕戰之士。孝公行之，主以尊安，國以富強。（〈和氏篇〉）

韓非極力主張耕戰政策以彊國富國，雖有韓國弱勢現實之刺激，但不若以實證來的有效，此是韓非擇法治爲其中心思想理論的要因。〔註16〕

　　韓非有所取，有所捨，抉擇之間，必以其於法合理否爲考慮範圍，故其有承儒道墨法學之處，亦有相違之處。即如法家之學，專重法、勢、術其一都是不對的，必集中法術勢三者方有可觀。此乃時勢使然，諸子之學時代愈晚，則其融合力愈強，只要不失其原中心思想所在，儘可以吸取於無形有形之中，亦儘可以排斥詆毀其所承襲諸子之學。而此在荀子、韓非思想傳承中尤爲顯然。

第五節　結　語

　　諸子思想皆爲針砭時代弊病而產生。但其學說本身的缺失，正如荀子所說「蔽於一曲，而闇於大理。」其在政治上，或有說而未能實行（儒、道、墨家），或實行成果有待商榷（法、縱橫家），然可肯定者，是諸子對人文社會精神的貢獻，對中國二千多年來政治、社會、經濟產生一啓導式作用。後

〔註16〕關於法家人物，管子、商鞅、愼子、申子等書，其內容似接近戰國末年文字，與荀、韓思想頗類同，（參見王師靜芝所著：國學導讀）故在本文中，爲避免因時代背景與思想內容有所混淆的困擾，除在《史記》、荀、韓二書中所見關於上述諸家思想文字外，餘皆儘量不予採用。

世之各項措施，多不出先秦諸子之理論與實際應用之範圍。吾輩研究諸子思想不僅應了解其本身價值，對其於後世之影響亦須有一認識，方能知其精深所在。

荀子之學說，依據戰國紛爭亂局：君臣上下縱欲越分，失卻周代宗法封建制度之情形而提出。要恢復禮制，必從人性的缺失著手，重師法藉以化人性，這是荀子所強調的。韓非則不然，僅從韓國勢弱著眼，而肯定富國疆國必法治方可。因此，在爲達到此目標的情形之下，君臣上下只有利，沒有所謂的義。

荀韓二子雖有師承關係，雖爲因應時代局勢而衍生出分歧之學術思想，然統一天下之目標則相同。也就是說，二人的訴求，並不在滿足個人的私心欲望，此爲探討其學說時，不可不注意之處。

第二章　荀韓中心思想的轉折

在了解荀、韓二人所處時代的社會變遷及思想形成因素後，本章將從此基點出發，探討荀、韓中心思想的轉折 —— 禮與法觀念演變的過程。

瞿同祖先生以爲：

> 儒家法家都以維持社會秩序爲目的，其分別只在他們對於社會秩序
> 的看法和達到這種理想的方法。〔註1〕

不僅現代學者有此體認，漢代學者早有這種的說法。〔註2〕因而，在此並無意褒貶荀、韓思想的優劣，僅是對於他們的看法，方法取向，分析這些論點在當時的價值和意義。是以，後文將分從荀、韓二人中心思想 —— 禮與法的意義和成因，探尋它們所構成荀學、韓學的思想組織，然後據其理論求得二家說法貫通之處。

第一節　荀子的「禮」

爲探討荀子思想系統的連貫，則必先尋求其思想價值所在。因此，下文即解析何以將禮視爲荀學重心。

〔註 1〕見氏著《中國法律與中國社會》一書中，第六章〈儒家思想與法家思想〉。
〔註 2〕〈太史公自序〉、〈司馬談論六家之要恉〉提到：「易大傳：『天下一致而百慮，同歸而殊塗。』夫陰陽、儒、墨、名、法、道德，此務爲治者也，直所從言之異路，有省不省耳。」《班固‧漢志諸子略》：「諸子十家，其可觀者九家而已。皆起於王道既微，諸侯力政，時君世主，好惡殊方，是以九家之術蠭出並作，各引一端，崇其所善，以此馳說，取合諸侯。其言雖殊，譬猶水火，相滅亦相生也。仁之與義，敬之與和，相反而皆相成也。……今異家者各推所長，窮知究慮，以明其指，雖有蔽短，合其要歸，亦六經之支與流裔。使其人遭明主聖王，得其所折中，皆股肱之材也。」案：百家是否出於六藝，此論題不在本文研討範圍之內，故不多作說明。但言諸子所起皆針對社會動亂，而有所議論，及其匯通相輔相成之處，甚值得深思熟慮。

一、「禮」的成因及意義

　　思想的產生既然須有環境的激發，才能造就而成，這其中即當存在歷史意識。因此，任一思想家必對當代政治制度、社會經濟、教育文化等應具備相當的認識。而荀子既目睹「臣弒其君者有之，子弒其父者有之」的動亂時代，親親長長的封建制度陵夷爲篡奪爭霸的局勢，安土重遷的農業社會轉變成自由交易的商業型態。專屬貴族的知識教育開放與普遍化，使得學術動盪，諸子競以言論理想干祿。荀子在此刻親往齊國稷下，受當時學風薰陶。在如此錯雜的情況下，荀子選擇孔儒的禮以作爲他的主張，一切論議均以此爲中心而推演。〔註3〕

　　對於禮的起源，荀子以爲：

> 禮起於何也？曰：人生而有欲，欲而不得，則不能無求。求而無度量分界，則不能不爭；爭則亂，亂則窮。先王惡其亂也，故制禮義以分之，以養人之欲，給人之求。使欲必不窮於物，物必不屈於欲。
> 兩者相持而長，是禮之所起也。（〈禮論篇〉）

人生而有慾望，對無止盡慾望的追求，使得人與人之間起了衝突。無論是在權力上，或在物質上，慾望不能滿足就必定產生爭亂。因此，荀子認爲人的本性是好利疾惡的，若再順之、縱之，則必生爭奪暴亂。荀子說，唯有靠人爲的善方能矯正之，而此人爲的善即是「師法之化」、「禮義之道」。〔註4〕

　　荀子不承認人的本性是善良的，〔註5〕因爲果若如此，何必有聖人、禮義等產生？自然而然地，人遵循道德行事即可，又爲何須以這些規範來節制人的行爲，使不致流於放失呢？一切社會秩序的紊亂，即因爲人是貪厭無比的，非因禮來「定分止爭」不可，於是荀子提倡以禮作爲動亂病狀的藥石。

　　就物質生活而言：

〔註3〕徐復觀：《中國人性論史》頁二二四：「欲了解荀子的思想，須先了解其經驗地性格。即是他一切的論據，皆立足於感官所能經驗得到的範圍之內。爲感官經驗所不及的，便不寄與以信任。」案：經驗地性格就是包容對以往社會文明一切的認識，即此原因，荀子選擇了儒家思想作爲其準繩。本論點尚可參考余英時〈反智論與中國政治傳統──論儒道法三家政治思想的分野與匯流〉一文，收在《歷史與思想》一書中。

〔註4〕參見〈性惡篇〉。

〔註5〕參見陳大齊：〈孟子性善說與荀子性惡說的不相牴觸〉一文，《孔孟學報》，廿一期。案：陳大齊以爲孟、荀之性實是「同名異實」，一則人的善性，一則人的嗜性。

> 故禮者養也。芻豢稻粱，五味調香，所以養口也；椒蘭芬苾，所以
> 養鼻也；雕琢刻鏤，黼黻文章，所以養目也；鐘鼓管磬，琴瑟竽笙，
> 所以養耳也；疏房檖貌，越席牀第几筵，所以養體也。故禮者養也
> （〈禮論篇〉）

五官的享受是人生的基本慾望，因而禮的功用在於滿足這些生理機能。

就治政理國而言：

> 禮者，治辨之極也，強國之本也，威行之道也，功名之總也，王公
> 由之所以得天下也，不由所以隕社稷也。故堅甲利兵不足以爲勝，
> 高城深池不足以爲固，嚴令繁刑不足以爲威。由其道則行。不由其
> 道則廢。（〈議兵篇〉）

國家並非由於堅甲利兵、穩固城壘、法令繁瑣等來維持強盛的基礎，而是靠著行禮與否來決定存亡、興衰的關鍵。

就社會教育而言：

> 凡用血氣、志意、知慮，由禮則治通，不由禮則勃亂提僈；食飲、
> 衣服、居處、動靜，由禮則和節，不由禮則觸陷生疾；容貌、態度、
> 進退、趨行，由禮則雅，不由禮則夷固、僻違、庸眾而野。故人無
> 禮則不生，世無禮則不成，國家無禮則不寧。（〈修身篇〉。）

個人動靜舉止一切均影響到人際的和諧。由個人而家族、社會、國家，這些環節牽連是否合宜，則必須靠禮以做爲規範。

禮既然具有與人相關一切的調和做用，必定是他的成份中，容涵特殊意義存在，綜觀荀子所言，可從「分」、「中」、「節」三者論述。

在分述三者之前，對荀子的義須先作一解釋。荀子書中每以義、禮義、禮互相通用，實就其本質，功用而言，兩者無甚差別。〈彊國篇〉曰：

> 夫義者，所以限禁人之爲惡與姦者也。……夫義者，內節於人，而
> 外節於萬物者也；上安於主，而下調於民者也；內外上下節者，義
> 之情也。

同樣是針對安撫社會爭亂而發，義是藏諸內心以決定取向，而禮則是將義表現外在行動而已。就孔子禮的意義而言，義是仁的行爲表現，禮是行爲規範。但對荀子的義來說，禮、義幾乎是毫無界線的。〔註6〕

若就「分」而言：人既然有慾望，就必須從人的物質、精神一切給與定

〔註6〕 參見陳大齊：〈荀子所說的義〉，《孔孟學報》，廿一期。

分，使不得踰越爭奪。

> 人何以能群？曰：分。分何以能行？曰：義。故義以分則和，和則
> 一，一則多力，多力則彊，彊則勝物；故宮室可得而居也。故序四
> 時，裁萬物，兼利天下，無它故焉，得之分義也。故人生不能無群，
> 群而無分則爭，爭則亂，亂則離，離則弱，弱則不能勝物；故宮室
> 不可得而居也，不可少頃舍禮義之謂也。（〈王制篇〉）

人之異於草木禽獸，即在於人能知群。群體生活使人能夠生存；在此之下，人獲得飽暖、安全。因爲群體是互助的機構，人非萬能而同時兼顧衣食住行各項配備的生產，必有賴彼此供需始能調和得宜。於是，在群體中，必須各人安守其職務本份，盡到其責任的發揮完全；在個人，又必得彊制其心，固其所該有、所擁有，如此，方不致引起人與人之和諧關係的破壞，社會亦不致引起動亂，國家才不淪於衰落，而這一切安份的與否，即是以禮義爲取否標準。

從「中」的意義來說：

> 先王之道，仁之隆也，比中而行之。曷謂中？曰：禮義是也。（〈儒
> 效篇〉）

> 凡事行，有益於理者，立之；無益於理者，廢之。夫是之謂中事。
> 凡知說，有益於理者，爲之；無益於理者，舍之。夫是之謂中說。

> 事行失中，謂之姦事；知說失中，謂之姦道。姦事、姦道，治世之
> 所棄，而亂世之所從服也。（〈儒效篇〉）

先王所留遺訓，即是中道，即是禮義的原則。而凡是有益於理的，即是中道，即是合乎禮義的一切。換句話說，荀子以益於理否爲判斷準繩；以理即等於是禮而言。故言行從中，一人行理，社會行理，國家必治，反之則亂。因而，禮義包含有「中」的意味。

荀子說義是「內節於人而外節於物者也。」這「節」字便有「限制」的意思。

〈致士篇〉曰：

> 禮者，節之準也。

禮做爲一切節制的準則，不致使一切流於縱矢毫無度量。因而，從經濟上來說：

> 彊本而節用，則天下不能貧；……本荒而用侈，則天不能使之富。（〈天
> 論篇〉）

就修身上而言：

> 凡語治而待去欲者，無以道欲而困於有欲者也。凡語治而待寡欲者，無以節欲而困於多欲者也。……欲雖不可去，求可節也。……欲雖不可去，所求不得，慮者欲節求也。（〈正名篇〉）

人不可能沒有慾望，就內在心裡的激發而言，慾望是無止盡的，任何一切條件、因素，包括法律都無法阻止慾望的產生。然而慾望是可以控制的，而這控制的標準就是以禮為取捨。擴而充之，物質的使用雖能生源不息，但仍需節制不浪費，方不致耗盡本根，富裕無再。

總上所述，荀子的禮乃針對社會環境的變遷而來，有其歷史意識，有其客觀的取決標準。

二、「禮」的實踐

儒家思想的價值，在於以人為中心而發展其理論，荀子思想的結構，也可朝這方向來分析。既然荀子以人性的縱慾導致個人、社會、國家整個的不安，而提出禮以恢復原來秩序。因此，所有癥結病症，就賴禮的理論之施行與配合，而完成其理想的實現。

就社會教育功能而言，個人是社會基層單位，要使社會健全，就必須從個人的教育著手。荀子認為禮是為免除爭執而設，人為善是後天環境所造就而非天性，而這禮亦是聖人積偽而思考後所立的：

> 故聖人之所以同於眾，其不異於眾者，性也；所以異而過眾者，偽也。（〈性惡篇〉）

> 聖人積思慮、習偽故，以生禮義而起法度，然則禮義法度者，是生於聖人之偽，非故生於人之性也。（〈性惡篇〉）

> 古者聖人以人之性惡，以為偏險而不正，悖亂而不治，故為之王君上之執以臨之，明禮義以化之，起法正以浴之，重刑罰以禁之，使天下皆出於浴，合於善也。是聖王之浴而禮義之化也。（〈性惡篇〉）

聖人與常人的差異，即在偽的異而過眾。而既因偽而制禮義、法度，造成後世的混亂，就是因為禮義法度的不彰顯所引起的。因此，荀子強調學的功能，以使了解禮的意義，而實踐於日常生活當中，借以消弭紛爭。

> 學惡乎始？惡乎終？曰：其數則始乎誦經，終乎讀禮：其義則始乎

> 爲士，終乎爲聖人。眞積力久則入。學至乎沒而後止也。故學數有
> 終，若其義則不可須臾舍也。……禮者，法之大分，類之綱紀也。
> 故學至乎禮而止矣。夫謂之謂道德之極。(〈勸學篇〉)

荀子揭示治學的程序，始則以經書爲教，爾後以研議禮義爲繼。他以爲治學的意義、目的，就是成爲聖人。因爲禮是人所有一切行動、規矩的原理，進入了禮的範疇，人格自然道德化而成爲聖人，脫離一般世俗偏險悖亂的環境。於是，荀子以能否踐禮劃分的君子與小人的差別，以警示時人：

> 今人之化師法，積文學，道禮義者爲君子；縱性情，安恣睢，而違
> 禮義者爲小人。(〈性惡篇〉)

教育的功能在勉人爲善，提高人性的自尊，就此而言，荀子重積學的態度，在當時社會是誠屬可貴的。

民生問題是人生存的基本條件，解決人類的需求 —— 飽、暖、安全，是任何一個思想家、政治家所亟思的。一個經濟問題帶動社會、政治、教育等問題的發生與否，因而，荀子提出禮的學說當中，也不忘對經濟問題提出解決辦法。他認爲富國之道首在富民：

> 足國之道，節用裕民，而善臧其餘。節用以禮，欲民以政。彼裕民，
> 故多餘。……不知節用裕民則民貧，民貧則田瘠以穢，田瘠以穢則
> 出實不半；上雖好取侵奪，猶將寡獲也。而或以無禮節用之，則必
> 有貪利糾譑之名，而且有空虛窮乏之實矣。此無他故焉，不知節用
> 裕民也。(〈富國篇〉)

> 輕田野之賦，平關市之征，省商賈之數，罕興力役，無奪農時，如
> 是則國富矣。夫是之謂以政裕民。(〈富國篇〉)

民富則社會繁榮，而民富的基礎則是在對農作之事予以減輕賦稅，不奪農時征人力役；減省商賈的人數，並對市易的稅用，給予優差。在戰國時期，自由交易獲利最大，農人、士人或投入、或兼職，使得對國家的富源 —— 農產棄置不顧。而法家的嚴屬主張是消滅商賈的存在，荀子則是溫和地改革 —— 減少其人數。但對經濟上而言，荀子仍然主張必先鼓勵、保護農業，但對商業卻仍保持其存在的價值。

既富且庶之後，則是教育人民需要的知識，以養成其對社會、國家的共識：

> 不富無以養民情，不教無以理民性。故家五畝宅，百畝田，務其業，

而勿奪其時，所以富之也。立大學、設庠序、修六禮、明七教，所
以道之也。詩曰：「飲之食之，教之誨之。」王事具矣。（〈大略篇〉）

國家內政唯有在富、教二調和並置下，才能有強盛的可能。因而，荀子對當
時諸侯國競逐於以武力征服的天下，提出如此解決之道，頗合時宜。

　　諸子的理想可說是針對君王的施政目標而提出的。荀子對君王建議因禮
治國的政策，以爲：

君者，善群也。群道當，則萬物皆得其宜，六畜皆得其長，群生皆
得其命。故養長時，則六畜育；殺生時，則草木殖；政令時，則百
姓一，賢良服。（〈王制篇〉）

君主總領一國的生死存亡。因而，對人民的安全問題尤須重視，故荀子
對君道下個原則，那便是須先得天時、地利、人和，方足以治理國家。因而，
對財經政策，他認爲：

王者之法：等賦、政事、財萬物，所以養萬民也。田野什一，關市
幾而不征，山林澤梁，以時禁發而不稅。相地而衰政。理道之遠近
而致貢。通流財物粟米，無有滯留，使相歸移也，四海之內若一家。
故近者不隱其能，遠者不疾其勞，無幽閒隱僻之國，莫不趨使而安
樂之。夫是之爲人師。是王者之法也。（〈王制篇〉）

爲政之道，在於賦稅差等、整理民事、均衡萬物，使民生獲得基本的解
決。從而，使貨物貿易流通，以補不足，使民富裕，使近遠處的人民莫不樂
供其趨使。

　　對政治量能分職而授，荀子認爲：

農分田而耕，賈分貨而販，百工分事而勸，士大夫分職而聽，建國
諸侯之君分土而守，三公揔方而議，則天下共己而止矣。出若入若，
天下莫不均平，莫不治辨，是百王之所同，而禮法之大分也。（〈王
霸篇〉）

百工分職而守，士大夫、諸侯、三公各盡其能在職位上，如此，君王僅
恭己正南面，無爲而治即可。荀子以爲此禮法的原則是古今聖王一致所同的，
而此見解亦正對政治分層治施制度的意義，闡述詳悉。

　　禮是構成人一切活動環節的指導原則，禮義設制由來已久。但在荀子所
處「營於巫祝」及爭於地利的戰國時期，禮義隱晦不彰顯。基於人文精神的
重現，荀子認爲唯有提高人的自尊，喚醒人格地位的覺悟，才能撥亂反正。

一切事在人爲，若靠談天志及陰陽五行，是不足以救世的。因而，復禮的主張，由荀子而出，也是構成荀子思想架構的主體。

第二節　韓非的「法」

　　韓非思想在先天上不同於荀子之處，是韓非有國家慮患破蔽的前提。因此，非以強制法的手段去除積弊不可。有春秋戰國以來，實行法治的成功先例，使得韓非堅信唯法能圖強救弱。韓非雖爲先秦最後一位思想家，且兼融各家思想，然其思想的主體，仍是以法爲中心，以法爲主要架構，下文將就此形成之原因作一解釋。

一、「法」的成因及意義

　　韓非思想受到先秦諸子的影響，亦有其經驗性格的特色，以作爲理論依據。〈顯學論〉曰：

> 故孔墨之後，儒分爲八，墨離爲三，取舍相反不同，而皆自謂眞孔、墨；孔、墨不可復生，將誰使定後世之學乎？孔子、墨子，俱道堯、舜，而取捨不同，皆自謂眞堯、舜，堯、舜不復生，將誰使定儒墨之誠乎？虞、夏七百餘歲，殷、周二千餘歲，而不能定儒墨之眞；今乃欲審堯、舜之道於三千歲之前，意者其不可必乎！無參驗而必之者，愚也；弗能必而據之者，誣也。

　　戰國末期，孔墨學徒分立門派，自謂皆傳源孔墨；春秋末期，孔墨俱引堯舜，自謂皆眞堯舜事蹟。但這其中的弊病，就是孔墨後人沒有經驗依據。理想欲付諸於實現，必其理想有過去可靠事實的存在，方能取以爲準；但韓非認爲孔墨的言論，不過幻想遠古聖人，各擇所好取以爲己說而已，在根本上是不能站得住腳的。〔註7〕因而，韓非對己之理論主張，以爲是合乎時勢所需要的：

〔註7〕余英時以爲：「儒家論政，本於其所尊之『道』，而儒家之『道』則是從歷史文化的觀察中提煉出來的。因此在儒家的系統中，『道』要比『政』高一個層次；而儒家批評現實政治時必然要根據往史，其原因也在這裡。」見《歷史與思想》中〈反智論與中國政治傳統——論儒道法三家政治思想的分野與匯流〉一文。案：余氏論點頗能破除韓非言論的缺失。但是，韓非居於史料求證的立場而發論，本身亦有可推崇之處。

> 古人亟於德，中世逐於智，當今爭於力。古者，寡事而備簡，樸陋
> 而不盡，故有珧銚而推車者。古者、人寡而相親，物多而輕利易讓，
> 故有揖讓而傳天下者。然則行揖讓，高慈惠，而道仁厚，皆推政也。
> 處多事之時，用寡事之器，非智者之備也。當大爭之世，而循揖讓
> 之軌，非聖人之治也。（〈八說篇〉）

古今的差異，即在為政者的措施如何來決定。韓非認為「世異則事異」，「事異則備變」〈五蠹篇〉，應付不同的時代需要，政策也應有不同的改變，若尚墨守舊規，一成不變，則不合乎世上所要求，應被時代淘汰。因而，韓非認為治政者欲成為聖人，就必須有一體認：

> 今有構木鑽燧於夏后氏之世者，必為鯀，禹笑矣，有決瀆於殷、周
> 之世者，必為湯，武笑矣、然則今有美堯、舜、禹、湯、武之道於
> 當今之世者，必為新聖笑矣。是以聖人不期循古，不法常行，論世
> 之事，因為之備。（〈五蠹篇〉）

在這種事實的被確認之後。韓非以為，對付韓國以及亂世，非以法不可：

> 故先王以道為常，以法為本。本治者名尊，本亂者名絕。〈飾邪篇〉

道為天道，自然成理的道，這是韓非法的最高原則所在。而治理人民就必須以循天道而制定的法為本，能以法治者，功名昭顯；反之則亂。有此往古的政治教訓後，則聖王是：

> 一民之軌，莫如法。（〈有度篇〉）

韓非舉秦孝公變法圖強為例：

> 古秦之俗，群臣廢法而服私，是以國亂兵弱而主卑。商君說秦孝公
> 以變法易俗，而明公道，賞告姦，因末作而利本事。當此之時，秦
> 民習故俗之有罪可以得免，無功可以得尊顯也，故輕犯新法。於是
> 犯之者。其誅重而必；告之者，其賞厚而信。故姦莫不得，而被刑
> 者眾，民疾怨而眾過日聞。孝公不聽，遂行商君之法，民後知有罪
> 之必誅，而告姦者眾也，故民莫犯，其刑無所加。是以國治而兵強，
> 地廣而主尊。（〈姦劫弒臣篇〉）

秦國自孝公的變法而立秦國於不敗地位，再經過幾代努力，嬴政在位，天下勢必歸屬於秦。因而，有了秦國先例，韓非對法治的功能更具信心，更極力推揚以法為治政之本。

法的效用是在於彊國，而其本身必含有某些特質的存在。就韓非的主張

而言，除了法是「因天道，守成理，法自然」外，更有其意義：

其一，就法的本身來說，它必須具備明確、公平的特性：

> 法者，憲令著於官府，賞罰必於民心，賞存乎慎法，而罰加乎姦令
> 者也。此人臣之所師也。（〈定法篇〉）

> 法者，編著之圖籍，設之於官府，而布之於百姓者也。〈難三篇〉

法制定之後，官府將條文載錄於文籍，然後公布與百姓明曉。爾後，賞罰輕
重完全依法而行。如此，官民有一定規律可循，方不致因私廢公而起爭執。
對於平民如此，對於貴族重臣亦然。韓非舉例以明：

> 荊莊王有茅門之法，曰：「諸臣大夫諸公子入朝，馬蹄踐霤者，廷理
> 斬其輈，戮其御。」於是太子入朝，馬蹄踐霤，廷理斬其輈，戮其
> 御。太子怒，入爲王泣曰：「爲我誅戮廷理！」王曰：「法者，所以
> 敬宗廟、尊社稷；故能立法從令，尊敬社稷者，社稷之臣也，焉可
> 誅也？夫犯法廢令，不尊敬社稷者，是臣乘君，下尚校也。臣乘君，
> 則主失威；下尚校，則上位危。威失位危，社稷不守，吾將何以遺
> 子孫！」於是太子乃還走，避舍露宿三日，北面再拜請死罪。（〈外
> 儲說右上篇〉）

法欲威嚴，則必須上下同守此一規律條文方可，而韓非的法，正有此積極強
迫性。

其二，天道有其不變性，然世治則須因時而變通，韓非亦因此而主張法
的權宜特性：

> 法與時轉則治，治與世宜則有功。……時移而法不易者亂，世變而
> 禁不變者削。故聖人之治民也，法與時移，而禁與世變。（〈心度篇〉）

這項論點正同於韓非爲何主張法的原因；民智純樸，無有爭執，可以用仁治
世。人倫制度發生動亂時，就必須用禮來規畫秩序的重建。但到了天下皆漠
視仁義，競以武力鬥強時，法是唯一治理內政，強化外交的後盾。而這法也
非僅守先生之法，乃是因時，因地、因人而制宜的。針對局勢的需要，去除
煩苛不適用於國家人民的法，而補充以合於生存需求的法。在這取捨之間，
韓非將自己的理論賦予新的意義，即是法有「權宜性」，可隨時變通。

先秦法家人物有理論者如申、愼，有實踐者如商鞅。但其對法的意義，
並未如韓非有如此詳悉的論證，這可說是韓非雖有所承，但其所創的在法學
上亦頗有貢獻。

二、「法」的實踐

韓非思想實統合先秦諸家論法、行法者的一切而成。今分析其思想內容，不外以法含攝術、勢、君德。〔註8〕但這些論點（術、勢、君德）皆是從君王治御立場發言，故未能見其思想價值所在。想要得到韓學精深之處，仍必須從法的結構意義來看。

從政治制度來說，法的功能是要求君臣上下一致遵守法的尊嚴，並以法消除重人佞臣，以及所謂智識、遊俠之徒：

> 聖王之立法也，其賞足以勸善，其威足以勝暴，其備足以完法。（〈守道篇〉）

聖王所立的法，是賞善禁姦的，是足以應付各種情況發生時所需求的。因而，若是聖王本身不守法令，則威嚴容易喪失，暴亂遂由此而生：

> 人主離法失人，則免於伯夷不妄取，而不免於田成盜跖之禍也。今天下無一伯夷，而姦人不絕世，故立法，度量。度量信，則伯夷不失是，而盜跖不得非。法分明，則賢不得奪不肖，強不得侵弱，眾不得暴眾。（〈守道篇〉）

以法分明則各人安守其有，不得相踰越。但韓非處的時代是一個下僭上的社會。因而，韓非直指這些欺上瞞下的人臣（韓非稱之為重人），必繩之以法方可：

> 重人也者，無令而擅為，虧法以利私，耗國以便家，方能得其君，此所謂重人也。（〈孤憤篇〉）

重人的產生，完全是由於君臣之利的不同而來：

> 臣主之利，與相異者也，何以明之哉？曰：主利在有能而任官，臣利在無能而得事；主利在有勞而爵祿，臣利在無功而富貴；主利在豪傑使能，臣利在朋黨用私。是以國地削而私家富，主上卑而大臣重。（〈孤憤篇〉）

因而：

> 明主之國，有貴臣，無重臣。……遷官襲級，官爵授功，故有貴臣。

〔註8〕「君德」一辭是為王師靜芝取《韓非子‧安危篇》：「明主之道忠法，其法忠心。故臨之以法，去之而思。堯無膠漆之約而道行，舜無置錐之地於後世而德結。能立道於往古，而垂德於後世者謂之明主。」而抽取「德」字合於明主之道，以這一部份探討法治中「人」的重要地位。詳見所著《韓非思想體系》頁二一七。

言不度行，而有僞必誅，故無重臣也。(〈八說篇〉)

法得以節制姦人使不得爲非，是法須爲君臣上下一致均守方可。而對於任人用事，韓非以爲：

故明主使法擇人，不自舉也；使法量功，不自度也。能者不能弊，敗者不能飾，譽者不能進，非者弗能退，則君臣之間明辯而易治，故主讎法則可也。(〈有度篇〉)

因而，君王若能以法爲取士的客觀標準，而不憑己意，則國家必能致於富強，法的功用即在於此顯現。

就社會而言，韓非認爲必須要有富裕的經濟作後盾。愈多的農戰之士，才能造就社會的安定，促成國家的富強。而推動經濟、趨民於農戰，得由法的賞罰以強制實施此項政策：

今人主之於言也，說其辯，而不求其當焉；其於行也，美其聲，而不責其功焉。……故舉先王，言仁義者盈廷，而政不免於亂。行身者，疑於爲高而不合於功，故智士退處巖穴，歸祿不受，而兵不免弱。……民之所譽，上之所禮，亂國之術也。(〈五蠹篇〉)

遊說之士務爲言辯，不切實際政治需要，但卻爲民趨之，此理由無它，君王所好而已。但韓非認爲這些人是無益於國家的，理由是：

言耕者眾，執耒者寡。

言戰者多，被甲者少也。(〈五蠹篇〉)

如此一來，功爵懲罰失去憑藉，國家乃因而衰亂。

而對商賈遊食之民，韓非亦有同樣的看法：

夫明王治國之政，使其商工遊食之民少而名卑，以趣本務而外末作。今世近習之請行，則官爵可買；官爵可買，則商工不卑也矣。姦財貨賈得用於市，則商人不少矣。聚斂倍農，而致尊過耕戰之士，則耿介之士寡，而商賈之民多矣。(〈五蠹篇〉)

春秋以來，人民不再受制於田井生產，農田可以交易買賣，使得農人的數目減少，其他行業的人數增加。在這許多行業中，商人是獲利最多的，從買賣過程中，賺取最大利益，因而導致剝削農民血汗，進而使農民數目減小，皆趨作商賈。對國家而言，能夠生產增裕民生物質來源：能夠捍衛國家，陣前衝鋒力戰不顧生死者，才是有用之民；不力事於生產，而爭鬥於沙場，都是國家蠹蟲。韓非有此強烈的「耕戰意識」，當然是基於國家利益的觀點而言，

而對此解決辦法，韓非認爲：

> 故明主用其力，不聽其言；賞其功，必禁無用。故民盡死力以從其
> 上。夫耕之用力也勞，而民爲之者，曰：可得以富也。戰之爲事也
> 危，而民爲之者，曰：可得以貴也。（〈五蠹篇〉）

賞有功、有勞者，禁言談無用者，這一標準當然是依法爲準的。從法而造成
國家的彊力。韓非以一段話勾勒出在法治下，社會的現況究竟是如何的：

> 而聖人者，審於是非之實，察於治亂之情也。故其治國也，正明法，
> 陳嚴刑，將以救群生之亂，去天下之禍，使強不陵弱，眾不暴寡，
> 耆老得遂，幼孤得長，邊境不侵，君臣相親，父子相保，而無死亡
> 繫虜之患，此亦功之至厚者也。（〈姦劫弒臣篇〉）

　　聖人有法爲據，使社會各得親其所親，各歸其分，國家有此法治社會作
爲保障，當然就沒有外敵侵擾之憂。這是韓非對法的功用，造成安定社會的
一種期許，也是一種目標。

第三節　荀「禮」與韓「法」的關係及其時代意義

　　禮以節人，法以制人，這是現代對禮、法的解釋。一般而言，禮有道德
良心的限制作用，法有實際強力禁姦功能，兩者之間的差異，在於是否訴諸
於文字上的規定。事實上，禮與法的成因各別不同，當時自有其存在的歷史
意義。而從這意義所強調的行爲模式，禮則是出於自發性的意義，它的根據
是傳統的、畏懼的，具有因時、地、人的不同，但有其自律性；而法則是出
於外圍超越與否的意識，它的源起也是傳統的、畏懼的，亦同樣有因時、地、
人的不同，但法是他律性的，須由強迫性的規文加以制裁。在同一時空之下，
人有可能突破禮的拘束，但卻不能破壞法的尊嚴。因此，侵犯到禮，是否受
到責罰，就得隨生活環境的取向決定，但若犯法，那必得受到公眾的取向——
——法律的懲罰。

　　本節中，將從禮、法的起源，探尋兩者之關係，進而探討荀禮、韓法在
意義上的貫通。

　　中國自遠古就存在著信仰，它的對象包括自然的一切動態、鬼神、祖先
等等。由信仰所產生的，即是祭祀的問題，透過祭祀的儀式，人與天、帝溝
通，祈求降福祉袪災禍。在傳統古籍，書經、詩經等的記載中，可找到它的

確實證據：

> 天降喪亂。(《詩經·大雅桑柔》)

> 天命誅之。(《書經·牧誓》)

天有懲誡權威，但天賜予人的，亦有善德：

> 天生烝民，有物有則，民之秉彝，好是懿德。(《詩經·大雅烝民》)

人若要與天相接，須經天的代理人——天子，代表萬民祭祀天，由此天子替天行道，賞善懲惡。若是天子偏離天的旨意，悖反天德，如此天可以「改厥元子」《書經·召誥》，更換其代理人。從這角度來看，天、天子、與人民的關係，在民智未開時，即因自然變化的現象，產生畏懼、崇仰的心理，進而行祭祀儀式而來。殷商以前如此，但自周代以後，卻有另一種新的意識產生，擴而充之，人們的生活皆與之息息相聯。〔註9〕

日人加藤常賢對這種新的意識的看法是：

> 那是在古代，禮就是儀禮的意思，而由來實行這個儀禮，就擔任了後世的法律、政治、道德、宗教等等的角色。所以禮不外是實行禮儀，若對社會而言，就具有像今天的法律、政治、道德、宗教、經濟等綜合了所有的社會的效用之力量來規正社會的。也就是說，不分成各科目的綜合的文化。這個未分化的「本體」就叫做禮了。〔註10〕

從這個對禮的詮釋觀察，正大略描繪周代禮的意義輪廓。

周人代商而有天下，它所持的理由是：

> 今商王受，弗敬上天，降災下民，……商罪貫盈，天命誅之。

> (《書經·泰誓上》)

既然是秉承天命，當然就有理由召集「友邦冢君」伐商。但在取得天下之後，由於商遺民勢力範圍仍大，於是在武王即位，周公佐政時，便行分封功臣，將宗室徧布領域，以藩衛周京。成王年少繼位，周公攝政，因「周之官政未次序」《史記·魯周公世家》，於是作《周官》《周禮》。從周禮在往後顯發的

〔註 9〕 本段可參考李杜《中西哲學思想中的天道與上帝》一書。惟本文對天、帝二字在文字學上意義關係不大，所以未列入討論範圍。而對書經的真偽問題，王師靜芝認為：「今傳偽古文本，雖真假合為一部，而思想卻是一貫的，完全是儒家思想。」《經學通論·第三篇·書》案：今本雖是編造而成，但仍須根據舊籍蒐輯，而符孔子用意，可能與書經原傳本稍有不含，而不失其研究價值，故本文仍引用為佐證資料。

〔註10〕 日人加藤常賢〈正統的思想〉一文，收在《中國思想史》一書中，蔡懋棠譯。

意義來看，不僅在人與天的祭祀這一單純層面而已；經由天人之際，人與人相關係生活的一切動態，亦必依循原則來遵守，此原則即是周公賦予禮的新意義，而不僅是祭祀上的形文儀式而已。

當然，後人所能了解禮的，是就理論上的意義而言，禮的實際行動的原始意義，在隔了二千多年的現代，或許不能眞正體會出它的內涵，在有這項的認識之後，必須就最接近的資料，尋找禮轉變的本義。

孔子是春秋末的大儒。對於禮，他說：

夏禮，吾能言之：杞不足徵也。殷禮，吾能言之；宋不足徵也，文獻不足故也。足，則吾能徵之矣。（《論語·八佾篇》）

夏、殷的禮，因爲文冊記載不詳，或因無能行舊禮的遺賢，因而無法說出它本來的面貌，但是：

殷因於夏禮，所損益可知也；周因於殷禮，所損益可知也。

（《論語·八佾篇》）

歷史的變遷，自有其因果關係可知其脈絡。禮在各個時代擔任的角色，也不一樣，但是，從種種的跡象顯示，它對前代的一切，均有所承襲或改革；也就是說，同樣的禮字，即有不同的內容。這個差異，也就是因爲在時空轉變下，人的智慧更進一步的認識禮本身的涵義，進而對禮有新的解釋與看法。

就春秋時期來說，《左傳》上記載：

禮，經國家、定社稷、序民人、利後嗣者也。（隱公十一年）

禮，國之幹也。（莊公廿三年）

禮，上下之紀，天地之經緯也，民之所以生也。（昭公廿五年）

禮可以爲國也久矣，與天地並。（昭公廿六年）

可見禮所包含的政治制度、定次倫理、經濟社會，無一不與人的生活有關。它蘊含了實質意義，透過此意義，人與天能夠相契合。於是天子所祈求的國祚長順、民利厚生，都經由禮的實踐來運作禮的規範，借以達到與天地並生的目的。

但到了社會的大變革時，這一切規範漸失去所蘊含的積極道德意義，所有的僅是外在的形式而已，是以孔子不免歎道：

人而不仁，如禮何？（《論語·八佾篇》）

子貢欲去告朔之餼羊。子曰：「賜也，爾愛其羊，我愛其禮。」（《論

語‧八佾篇》)

人若沒有人的德性，祇注重虛文的禮的儀節，根本上是毫無價值的。

戰國時代，局勢的動盪比之春秋更加劇烈。繼孔子之後，儒者孟子提出性善說，欲以收復亂世人心的低沈。他將性善統攝禮的一切：

> 惻隱之心，人皆有之。善惡之心，人皆有之。恭敬之心，人皆有之。是非之心，人皆有之。惻隱之心，仁也。羞惡之心，義也。恭敬之心，禮也。是非之心，智也。仁義禮智，非由外鑠我也，我固有之也，弗思耳也。(《孟子‧告子上》)

禮在本善之性中的地位是原有的，無須靠外界的加以強調、雕塑。若從這點來解釋，可說禮所求的是發自內心的恭敬表達，而非僅是外在形式的舉止。惜孟子對禮的意義未有更進一步的闡述，這工作就有賴荀子來完成了。

荀子的禮有一特色，即是摒除人與天相交際的關係，而獨立禮在人的絕對重要地位：

> 請問為人君？曰：以禮分施，均徧而不偏。請問人臣？曰：以禮待君，忠順而不懈。請問為人父？曰：寬惠而有禮。請問為人子？曰：敬愛而致文。請問為人兄？曰：慈愛而見友。請問為人弟？曰：敬詘而不苟。請問為人夫？曰：致功而不流，致臨而有辨。請問為人妻？曰：夫有禮則柔從聽侍，夫無禮則恐懼而自竦也。此道也，偏立而亂，俱立而治，其足以稽矣。(〈君道篇〉)

君臣、父子、兄弟、夫妻是禮最基本實踐的範圍。惟有貫徹禮的施行，方能使國家洽治。為何禮給與人的地位，似乎是比敬天崇鬼神來的重要？荀子認為：

> 天地者，生之始也；禮義者，治之始也；君子者，禮義之始也，……故天地生君子，君子理天地；君子者，天地之參也，萬物之摠也，民之父母也。無君子，則天地不理，禮義無統，上無君師，下無父子，夫是之謂至亂。君臣、父子、兄弟、夫婦，始則終，終則始，與天地同理，與萬世同久，夫是之謂大本。故喪祭、朝聘、師旅一也；貴賤、殺生、與奪一也；君君、臣臣、父父、子子、兄兄、弟弟一也；農農、士士、工工、商商一也。(〈王制篇〉)

天地生育萬物，而人為至靈。為治理人的秩序，於是有禮義的產生，禮義由人制發，對象亦在於人。人與人的關係，構成社會的活動力，社會間每一環節皆置於禮義的涵蓋之下，因而禮義之行使雖有各等差異的不同，但其義仍不變；

喪祭儀文不同，其義則一；貴賤分位不同，其義則一。要之社會上每一份子，也只要在各自職位上盡力，就是達到分的要求。而禮的展現亦在於此。

從祭祀儀式的節制到政治、經濟、社會、文化均籠括的禮，這一發展的過程來看，它最重要的，是提升人在自然天地間的地位。透過禮的實踐，人找到了人的規律，由它，人發揮了人之所以為人的本能。

法的觀念的起源當在戰國時期。從遠古到春秋，中國有刑的措施，但比之於法，刑失卻了公平性，並且，它是掌握在少數政治者手中，而非以公眾制裁的力量行使賞罰。〔註11〕因而，認識刑並不等於知道法，刑並不完全具有法的特色。

戰國時期韓法的意義特色，可做為先秦刑、法之分辨；韓非所說的法具有公平性、明確性，在探討法的演變過程，亦應先從刑的認識說起。

《漢書‧刑法志》說：

> 書云：天秩有禮，天討有罪，故聖人因天秩而制王禮，因天討而制五刑。大刑用甲兵，其次用斧鉞，中刑用刀鋸，其次用鑽鑿，薄刑用鞭朴，大者陳諸原野，小者致之市朝，其所由來者上矣。

聖人依自然之理安排禮的節度，對違反的人，採用五刑予以裁罰。而這種甲、兵、斧、鉞是動用武力施予重罪者的懲罰，刀、鋸、鑽、鑿、鞭、朴是施行在犯罪輕微者身上，類似後來的墨刑、劓刑、刖刑、宮刑等，刑的標準，是以破壞群體生活的秩序嚴重與否為輕重。

在遠古國家體制尚未確立之前，統一的部落共主，所採取強制性懲罰不服從氏族、或同氏族之人，即是依此方式。《書經》中有：

> 象以典刑，流宥五刑、鞭作官刑、朴作教刑、金作贖刑，眚災肆赦，怙終賊刑。（〈舜典〉）

正可以看出這時期刑罰的類別，及各涵之義理。

周代建國，周公制禮作樂，後人說這時期是：

> 禮不下庶人，刑不上大夫。（《禮記‧曲禮上篇》）

據此推測，刑罰的對象是士大夫以下的一般平民、奴隸階級，而其施罰的程

〔註11〕胡適以為要講法的哲學，有幾件須要先認清：一是不可抱刑罰與法混作一事，刑罰是自古即有，而法的觀念是戰國末年才發生的。二是中國古代成文的公布法是經過許多反對，才漸漸產生的。三是古代雖有刑律，公布的刑書，但古代哲學家對於用刑罰治國，大都有懷疑的心，見氏著《中國古代哲學史》中第三部〈古代哲學的終局〉。

度，完全是操縱在爲政者的取擇，並沒有一定的準繩。

春秋以來，由於社會的變遷，貴族勢力的淪落，新興平民階級的擡頭，使得爲政者不得不對這一轉向有新的對策。鄭國子產在魯昭公六年三月，首先公佈了刑書，它的目的，是在打破貴族或有權者操縱「行刑權」，使得貴族與平民在受法令保護上，處於同樣地位。昭公二十九年，晉國鑄范宣子刑書於鼎，亦有同樣地作用。

戰國時期，諸侯力圖稱霸，在法令制度上，先有吳起的「明法審令，捐不急之官，廢公族疏遠者，以撫養戰鬥之士。要在疆兵，破馳說之言縱橫者。」（《史記・孫吳列傳》）繼之則有商鞅的法政，使「秦民大說，道不拾遺，山無盜賊，家給人足。民勇於公戰，怯於私鬥，鄉邑大治。」（《史記・商君列傳》）而在理論上，則有稷下學者申子論術，愼到論勢，強調國君必須取得勢位的統御絕對權，以及用權謀技巧陰控臣下。

刑由遠古部落的懲罰方式，轉移到春秋戰國時期法的實踐與理論的成立，在法學上是一重要成就。而由刑到法的轉變原因，不外是由於社會的大變動，經濟型態由農業更迭成商業主宰的情況下，平民的富裕、貴族靡爛頹落，加上諸侯紛紛欲爭取稱王的局面，於是，爲政者向平民取得好感的辦法，就是將原先「秘密」的刑罰公布，取信於民。但是，反對者卻認爲刑罰的公布，只使得「民知爭端矣，將棄體禮而徵於書，錐刀之末，將盡爭之。」（左傳昭公六年叔向語）因爲條文愈列，漏洞愈多，民將爭於現實利益而已，對於以往禮樂之教不復重視。

就人的平等地位而言，刑的公布具有普遍性的意義，畫分貴族重臣與平民的界線，從此泯沒。由先秦典籍中可知，當時諸侯力圖稱霸的阻力，在於王室的貴族勢力過於強逼。無論是鄭國、晉國，或後來的吳起、商鞅，他們所採取的措施，都是具有向貴族挑戰的意味，一方面可說是求得人民的信任，轉而支持國家的富強政策；一方面亦維護刑、法的尊嚴，以便奠立國家永久的基業。因此，就時勢的趨向而言，實施刑、法已是不可避免，在亂世猶欲再以仁義說挽救衰國是不可爲的。

刑經明令後，已有法的雛型。爾後吳起、商鞅的實際以法疆國例子，加上申、愼等理論，促成韓非集大成的法學理論。

就勢而言，韓非主張：

> 萬乘之王，千乘之君，所以制天下而征諸侯者，以其威勢也。威勢

者，人主之筋力也。今大臣得威，左右擅勢，是人主失力；人主失力，而能有國者，千無一人。（〈人主篇〉）

在術的方面，韓非則以爲：

道在不可見，用在不可知。虛靜無事，以闇見疵。見而不見，聞而不聞，知而不知。知其言以往，勿變勿更，以參合閱焉。……函其跡，匿其端，下不能原。去其智，絕其能，下不能意。保吾所以往而稽同之，謹執其柄而固握之。絕其望，破其意，毋使人欲之。（〈主道篇〉）

勢是聖人制勝之資，發號施令的憑籍，能掌握勢位方有權力以指使臣民。術是聖王「不可見」的政治技巧，靈活地運用以制臣下，不使得知聖王的政策取向，是避免讓臣下僭上篡位的治方。韓非雖堅信術、勢是不可一缺的，但他更認爲法才是眞正富國彊國的寶典：

聖人之治也，審於法禁，法禁明則官治；必於賞罰，賞罰不阿則民用。民用官治則國富，國富則兵強，而霸王之業成矣。（〈六反篇〉）

法的理論到了韓非才算完成，縱使韓非的法挾雜勢術二論，但其在法的意義上、目標上，確實遠超過以往學者的氣度、胸襟，雖然徒有理論沒有實際效果以驗證，但已足以確立韓學在諸子學術上的地位了。

綜觀之，大刑以兵力作爲執行後盾，小刑則僅實行個人身上，以爲懲誡，其由來可推至遠古部落時期。而禮則是由祭祀儀式轉而社會上的人倫一切儀節。禮與刑的相合，自古已有，但可從周代制禮作樂以說明，因禮的精神而有制度，於是犯此制度的人，在士大夫以上則以禮裁制之，在庶民則繩之以刑。春秋以來，刑的施行因社會的動盪，逐漸爲人們重視，因爲那是與人們切身相關的問題，而禮則相反。待刑公布後，刑才漸轉成法。在荀、韓以前，禮、刑、法的概況就是如此。

在了解禮、法的歷史流變後，據此探尋荀子之禮，韓非子之法在思想上是否能夠相繫連。

韓非對禮的解釋是：

禮者，所以貌情也，群義之文章也，君臣父子之交也，貴賤賢不肖之所以別也。（〈解老篇〉）

但是，在社會人情變換無定的情況下：

眾人之爲禮也，人應則輕歡，不應則責怨。（〈解老篇〉）

禮實質上的意義淪爲形式的應對，使得人心虛浮，群和關係隨之破裂，遂造
成上下易位，秩序動亂。對禮所產生的流弊，韓非提出了批駁：

> 天下皆以孝悌忠順之道爲是也，而莫知察孝悌忠順之道而審行之，
> 是以天下亂。皆以堯舜之道爲是而法之，是以有弒君，有曲父。堯、
> 舜、湯、武或反君臣之義，亂後世之教者也。堯爲人君，而君其臣；
> 舜爲人臣，而臣其君；湯武爲人臣，而弒其主，刑其尸；而天下譽
> 之。此天下所以至今不治者也。（〈忠孝篇〉）

這種論點，完全是針對儒者提倡仁義說而言。韓非以證驗觀點指責儒家學說
沒有根據，尤其是儒學末流弟子分歧，皆自謂眞孔學所造成眾說紛紜，引起
韓非以法爲中心的學說所排斥，因而強烈反對國君禮遇這些迂儒。〔註12〕就
此而言，韓非頗能認識禮所造成社會和諧的功用，及動亂的弊端。然其反對
禮的理由，又未免失於偏見。

荀子對法的看法，是次於禮的地位：

> 人君者，隆禮尊賢而王，重法愛民而霸，好利多詐而危，權謀傾覆
> 幽險而亡。（〈彊國篇〉）

由此推論，荀子對當時諸侯重法圖霸的政治取向，並未予以否定，而是以法
的更上層次禮的境界，作爲他的理想，作爲喚醒世人重歸治平社會的依據。
〔註13〕而荀子的禮既然是以人爲中心，因此認爲人治當勝於法治的功效：

> 法者，治之端也；君子者，法之原也。故有君子，則法雖省，足以
> 徧矣；無君子，則法雖具，失先後之施，不能應事之變，足以亂矣。
> （〈君道篇〉）

無君子，何以單施法即足以產生弊端？這是因爲：

> 不知法知義，而正法之數者，雖博臨事必亂。（〈君道篇〉）

義理含蘊於法條文當中，若不懂法背後的涵義，僅就條文判斷，縱使是知識
淵博的人，面臨事情時，必爲條文之繁瑣而起爭執，如此一來，無法勝於有
法。因此，基於法的功用不能達到如禮一樣的深植人心，荀子依然主張禮、
以禮治國。〔註14〕

〔註12〕 詳見《韓非子·顯學篇》，並本文第三章第四節。
〔註13〕 荀子對王霸的說明，可另參閱〈王霸篇〉、〈王制篇〉，並此觀點於本文第四章
第二節中討論。
〔註14〕 荀子書中有關禮法運用，此應釋爲「禮之法度」而言，與刑、法不具關聯。
性惡篇：「禮義生而制法度。」禮義乃爲其精神，法度爲其具體設施，唯精神

綜觀之，韓非乃一絕對主張以法治國的思想家，除法治理論與效用外，絕不容許他家思想的存在。而荀子卻頗能針對時代的需求而承認法的功效。但在荀子心中，欲導社會進入安康和樂，仍須從重人治秩序的禮著手方向。從意義上、功用上來說，荀子的禮與韓非的法，同是爲富國彊國而提出理論，但在禮與法的本質上，兩者仍存有很大的差別。

第四節 結 語

> 子曰：「道之以政，齊之以刑，民免而無恥。道之以德，齊之以禮，有恥且格。」（《論語・爲政篇》）

禮是循循善誘人進入高層次的生活環境中，在禮的陶冶下，人有道德心、廉恥心，使知如何者當爲，何者不該爲。因而，即使是在犯錯的情況下，亦因禮的內勸而有改過從善之意，是在禮的普遍化下，人是沒有所謂的「寡廉鮮恥」的。刑則不然，在刑罰的淫威之下，人只求避免過錯而已，即使是鑽刑罰的漏洞求得富利，人依然爲之。因此，在刑的責求方面，人甚不知何者爲「禮義之道」。

孔子有此感歎，荀子亦然。故知往而開來，以提攜人類禮義之心爲己志，縱使是知其不可爲之，但時代的使命感促其以「復禮」理論，救混亂的天下局勢。於此可見荀子思想可貴之處。韓非對時代的需求，主張以法爲本，頗能切合實際的弊病，然能使法卻除眼前弊端，而不能累長久遠久的計程，這是韓非的思想缺陷。

荀子的禮爲上、法次之，而王天下以禮，霸天下以法的思想，惜乎不受亂世君主重視，否則其可爲造乎時勢之偉人。但韓非之堅決主張法以王天下者，使二人雖有師承關係，仍是屹立兩峰，禮、法各分其途。

與設施相合，禮的意義才能彰顯。

第三章　荀韓思想的開合

荀子與韓非的中心思想——禮、法，在基本上有其根源性的差異，但因同為是代環境變遷的要求而產生，荀、韓兩家思想仍存在著相關的意義。透過相關意義的探討，將更能了解荀、韓思想在中國政治思想流變中的重要地位。

第一節　辨名份 〔註1〕

荀學是以禮為中心思想，其理論均係環繞此一核心而來。荀子言分，它的意義即統攝於禮的意義當中。〔註2〕

人是群居的動物，但在團體當中，若不使各人有所操持，發揮其才能，使自我得以滿足，則易流於爭暴，因而荀子說：「故無分者，人之大害也；有分者，天下之大利也。」〈富國篇〉分位的界定，不是使人類有階級的不平等，而是使人人得盡其專長，分工合作，使生活上無論精神或物質的需求均不虞匱乏。〈富國篇〉曰：

> 兼足天下之道在明分：掩地表畝，刺屮殖穀，多糞肥田，是農夫眾庶之事也。守時力民，進事長功，和齊百姓，使人不偷，是將率之事也。高者不旱，下者不水，寒暑和節，而五穀以時孰，是天之事也。若夫兼而覆之，兼而愛之，兼而制之，歲雖凶敗水旱，使百姓無凍餒之患，則是聖君賢相之事也。

〔註1〕荀、韓二書中對辨、辯二字，常是互相通用。例如荀書〈非相篇〉：「辨莫大於分，分莫大於禮。」韓書〈揚權篇〉：「故審名以定位，明分以辯類。」辨、辯二字之意義皆相同。

〔註2〕參閱本文第二章第一節。

農人盡其農事，官吏責其事功，天地使其四時和順，聖君賢相使民無患，分層敍位，富國之道即在於明此大分。故荀子進一步敍此論點曰：

> 故仁人在上，則農以力盡田，賈以察盡財，百工以巧盡器械，士大夫以上至於公侯，莫不能仁厚知能盡官職。夫是之謂至平。(〈榮辱篇〉)

從另一角度來說：

> 古者先王分割而等異之也，故使或美，或惡，或厚，或薄，或佚樂，或劬勞，非特以爲淫泰夸麗之聲，將以明仁之文，通仁之順也。故爲之雕琢、刻鏤、黼黻文章，使足以辨貴賤而已，不求其觀；爲之鐘鼓、管磬、琴瑟、竽笙，使足以辨吉凶、合歡、定和而已，不求其餘；爲之宮室、臺榭，使足以避燥溼、養德、辨輕重而已，不求其外。(〈富國篇〉)

分的意義在別，別是爲人倫定序次位，爾後方有條理，不致引起動亂。所以，分是爲明倫貴賤尊卑，而非在炫耀奢逸夸麗；衣服器皿的等差，不在於美觀而在明分；樂音的協奏，目的在辨吉凶之禮，合眾人之歡，定情性之和而已，非在於音樂；宮室臺榭之居處，是在避免燥溼，蘊養德性，分辨尊卑而已，非有其它用意。由此可知，分是使萬事萬物有所依歸。故荀子總括一句曰：「君君、臣臣、父父、子子、兄兄、弟弟一也；農農、士士、工工、商商一也。」〈王制篇〉君應具體爲君之道，臣應有爲臣之義，凡此類推，天下之分皆定，人各盡其守，此爲禮義之功效所在。

分的意義是個人持其所應有、所擁有，從另一個意義來說，也可稱之爲名，名分合一，即是實際與名稱的符合。荀子解釋這一關係：

> 故知者爲之分別制名以指實，上以明貴賤，下以辨同異。貴賤明，同異別，如是則志無不喻之患，事無困廢之禍，此所謂有名也。(〈正名篇〉)

一名與一實相符，其功用在於明分人際關係之不同，使不致於相混淆，引起社會動亂。禮之意義及發展，可說是基於名分而來，名分已定，欲亂即止。

韓非亦言分，然其分是就法的利益範圍而言：

> 或曰：臣主之施，分也。臣能奪君者，以得相踦也。故非其分而取者，眾之所奪也；辭其分而取者，民之所予也。……今未有其所以得，而行其所以處，是倒義而逆德也。倒義，則事之所以敗也；逆

德，則怨之所以聚也，敗亡之不察何也！（〈難四篇〉）

人主與臣屬之間必有分際，而臣子篡奪君位之事的發生，是由君臣界線相踰越而來。於是，臣可奪，民亦可效之，天下乃大亂。所以，制止為臣者亂法，必須賦予其能力所能擔負之責，並考量其是否盡職，以為實行賞罰之標準：

> 人主將欲禁姦，則審合形名；形名者，言與事也。為人臣者陳而言，
> 君以其言授之事，專以其事責其功。功當其事，事當其言，則賞；
> 功不當其事，事不當其言，則罰。（〈二柄篇〉）〔註3〕

而分的理解應用，又不僅在於君臣之際的要求。同時有區別明曉的涵義：

> 故治亂之理，宜務分刑賞為急。治國者莫不有法，然而有存有亡。
> 亡者，其制刑賞不分也。治國者其刑賞莫不有分。有持異以為分，
> 不可謂分。至於察君之分，獨分也。是以其民重法而畏禁。願毋抵
> 罪而不敢胥賞。故曰：不待賞而民從事矣。（〈制分篇〉）

法能明分賞罰，則權限有依據，民但順此而行，不再有犯禁作暴之事，於是有治國。這是韓非對分的認識，由分進而法，層層相繫者密切的關係。

然而，在韓非思想中，名與分的意義界定並不十分明確，幾乎可以說兩者毫無差異：

> 故審名以定位，明分以辯類。（〈揚攉篇〉）

定位即是辨類，人安其位，物歸其類，使不籠統，萬物才能各自立足於天地間，發展其生命的光輝。而這一切基礎，則必須建立在「審名」、「明分」，能因名而定分，並求名實相一，使分層負責，層層相因治成一法的系統。對名實相符，分位明晰的嚴格責求，是確立法的絕對獨立性，君主了解此一原則，在運用法的效力上，便可據此理論而要求並展現其實際成果：

> 君臣不同道，下以名禱，君操其名，臣效其形，形名參同，上下和
> 調。（〈揚攉篇〉）

政治功能的完備，便在「形名參同，上下和調」中，達到其至治的目標。

名的定分應當是完成於禮制度的確立之後。由名、分的別異所產生的影響，乃是一種深植人心，潛移默化的歸正作用，但當這種作用遭到破壞之後，它的後果即如孔子所言：

> 名不正則言不順，言不順則事不成，事不成則禮樂不興，禮樂不興

〔註3〕 形名、古刑、形通用。陳啟天《韓非子校釋》於此條注中引陶小石《讀韓非
子札記》，：「其文云：人主將欲禁姦，則審合刑名，刑名者，名與事也。」

則刑罰不中，刑罰不中則民無所措手足。(《論語‧子路篇》)

名義不正，則理不直，言不順，而事無法成功，事無法成功，教化無法深入民心，自然刑罰濫施，使民不能自安。

這就是名、分在政治上的功能而言。迨及墨子則以名爲推理於事物的論辯，講求邏輯思維的原則，惠施、公孫龍繼之。而到荀子因受其師承儒家性格及墨、名家辯學的影響，於是在其禮學的統攝下，亦強調名、分，但此一理論，不僅於孔子的正名而已，範圍實涵蓋整個宇宙萬物的論名。

孔子說：「君君、臣臣、父父、子子。」(《論語‧顏淵篇》) 荀子亦言之。但荀子所言名者，擴及到對整個人文社會之名分皆有論定：

> 後王之成名：刑名從商，爵名從周，文名從禮，散名之加於萬物者，
>
> 則從諸夏之成俗曲期，遠方異俗之鄉，則因之而爲通。(〈正名篇〉)

周王所使用舊制之名，刑名從商朝而來，官爵名自周所定。其教化、節文威儀則是遵循周代所行儀禮而命名，而社會所通用加諸萬物之名，則是從夏以來，社會既成的習俗。約定而取，標準既一，人便得賴此以互相溝通意念。

但荀子所處的是一個邪說暴作迭起的時代，其實名已不僅限於政治上的混亂，即在諸子之理論當中，亦有人析辭作名，以亂正名，導致疑惑民心，使人與人之間因爭辯而有衝突。〔註4〕荀子說那時的情形是：

> 今聖王沒，名守慢，奇辭起，名實亂，是非之形不明，則雖守法之
>
> 吏，誦數之儒，亦皆亂也。(〈正名篇〉)

對此，荀子的解決方法是：

> 故明君之其分而不與辨也。夫民易一以道，而不可與共故。故明君
>
> 臨之以埶，道之以道，申之以命，章之以論，禁之以刑。故民之化
>
> 道也如神，辨說惡用矣哉！(〈正名篇〉)

聖王但謹守其名分，不與辨說是非，只要以道化民，不必詳述其理。加之以權勢，導之以正道，重申以命令，明曉以言論，禁之以刑罰，如此則人民化道神速，無須辯說。換言之，聖王處理邪說惑民的方式，並不需要與這些辯士爭論，只要以政治力量治裁之。而如果聖王不再，則荀子另賦予君子以正名辯惑之方：

> 辭讓之節得矣，長少之理順矣；忌諱不稱，袄辭不出。以仁心說，
>
> 以學心聽，以公心辨。不動乎眾人之非譽，不治觀者之耳目，不賂

〔註4〕參見荀子〈非十二子篇〉、〈正論篇〉、〈解蔽篇〉中對諸子學說的批駁。

貴者之權執，不利傳辟者之辭。故能處道而不貳，咄而不奪，利而
不流，貴公正而賤鄙爭，是士君子之辨說也。（〈正名篇〉）

這種實包涵了在禮統制下的辯說依據，其重點則在持公而無私之心的以道論
辯。對時代弊病之破除，荀子頗有其精闢見解。

韓非在法下言名，其主張則更縮小孔子的政治理論中的正名範圍，而僅
限於君臣之間的「形名責實」：

故群臣其言大而功小者則罰，非罰小功也，罰功不當名也。群臣其
言小而功大者亦罰，非不說於大功也，以為不當名也，害甚於有大
功，故罰。（〈二柄篇〉）

「當名」、「不當名」的尺度，完全以法為標準，在崇法的前提之下，群臣之
功大功小，不為賞罰之據，功必當於名、名實必相參相符，方為大利也。

綜觀荀、韓之對名、分的詮釋，乃各基於其中心思想的「利益」得當否
而發論，換言之，荀子之名、分必納入禮的範疇之中，而韓子必納於法的規
制下。荀子之理論包涵了韓非之言，亦可從而了解韓非思想偏狹的一面。

第二節　道君臣

君臣維繫著政治策略的運轉，君具備為君之道，臣亦有為臣之道，君臣
上下相輔，國家才能富強。

荀子對於君道是要求「隆禮尊賢」。君王本身的自我認識更為重要：

王者之人：飾動以禮義，聽斷以類，明振毫末，舉措應變不窮，夫
是之謂有原。是王者之人也。（〈王制篇〉）

君王本身的修養是，一舉一動都必須循禮而來；聽斷政事，必以禮法的統類
為準；能事事明察秋毫；舉止措施均能適時應變，如此方可謂為天地間治法
之原。〔註5〕而為君之道為何？荀子統括之曰：

道者，何也？曰：君之所道也。君者，何也？曰：能群也。能群也
者，何也？曰：善生養人者也，善班治人者也，善顯設人者也，善
藩飾人者也。（〈君道篇〉）

此四統俱存則天下歸之，〔註6〕四統俱亡天下去之。其原因即在國君不能生養

〔註5〕〈君道篇〉：「法者，治之端也；君子者，法之原也。」
〔註6〕四統，王先謙注：「統猶言總要也。」案：荀子此統的解釋，亦可說為項目的

人，則人不親；不能班治人，人不安；不能顯設，則人不樂；不能藩飾人，則人不榮。若再從此四統內容來看，更能清晰地了解荀子用意所在：

> 省工賈，眾農夫，禁盜賊，除姦邪：是所以生養之也。天子三公，諸侯一相，大夫擅官，士保職，莫不法度而公：是所以班治之也。論德而定次，量能而授官，皆使其人載其事，而各得其所宜，上賢使之爲三公，次賢使之爲諸侯，下賢使之爲士大夫：是所以顯設之也。修冠弁衣裳，黼黻文章，彫琢刻鏤，皆有等差：是所以藩飾之也。（〈君道篇〉）

先從社會的經濟、治安來說：農業爲立國之本，若生產不足供國人所需，國人爲爭糧食必流於暴亂。而若農人辛勤耕作所獲之利，比商賈流通財貨之利小，則農人皆棄農投商，此亦爲國家之大害，所以荀子認爲應該減省工賈數目而增加農夫。社會秩序的不安定，造成人與人間的生疏，因而，禁姦除惡，使人與人間能守望相助，疾病相扶持，社會才能臻於和樂。

從政治設官治民方面而言，天子、諸侯、大夫、士皆應守其法度而公正無私；若不上不正，則臣民自然爲非：

> 合符節，別契券者，所以爲信也；上好權謀，則臣下百吏誕詐之人乘是而後欺。探籌、投鉤者，所以爲公也；上好曲私，則臣下百吏乘是而後偏。衡石稱縣者，所以爲平也；上好傾覆，則臣下百吏乘是而後險。斗斛敦槩者，所以爲嘖也；上好貪利，則臣下百吏乘是而後豐取刻與，以無度取於民。（〈君道篇〉）

因而，至平之世，不必待各官吏嚴執法數，使民不敢爲非，而是「原清則流清，原濁則流濁」〈君道篇〉的政治現象。荀子解釋說：

> 故上好禮義，尚賢使能，無貪利之心，則下亦將綦辭讓，致忠信，而謹於臣子矣。（〈君道篇〉）

君臣皆能好禮義，尙忠信，美風所披，民自陶醉其中，政令之行則民勸民服而事治。

王者之道，必選賢舉能，量才而授官，使其發揮才能，藉以爲國富而盡力。而選能取人之道則是以禮與否來衡量。在戰國的處士橫議時代，任官不以貴族爲範圍，對象甚至可包括平民，因此，荀子說：

> 雖王公士大夫之子孫也，不能屬於禮義，則歸之庶人。雖庶人之子

意思。

孫也，積文學，正身行，能屬於禮義，則歸之卿相士大夫。（〈王制
篇〉）

無論貴族、庶人，在將其入官爵後，則須：

行義動靜：度之以禮；知慮取舍；稽之以成；日月積久，校之以功，
故卑不得以臨尊，輕不得以縣重，愚不得以謀知，是以萬舉而不過
也。（〈君道篇〉）

以禮來考核任用之人，以工作成果探其智慮是否得當。如此一來，位卑的不
得凌越位尊的，職輕的不得高懸於職重的，愚昧的不得參與知謀於明智的，
所以使人任職，在禮之考核原則下就能萬舉而無失了。〔註7〕

文飾之不同，在於別貴賤，荀子認爲：

禮者，貴賤有等，長幼有差，貪富輕重皆有稱者也。故天子袾裷衣
冕，諸侯玄裷衣冕，大夫裨冕，士皮弁服。（〈富國篇〉）

倘車服衣器沒有差異，則上下無別，倫位混亂，易起姦禍。

荀子將君道置於禮的統籌下。而在人臣之道，荀子則以爲：

事聖君者，有聽從無諫爭；事中君者，有諫諍無諂諛；事暴君者，
有補削無撟拂。……恭敬而遜，聽從而敏，不敢有以私決擇也，不
敢有以私取與也，以順上爲志，是事聖君之義也。忠信而不諛，諫
爭而不諂，撟然剛折端志而無傾側之心，是案曰是，非案曰非，是
事中君之義也。調而不流，柔而不屈，寬容而不亂，曉然以至道而
無不調和也，而能化易，時關內之，是事暴君之義也。（〈臣道篇〉）

恭敬而謙遜，聽命而速行，不敢以私心有所取與、抉擇，但以服順而已。這
是事奉聖君之道。忠信而不諂諛，諫爭剛直，意志堅定而無傾頗之心，是則
是，非則非，這是事奉中智之君道。調和而不同流合汙，柔從而不屈就，寬
容而不爲非，以道自持，以善言化通暴君之性，這是事奉暴君之道。〔註8〕

韓非以爲君臣之對待，乃基於利益不同而來：

君以計畜臣，臣以計事君。君臣之交計也：害身而利國，臣弗爲也；
害國而利臣，君不行也。臣之情，害身無利；君之情，害國無親。

〔註7〕 〈富國篇〉：「德必稱位，位必稱祿，祿必稱用。由士以上必以禮樂節之，眾
庶百姓必以法數制之。」案：稱用與否，以禮調節上下之位，而若歸之於士
大夫，則以禮節制之；若歸之於庶人，仍以法數裁制之。

〔註8〕 荀子〈臣道篇〉所言，多爲君主擇臣相之法，非皆爲臣所應謹守之道。

君臣也者，以計合者也。(〈飾邪篇〉)

君臣暗以計利而合，若有傷私己之利則不爲，順此君令必不能伸張，是以韓非以爲：

明主之所道制其臣者，二柄而已矣。二柄者，刑德也。何謂刑德？曰：殺戮之謂刑，慶賞之謂德。爲人臣者，畏誅罰而利慶賞，故人主自用其刑德，則群臣畏其威而歸其利也。(〈二柄篇〉)

此刑德之施用，即依「形名責實」之理論，〔註9〕據此，則臣不敢有私利而盡歸公利。此種賞罰之則，亦能擴而充之於民：

明主之道，賞必出乎公利，名必在乎爲上。賞譽同軌，非誅俱行，然則民無榮於賞之內。有重罰者，必有惡名，故民畏。罰，所以禁也，民畏所以禁，則國治矣。(〈八經篇〉)

然則，除用法之外，君制臣之方，亦當重術。此術乃君暗控臣下使之不敢爲歹之法：

道者，萬物之始，是非之紀也。是以明君守始，以知萬物之源；治紀，以知善敗之端。故虛靜以待之。令名自命也，令事自定也。虛則知實之情，靜則知動者正。有言者自爲名，有事者自爲形，形名參同，君乃無事焉，歸之其情。(〈主道篇〉)

道爲萬物所由成理者，韓非取以爲術。明君但知萬物之道以制之即可，故處無爲之位，令其名實自相吻合。其有細縫者，處以刑罰；其有功者，施以慶賞。君但操形名而已，其功過皆在於臣，是君不必盡思慮，無爲而得有功。〔註10〕

韓非又申述術是君所必擁有，非可給以人知的：

道在不可見，用在不可知。虛靜無事，以闇見疵。見而不見，聞而不聞，知而不知。知其言以往，勿變勿更，以參合閱焉。官置一人，勿令通言，則萬物皆盡。函其跡，匿其端，下不能原。去其智，絕其能，下不能意。保吾所以往而稽同之，謹執其柄而固握之。(〈主道篇〉)

臣下不能臆上之意，君主不顯露其思端，此術實將君臣之間以仁義相對待的

〔註9〕 〈難二篇〉：「人主雖使人，必以度準之，以形名參之。事遇於法則行，不遇於法則止；功當其言則賞，不當則誅。以形名收臣，以度量準下，此不可釋也。」

〔註10〕 〈主道篇〉：「明君之道，使智者盡其慮，而君因以斷事，故君不窮於智；……臣有其勞君有其成功，此之謂賢主之經也。」

謙遜關係視之為塵土。明君更有一事不能不知，即勢，〈難勢篇〉曰：

> 世之治者，不絕於中。吾所以為言勢者，中也。中者，上不及堯舜，
> 而下亦不為桀紂。抱法處勢則治，背法去勢則亂。

治國者並非皆有堯舜、桀紂之材，能得以治世、亂世，所以，為君之道即「抱法處勢」。憑法以治人，處勢以行令，兩者相輔，自然水到渠成，功得圓滿。是韓非總括君主之道乃：

> 力不敵眾，智不盡物，與其用一人，不如用一國。故智力敵，而群
> 物勝。揣中則私勞，不中則任過。下君、盡己之能，中君、盡人之
> 力，上君、盡人之智。……成敗有徵，賞罰隨之。事成，則君收其
> 功，規敗，則臣任其罪。……使人相用則君神，君神則下盡，下盡
> 則臣不因君，而主道畢矣。（〈八經篇〉）

　　荀韓思想關係君臣之道之分歧已見上述。〔註11〕然荀韓對君道所該具備的認識，則有一共同點：即其韓法、荀禮立論之根據皆在周代歷史中顯現之實證，而非以周前之事為例，故荀子說：

> 五帝之外無傳人，非無賢人也，久故也。五帝之中無傳政，非無善
> 政也，久故也。禹湯有傳政而不若周之察也，非無善政也，久故也。
> 傳者久則論略，近則論詳，略則舉大，詳則舉小。（〈非相篇〉）

時代愈近者，其事蹟愈詳，反之則否。因而荀子認為：

> 欲觀聖王之跡，則於粲然者矣，後王是也。彼後王者，天下之君也；
> 舍後王而道上古，譬之是猶舍己之君，而事人之君也。（〈非相篇〉）

蓋周承夏商之制，故「欲知上世，則審周道；欲審周道，則審其人所貴君子。」（〈非相篇〉）荀子所貴君子，即是孔子，孔子說：「周監於二代，郁郁乎文哉，吾從周。」（《論語·八佾篇》）故荀子由孔子而上推，崇文武之政，而謹周公之禮。

　　韓非亦有是類之說，〔註12〕而強調變古之重要性：

> 夫不變古者，襲亂之迹；適民心者，恣姦之行也。民愚而不知亂，
> 上懦而不能更，是治之失也。（〈南面篇〉）

韓非之變古，為基於春秋戰國以來，諸國變法圖強成功經驗所顯示，故其有

〔註11〕《韓非子》書中，似乎無臣道方面之立論，其〈孤憤〉、〈說難〉當算是游說
　　　　之言，不當列入臣道討論範圍之內。
〔註12〕參閱〈顯學篇〉。

強烈積極性的主張。

然荀、韓在此點上的差異，也就產生在古今是否一道的疑問？荀子崇後王，但非反前聖王，而是因爲時久的關係，若要仔細觀察，則知荀子認爲古今之情無異。

〈非相篇〉云：

> 故以人度人，以情度情，以類度類，以說度功，以道觀盡，古今一也。

荀子認爲這些說古今異情、治亂異道者，乃是在迷惑眾人，不足爲取的。〔註13〕

故對荀韓二者在君臣之道之理論，當了解其因禮、法思想的分歧而有不同的目標；至於其是非功過，則難以論斷，亦無需加以論斷。

第三節　論耕戰

農業爲國家經濟大本，戰士爲捍衛國家之尖兵，對戰國時代而言，它們是任何一個想要富且彊的國家，所要具備的二大要素。荀韓思想皆能籠括政治、經濟、軍事、教育等的問題。然其共同缺失，即其理想當中，都沒有確實的政策細條可資治政者施行。但爲適應國君的政治施爲，仍同有耕戰思想成分存在。

荀子思想既以禮爲中心，其耕戰之論，亦惟禮爲慮，〈富國篇〉曰：

> 觀國之強弱貧富有徵驗：上不隆禮則兵弱，上不愛民則兵弱，已諾不信則兵弱，慶賞不漸則兵弱，將率不能則兵弱。上好功則國貧，上好利則國貧，士大夫眾則國貧，工眾眾則國貧，無制數度量則國貧。下貧則上貧，下富則上富。故田野縣鄙者，財之本也；垣窌倉廩者，財之末也。百姓時和，事業得敘者，貨之源也；等賦府庫者，貨之流也。故明主必謹養其和，節其流，開其源，而時斟酌焉。潢然使天下必有餘，而上不憂不足。如是，則上下俱富，交無所藏之。是知國計之極也。

民富則國富，民貧則國窮；兵不安信，不安禮，則國弱。

荀子的經濟是以「養民」爲先，「故田野荒而倉廩實，百姓虛而府庫滿，夫是之謂國蹶。」〈富國篇〉再則節流開源，增加百姓的生產，減少工商數眾

〔註13〕參閱〈非相篇〉。

及冗官，荀子認爲須以禮來節度之，使之各有分差：「禮者，貴賤有等，長幼有差，貧富輕重皆有稱者也。」

兵者乃爲民而戰，非爲君主私利而戰，故荀子說：

> 彼兵者所以禁暴除害也，非爭奪也。故仁者之兵，所存者神，所過者化，若時雨之降，莫不說喜。（〈議兵篇〉）

仁者之兵，所過之處，民莫不畏服如神明，莫不順從歸化，故在崇禮愛人之下，一國之有兵，非爲爭奪也，乃爲利民也。故荀子說：

> 其耕者樂田，其戰士安難，使百吏好法，其朝廷隆禮，其卿相調議————是治國巳。（〈富國篇〉）

農人樂於耕田而不懈怠，戰士臨於危難而不逃亡，官吏愛法，朝廷重禮，卿相遇事協調商議，這是治國的徵兆。荀子的耕戰目標也即在於此。

韓非對此富強政策，亦言：

> 能趨力於地者富，能趨力於敵者富。（〈心度篇〉）

地利爲國家生存的後盾，軍事爲宰制敵人的依靠，在兩者兼顧的情況下，國家才能立足於天下。故韓非甚至鼓勵以官爵促其農務地、兵務戰：

> 民有餘食，使以粟出爵；爵必以其力，則農不怠；……國以功授官與爵，此謂以成智謀，以成勇戰，其國無敵。……兵出必取，取必能有之；按兵不動，必富。（〈飾令篇〉）

戰時爲兵，平時爲農；兵即是農，農即爲兵，務農、勇戰皆以力得官爵，則民趨之若鶩，國家乃強。〔註14〕

爲行農戰政策，不得不抑商。而抑商的原因，並非以爲商人無益於國，而需完全消滅，乃是基於國家利益與個人利益權衡之結果，韓非認爲：

> 聚斂倍農，而致尊過耕戰之士，則耿介之士寡，而商賈之民多矣……。其商工之民，修治苦窳之器，聚弗靡之財，蓄積待時，而侔農夫之利。（〈五蠹篇〉）

商人所獲利益非由力而來，乃由交易轉賣而來，故利所得倍增於農戰之士。民之心爲趨利，樂逸惡勞，在利益的誘因下，當然商賈之民多而耕戰之士寡。另一方面，戰國在人民可以遊走諸侯各國的情形下，各國均呈現人口不均的現象，無論是游說縱橫之士、商賈皆是趨利而爲，並不限於自己本國爲依，若他國有利可圖，即使爲其赴死亦所不辭。而國家的基礎——人口，在此狀

〔註14〕參閱本文第二章第二節。

況下必然會減少，尤其是基本力量——增加生產的農人。捍衛國力的戰士，更不能因利轉業，故韓非主張以國家力量強固耕戰人口，以國家利益賦予耕戰之人，使其尊顯過於商賈，甚至高於各行業之人士。〔註15〕而這一切又必須納於法的嚴格規定下，〈和氏篇〉說：

> 官行法，則浮萌趨於耕農，而游士危於戰陳。

正是代表韓非對此耕戰政策施行的具體辦法。

　　荀子以為民富則國富，而提倡重民財、裕民源；以為兵為國君重禮而戰，為愛人而戰，為禁姦除暴非私利而戰。而韓非則以國家利益為前提而重耕戰之士，甚至說：

> 是以拔千丈之都，敗十萬之眾，死傷者軍之垂；甲兵折挫，士卒死
> 傷，而賀戰勝得地者，出其小害，計其大利也。（〈八說篇〉）

士卒死傷僅小事耳，國家獲其大利才是首要，韓非此論未免矯枉過正。

　　荀、韓身處相同時代的變動——商賈數眾、力農數寡的情況下，皆主重農抑商政策。而對兵戰目標有所歧見，但這是由農民、重國看法不同而來，若說荀子只重民而不重國，則荀子亦不能成為荀子。歸納而言，在農戰方面，荀、韓之主張，實大同小異。

第四節　議非儒

　　荀子所批評的儒，並非批駁孔子，而是批評孔子以後儒家弟子的傳人。這些傳人或囿於經義的不解，或偷於世俗而無法堅持立場，而使得儒者失去孔子所傳。在〈非十二子篇〉中，荀子說：

> 弟陀其冠，神禫其辭，禹行而舜趨：是子張氏之賤儒也。正其衣冠，
> 齊其顏色，嗛然而終日不言：是子夏氏之賤儒也。偷儒憚事，無廉
> 恥而嗜飲食，必曰君子固不用力：是子游氏之賤儒也。彼君子則不
> 然：佚而不惰，勞而不僈，宗原應變，曲得其宜，如是然後聖人也。

子張氏的傳人，但注意衣冠容貌，而言語乏味，刻仿禹舜；子夏氏的門人，則衣冠整肅，莊嚴而不發一語；子游氏的弟子，偷惰懦弱而畏勞作，鮮廉恥而好飲食，還強辯曰君子是不用勞力的，這些皆非儒者所原有的。荀子痛心這些藉儒者之名義，而行愚惰者之事者。所以說能安逸不懈，勞苦不弛慢，

〔註15〕參閱《史記‧貨殖列傳》、〈蘇秦張儀列傳〉。

能舉措應變於無窮而使各得其宜,方是聖人。這聖人指的即是「孔子」,即是「大儒」:

> 彼大儒者,雖隱於窮閻漏屋,無置錐之地,而王公不能與之爭名;用百里之地,而千里之國莫能與之爭勝;笞棰暴國,齊一天下,而莫能傾也。是大儒之徵也。(〈儒效篇〉)

能處窮而不屈就,當戰爭之時,不以地、力能屈服人,此為真儒。

而荀子判儒之標準何在?乃「法後王」、「隆禮義」也。因而,對戰國時期的儒者,荀子以其理想而予各類儒者不同之描述:

> 逢衣淺帶,解果其冠,略法先王而足亂世術,繆學雜舉,不知法後王而一制度,不知隆禮義而殺詩書;其衣冠行偽已同於世俗矣,然而不知惡者;其言議談說已無異於墨子矣,然而明不能別;呼先王以欺愚者而求食焉;得委積足以掩其口,則揚揚如也;隨其長子,事其便辟,舉其上客,億然若終身之虜而不敢有他志:是俗儒也。(〈儒效篇〉)

戴穿儒服衣冠,效法先王而不識其大體為何?所學乖謬雜博,不知遵循周禮之制度,不知重禮義而差抑詩書,言談與墨子無異,且不能辨別是非,以先王之名欺騙愚人而求得衣食,求溫飽後便得意驕人,攀附顯貴,結奉小人;此種人僅圖衣食而已,終身不敢另有他志,這是荀子所說的俗儒。也是一般儒者的現象。

> 法後王,一制度,隆禮義而殺詩書;其言行已有大法矣,然而明不能齊法教之所不及,聞見之所未至,則知不能類也;知之曰知之,不知曰不知,內不自以誣,外不自以欺,以是尊賢畏法而不敢怠傲:是雅儒也。(〈儒效篇〉)

能夠法周禮之制度以遵循之,重禮義而等差詩書,言行已能合於禮之法度;於禮之法度所不及的,聽聞所未能經歷的,即無法實行,其原因即在不能以禮作推理而觸類旁通。知則真知,不知則不知,內不欺己,外不愚人,以是能崇尊聖賢,敬畏禮之法度而不敢怠慢,這是荀子所說的雅儒。

> 法先王,統禮義,一制度;以淺持博,以古持今,以一持萬;苟仁義之類也,雖在鳥獸之中,若別白黑;倚物怪變,所未嘗聞也,所未嘗見也,卒然起一方,則舉統類而應之,無所儗怎;張法而度之,則晻然若合符節;是大儒也。(〈儒效篇〉)

能法周禮而一制度，由小推大，以後王之制度推先王之遺跡，能辨類明分，知其統類，舉以應萬變而無所疑滯，以法度衡量，無所不合，此爲大儒也。

荀子因而論述各儒者之效用：

> 用俗儒，則萬乘之國存；用雅儒，則千乘之國安；用大儒，則百里
> 之地，久而後三年，天下爲一，諸侯爲臣；用萬乘之國，則舉錯而
> 定，一朝而伯。（〈儒效篇〉）

俗儒不過使萬乘之國不致危亡而已；雅儒亦僅能使千乘小國得安；用大儒，則雖百里小地，三年而後，也能統一天下；萬乘之國，則舉措足定四海，一朝而顯天下。這是大儒正是荀子所期待之儒者，唯「大儒」能匡世俗，救亂國，此爲戰國時期諸儒所不及，亦爲荀子賦予理想寄託之所在。〔註16〕

韓非批評儒家所持之觀點與荀子不同者，在韓非以爲儒家之崇堯舜，是無證驗的；所主張之仁義說，是不合時代所需求的。就前一觀點而言：韓非認爲儒分爲八，墨離爲三，皆道眞堯舜，而其取捨各有不同，儒墨後人無法知堯舜眞貌爲何？就連孔墨亦無法知堯舜事蹟爲何？因而，韓非說：

> 無參驗而必之者，愚也；弗能必而據之者，誣也。……愚誣之學，
> 雜否之行，明主弗受也。（〈顯學篇〉）

而就後一觀點而言，韓非認爲：

> 古者文王處豐、鎬之間，地方百里，行仁義而懷西戎，遂王天下。
> 徐偃王處漢東，地方五百里，行仁義，割地而朝者三十有六國。荊
> 文王恐其害己也，舉兵伐徐，遂滅之。故文王行仁義而王天下，偃
> 王行仁義而喪其國，是仁義用於古，而不用於今也。（〈五蠹篇〉）

仁義能適於古不用於今，完全是因動亂時代所需唯法而已，而強說仁義之不足以爲治：

> 且夫以法行刑，而君爲之流涕，此以效仁，非以爲治也。夫重泣不
> 欲刑者，人也；然而不可不刑者，法也。先王勝其法，不聽其泣，
> 則仁之不可以爲治，亦明矣。（〈五蠹篇〉）

刑法爲強制禁姦止暴。不一以法，則國無秩序，上下易亂，所以韓非認爲儒者是無益於國的。

荀子非儒之理由，乃基於後世之儒不能隆禮義，法後王，因而對儒者採取一種期勉態度。也就是說，畫分儒者的分差，並不是給予限定的意味，而

〔註16〕參閱本文第二章第二節。

是認爲能進行到荀子預估的理想者，依然可以爲大儒。因爲禮所制發的不僅在於外在形式儀文的表達，內心悅然誠服而自然遵循才是最重要的。所以對那些不能知禮之統類的，荀子只能說其是「治之大殃也」、「古之大禁也」、「是天下之所棄也」（〈非十二子篇〉），或「小人」（〈儒效篇〉）而已，與指責其爲「散儒」（〈勸學篇〉）、腐儒（〈非相篇〉）一樣，並非有實際強制手段可以使其成爲大儒。

韓非則對儒者之看法不然，韓非認爲：

> 故行仁義者非所譽，譽之則害功。工文學者非所用，用之則亂法。（〈五蠹篇〉）

何以然？韓非的看法是：

> 不事力而衣食，則謂之能。不戰功而尊，則謂之賢。賢能之行成，而兵弱而地荒矣。人主說賢能之行，而忘兵弱地荒之禍，則私行立而公利滅矣。（〈五蠹篇〉）

國家在治平時養儒士，危難時用戰介之士，乃是所用非所利，所利非所用。故功爵當以法爲取準：

> 故明主之吏，宰相必起於州部，猛將必發於卒伍。夫有功者必賞，則爵祿厚而愈勸；遷官襲級，則官職大而愈治。夫爵祿大而官職治，王之道也。（〈顯學篇〉）

由此而國無不可用之人，乃可致於富強。

荀韓同能觀世局之變化，而發爲議論。對儒之俗化而言，荀子冀其復歸於禮，韓非則欲禁之以法，其所察見之蔽病相同，而治理之道則異。

第五節　結　語

荀韓同處於戰國末年，同受諸子學說影響，加以師承關係，故其思想必有融通。從「辨名分」、「道君臣」、「論耕戰」、「議非儒」而言，在基本上，除卻中心思想的不同外，其對時代的需求及蔽病，皆頗能觀察入微。而其採取的應付措施，荀子是溫和的改革，韓非則是激烈手段；可說是目標相同，手法不同。

第四章　荀韓思想對秦與西漢的影響

　　從荀、韓思想的各方議論中，已尋得其間的相關及相異之處，在對二者理論之核心、外緣有所了解之後，當進而探述其對後代政治上的影響，並由此以考知荀、韓思想價值所在。

　　本章將以史記、漢書之內容爲主，對秦漢之能融合儒、法兩家思想精髓，並轉而形成實際政治措施者，敘述其間變化之過程。

第一節　秦國的尚法

　　秦國自孝公納商鞅變法策略以來，家給人足，民勇於公職。就變法策略內容而言，商鞅首先認爲：「民不可與慮始而可與樂成。」（《史記‧商君列傳》）何種政策的實行，皆爲因應政治之得失。然一種政策如果說要滿足全體人民的意願，在根本上是不可能的，但若因此而論定此爲愚民政策，則又未免過於偏頗。此種觀點並非抹殺部份人民之意願，而是，寧可將眼光放於短暫痛楚之後的長利。所以，商鞅以爲變法並不須徵求人民的同意，及人民之取向爲何！〔註1〕

　　商鞅所採取的原則，正是「三代不同禮而王，五伯不同法而霸。」「治世不一道，便國不法古。」（《史記‧商君列傳》）倘循古遵禮，君臣之道必將不

〔註1〕《論語‧泰伯篇》：子曰「民可使由之，不可使知之。」《韓非子‧顯學篇》：「昔禹決江濬河，而民聚瓦石，子產開畝樹桑，鄭人謗言；禹利天下，子產存鄭，皆以受謗，夫民智之不足用亦明矣。」案：孔子、韓非的看法均在說明民但期事成之利，而不願接受事端改變之不便與痛苦。但孔子著重於仁，韓非著重於法，這是在基本上的差異。

滅，且無篡臣賊子。然三代王，五伯興，正因治世之法異。商鞅的看法，即是依據歷史的證驗而來。此處商鞅是站在法的立場發論，以爲禮所定的制度既是規定君臣之節度，當然不容許有踰越行爲。因此，代盛代衰，正因這種制度的尊嚴泯沒，才造臣子代君有天下的局面。商鞅由此而推理「唯法爲治」，故有以法治爲主的富國彊國之霸道。

秦國經商鞅圖治，於孝公十九年時稱霸諸侯，更歷五世而至秦始皇帝，統一六國，而王天下。大梁人尉繚嘗說到始皇帝之性格曰：

> 秦王爲人，蜂準，長目，摯鳥膺，豺聲，少恩而虎狼心，居約易出人下，得志亦輕食人。我布衣，然見我常身自下我。誠使秦王得志於天下，天下皆爲虜矣。不可與久游。（《史記·秦始皇本紀》）

視之似能謙卑人下，而實懷毒人之心，此所以可畏也。但若從後來治國之方法與態度察之，亦可知其一身滿布機心，秦之國祚僅得四十一年，實其來有自。

在述秦國政治的特徵時，必須以秦始皇帝、李斯二人爲討論中心，由此而論及荀韓思想對此二人的影響。故本節將分從始皇個人、君臣之道、三方面分別闡述之。

（一）始皇個人

始皇帝稱名號的緣由，說是六國本先盟約於秦，後卻叛約擊秦，秦以遠交近攻方式，統一六國，爲傳後世、錄成功，故交議論帝號。加以秦臣阿諛，上「秦皇」封號，使秦王自號「皇帝」，定天下爲一尊，使死而以爲謚；故子不能議父之爲，臣不得議君之行，將權勢一人，造成獨裁專制之局面。

始皇以其功績蓋世，遂有求長生不好、永享權勢威利的欲望。因此，史記說：

> 自齊威、宣之時，騶子之徒，論著終始五德之運，及秦帝而齊人奏之，故始皇采用之。（〈封禪篇〉）

但其實行之結果，則是：

> 剛毅戾深，事皆決於法，刻削毋仁恩和義，然後合五德之數。於是急法，久者不赦。（〈秦始皇本紀〉）

索隱註解始皇帝以秦爲水德，故有如此用法，其云：「水主陰，陰刑殺，故急法刻削，以合五德之數。」這是從個人的權力欲望與個人信仰的結合，轉使在行政措施上，展開種種自認天所賦與的當爲。透過當爲的方式，只求達其目的，不論手段是否酷烈。另一則爲倚方士求取神仙不死之藥，甚至不惜鉅

資，遣徐市率男女童數千人入海求仙人。

（二）君臣之道

至於君臣間之關係，方士侯生、盧生嘗相與語：

> 始皇爲人，天性剛戾自用，起諸侯，拜天下，意得欲從，以爲自古
> 莫及己。專任獄吏，獄吏得親幸。博士雖七十人，特備員弗用。丞
> 相諸大臣皆受成事，倚辨於上。上樂以刑殺爲威，天下畏罪持祿，
> 莫敢盡忠。上不聞過而日驕，下攝伏謾欺以取容。……天下之事無
> 大小皆決於上。上至以衡石量書，日夜有呈，不中呈不得休息。（〈秦
> 始皇本紀〉）

專權制勢的方式，使得臣相諸事皆斷裁於上，甚而以衡石測定分量多少，完
全擺脫分層職司、官任其能的政治運作方式。

（三）實際政策

就實際政策而言：從李斯所議見，以爲分封同姓子弟，日久疏遠，必相
攻擊如寇讎，故分天下爲三十六郡。且一法度、衡石、丈尺，並車同軌而書
同文，以爲經理天下大業的基礎。

爲定皇帝與法治爲一尊，又從李斯所議：

> 古者天下散亂，莫之能一，是以諸侯並作，語皆道古以害今，飾虛
> 言以亂眞，人善其所私學，以非上之所建立。今皇帝并有天下，別
> 黑白而定一尊。私學而相與非法教，人聞令下，則各以其學議之，
> 入則心非，出則巷議，夸主以爲名，異取以爲高，率群下以造謗。
> 如此弗禁，則主勢降乎上，而檔與成乎下。禁之便，臣請吏官非秦
> 記皆燒之。非博士官所職，天下敢有藏詩、書、百家語者，悉詣守、
> 尉雜燒之。有感偶語詩書者棄市。以古非今者族。吏見知不舉者與
> 同罪。令下三十日不燒，黥爲城旦。所不去者，醫藥卜筮種樹之書。
> 若欲有學法令，以吏爲師。（〈秦始皇本紀〉）

戰國議論風氣至秦仍不絕。然此並非時勢造聲名的，大都是諸子末流學徒，
在感染戰國功利薰心的氣息後，隱然自居高位，遂群居終日，夸飾浮誕。因
而，在以法爲尊的秦國，爲實行一統的政策，即必須排除非法者，李斯倡導
焚書，以吏學法，皆源於此。

方士侯生、盧生相與非議始皇，始皇大怒，以爲前已焚天下不中用之書，

而召文學方術士借以興發天下太平，卻得其反效果，於是，使御史悉案諸生，共捕犯禁者四百六十餘人，阬之咸陽，以懲誡後人。

總觀始皇一生，爲人刻削少恩，但性情直率，借騶子五德終始說而延續秦國國祚。始皇所信仰鬼神者，唯求其不死，而能掌權力。其所以封禪祭山川，亦不過爲矜功，故其措施多由其個人性格影響而產生。

關於始皇與荀、韓三關係，亦必須朝此方向敘述。今以秦之實際政策爲例分析之。

李斯所議焚書，定黑白於一尊。焚書事並非自秦國始，早在《韓非・和氏篇》中即有：「商君教秦孝公以連什伍，設告坐之過，燔詩書而明法令；塞私門之請，而遂公家之勞；禁游宦之民，而顯耕戰之士。」〔註2〕法家之士爲貫徹法令之實行，故必須排除一切阻力。就法家之士而言，似以儒者的仁義說爲最大勁敵，以儒家輒引上古聖君規勸諸侯行仁義的作爲是愚誣的，因而對這些游說之士主張必繩之以法，而以法律之書代詩書、百家語，強迫這些知識份子吸收，藉以增強鞏衛秦國。韓非說：

> 故明主之國，無書簡之文，以法爲教；無先王之語，以吏爲師；……
> 是以境內之民，其言談者必軌於法，動作者歸之於功，爲勇者盡之
> 於軍。（〈五蠹篇〉）

韓非以爲富國彊國有用者，僅耕戰之士而已。韓非上承商鞅的歷史成效，僅於言詞中論述，李斯卻將之付諸實際行動。

荀子曾對不以禮義爲訓者而提出「三姦」：

> 故勞力而不當民務，謂之姦事；勞知而不律先王，謂之姦心；辯說
> 譬諭，齊給便利，而不順禮義，謂之姦說。此三姦者，聖王之所禁
> 也。（〈非十二子篇〉）

而韓非則以爲禁姦之法，在於禁心、禁事、禁言。〔註3〕荀韓思想雖有所不同，但對學子弊病的認識則皆同。故李斯之倡議能得始皇之認可，其與荀韓關係或即在於此。〔註4〕

〔註2〕 薛順雄以爲焚書事自春秋時已有，非始於始皇，且始皇所焚者爲民間所藏，宮室仍有諸子百家書。項羽入咸陽，火焚達三月，宮中書付之一炬，其罪比始皇更大。見所著《中國古典文學論叢》中：〈嬴秦焚書與漢得書考略〉一文，學生書局出版。

〔註3〕 《韓非子・說疑篇》：「太上禁其心，其次禁其言，其次禁其事。」

〔註4〕 韓非書在韓非入秦前已爲秦王所喜讀，見《史記・韓非列傳》

阬方士事，據扶蘇言：「諸生皆誦孔子。」(《史記‧秦始皇本紀》) 始皇對此事原則，仍是如前述之禁心、禁語、禁事。而最重要的，諸生非議始皇，對始皇投下不信任的票，激怒其採取嚴肅之阬殺措施，借此以懲戒倖免罹禍之人。這項做法，不過是延伸焚書，以法爲教之事，而更以偏激手法達到警示作用而已。〔註5〕

若從刻石銘言等資料考之，更可透析荀韓理論與齊國實際政治間之關係。始皇廿八年梁父刻石：

> 皇帝臨位，作制明法，臣下請飭。……治通運行，諸產得宜，皆有法式。……貴賤分明，男女禮順，慎遵職事。(《史記‧秦始皇本紀》)

琅琊刻石載：

> 維二十八年，皇帝作始。端平法度，萬物之紀。以明人事，合同父子。……皇帝之功，勤勞本事。上農除末，黔首是富。……尊卑貴賤，不踰次行。……六親相保，終無寇賊。驩欣奉教，盡知法式。(《史記‧秦始皇本紀》)
>
> 古之五帝三王，知教不同，法度不同，假威神鬼，以欺遠方，實不稱名，故不久長。……今皇帝并一海內，以爲郡縣，天下和平。昭明宗廟，體道行德，尊號大成。(《史記‧秦始皇本紀》)

始皇卅七年，會稽刻石：

> 秦聖臨國，始定刑名，顯陳舊章。初平法式，審別職任，以立恆帝。
> 皇帝并宇，兼聽萬事，遠近畢清。運理群物，考驗事實，各載其名。
> (《史記‧秦始皇本紀》)

以「體道行德」而言，其所治道，爲「皇帝作始」之始、爲「萬物之紀」。此道，可溯至韓非所言：

〔註5〕陳槃以爲：「吾人自然亦相信戰國以後之方士，其中必有若干份子爲孔荀一派之外之儒者。但此輩已同化於方士，則當以方士視之。其實已與方士無殊矣，而猶稱說儒事，託名儒疾，則適謂其以儒學文飾，無不可也。此類方術士假以爲文飾之儒學，余以爲即孔子一派之正統儒學者，以鄒衍而與孟荀合傳，與始皇所阬之術士而曰：『諸生皆誦法孔子』，此其例故顯而易見。」見所著《戰國秦漢間方士考論》，史研所十七本。王師夢鷗則以爲鄒衍之死乃因深知權變之人而竟死於權變之事，故後人竊據其說而多諱其姓名。見所著《鄒衍遺說考》。案：陰陽說在戰國末期蔚爲學術界風尚，故有儒學末流之徒引其說而摻入儒說中是當然之事。若司馬遷說鄒衍陰陽說有儒學思想成份，或不明於其原貌，而爲秦漢儒生挾雜說法所囿。

道者，萬物之始，是非之紀也。是以明君守始，以知萬物之源；治
紀，以知善敗之端。（〈主道篇〉）

韓非所採取之道爲道家因自然之道，順而使爲君主制臣治法之術。因而其所
謂行德，亦正是韓非所言：

凡德者，以無爲集，以無欲成，以不思安，以不用固。……所以貴
無爲無思爲虛者，謂其意無所制也。夫無術者，故以無爲無思爲虛
也。……虛者，謂其意無所制也。（〈解老篇〉）

虛則無爲，亦是「固虛靜以待之，令名自命也，令事自定也」（〈主道篇〉），
亦即會稽刻石所謂「考驗事實，各載其名」。凡此種種，以主道守法、術之治
術之方法，莫不是沿襲韓非之觀點，而加以發揚。但是，稱頌功德是一事，
始皇的作爲，才是最重要的。其以衡石量書，不中程不休息，雖然「作制明
法」，卻爲能使百官分職盡能，所以侯生、盧生譏其「貪於權勢至於如此」。
可解釋者，始皇雖好法家治術，但因其性格之故，雖然能了解法治原理，而
在實際運作之時，常有以己意爲斷之例。韓非說：「夫法令者，所以廢私也；
法令行，而私道廢矣。」（〈詭使篇〉）始皇能定刑法，能審任別職，但卻囿於
私道，不能不說是利慾薰心的原因。

「貴賤分明，男女禮順」、「尊卑貴賤，不踰次行」、「六親相保，終無寇
賊」等等，實即結合了荀韓講禮論法的目標。荀子之禮，強調人所以爲人者，
在其有辨，此辨即作用於分別上下、貴賤、親疏之名分，而它明分的根據，
又在於禮，〔註6〕因而，君君、臣臣、父父、子子、商商、工工、農農、士士、
禮皆一也，即依歸於禮之下。韓非則認爲禮治實不若法治，且荀子的義近於
禮，而韓非的義則近於法，韓非以爲：

義者，君臣上下事；父子貴賤之差也；知交朋友之接也；親疏內外
之分也。臣事君宜；下懷上宜；子事父宜；賤敬貴宜；知交朋友之
相助也宜；親者內而疏者外宜。義者，謂其宜也。（〈解老篇〉）

王師靜芝對此點之看法是：韓非的義根源於法，乃是一種次序條理的合宜，
是法度的規定，與儒家根源於仁的義是不同的。〔註7〕

禮、法的分源，有其本質上的不同，後世不知，故混二種說法爲一，因而
刻石的「尊卑貴賤，不踰次行」即爲韓非的「明君之道，賤得議貴，下必坐上。」

〔註6〕《荀子・非相篇》：「辨莫大於分、分莫大於禮。」
〔註7〕見王師靜芝所著《韓非思想體系》一書中第十三篇〈釋老〉，頁三○二。

（〈八說篇〉），爲防止上下亂位，故必以法治上，而其最終目的，仍在以刑止刑，達於六親相保的理想境界，而此理想境界實與荀子的說法無異。〔註8〕

故荀、韓思想的差異始於先秦，在統合兩者思想付諸於實行者，實由秦諸臣相開始。以下繼以李斯爲中心而補述之。

始皇崩逝，趙高謀與李斯立胡亥爲二世。爾後，李斯因子李由守三川而弗能禁盜賊一事，上書阿二世皇帝，內容全係申、韓言論：

> 夫賢主者，必且能全道而行督責之術者也。督責之，則臣不敢不竭能以徇其主矣。此臣主之分足，上下之義明，則天下賢不肖莫敢不盡力竭任以徇其君矣。是故主獨制於天下而無所制也。（《史記·李斯列傳》）

> 明主聖王之所以能久處尊位，長執重勢，而獨擅天下之利者，非有異道也，能獨斷而審督責，必深罰，故天下不敢犯也。（《史記·李斯列傳》）

君主操臣形名，爲督責之術。分定則盡職，盡職則君主嚴以重罰參驗之。李斯所議論者，非有慶賞，只有峻罰，峻罰使人畏而不敢生異心，君主只要掌握權力，使行刻削之作爲而已，即有所得，國家亦因以富強。

李斯言論確實是極韓非法術之深峻，在此情況下，「稅民深者爲明吏」、「刑者相半於道，而死人日積於市。殺人眾者爲忠臣。」（《李斯列傳》）其去韓非宗旨亦遠矣。儒學末流爲俗儒，法學末流概爲酷吏，李斯兼此類矣。

第二節　漢帝的雜揉王霸

楚漢相爭，劉邦得蕭何、張良、韓信等相助而有天下。劉邦不喜儒生，《漢書》卷四十〈酈食其傳〉中記載，食其想見高帝，有沛公麾下騎士告食其曰：

> 沛公不喜儒，諸客冠儒冠者來，沛公輒解其冠，溺其中。與人言，常大罵，未可以儒生說也。

高帝不喜儒，惠帝、高后、文帝、景帝亦然。〔註9〕武帝即位，令諸國舉賢良方正直言極諫之士，結果「所舉賢良，或治申、商、韓非、蘇秦、張儀之言。」

〔註 8〕關於此說，請參本文第二章第一節

〔註 9〕《漢書·儒林傳》：「孝惠、高后時，公卿皆武力功臣。孝文時頗登用（儒學之士），然孝文本好刑名之言。及至孝景，不任儒，實太后又好黃老術，故諸博士官具官待問未有進者。」

（〈武帝本紀〉）可知在武帝時期，法家、縱橫家之術仍受到相當歡迎。

　　武帝時期最大事者——爲採用儒家治術取代黃老治術，究其原因，乃以武帝性格與秦始皇頗相類似，〔註10〕好大喜功，而儒生之推往古就近聖，適能迎其所好。能將漢代自高帝至武帝的政治取向敘述詳盡者，莫若司馬談之論六家要旨：

　　儒家之善，在於「列君陳父子之禮，序夫婦長幼之別，雖百家弗能易也。」（《漢書・司馬遷傳》）墨家則「要曰彊本節用，則人給家足之道也。」（〈武帝本紀〉）法家之善：「尊主卑臣，明分職不得相踰越，雖百家不能改也。」（〈武帝本紀〉）而名家則是：「若夫控名責實，參伍不失，此不可不察也。」（〈武帝本紀〉）而其解釋道家則是：

> 道家無爲，又曰無不爲，其實易行，其辭難知。其術以虛無爲者，以因循爲用。……虛者，道之常也，因者，君之綱也。群臣並至，使各自明也。其實中其聲者謂之端，實不中其聲者謂之款。款言不聽，姦乃不生，賢不肖自分，白黑乃形。（〈武帝本紀〉）

又說：

> 道家使人精神專一，動合無形，澹足萬物，其爲術也，因陰陽之大順，采儒墨之善，撮名法之要，與時遷徙，應物變化，立俗施事，無所不宜，指約而易操，事少而功多。（〈武帝本紀〉）

其取陰陽家之說者，爲春生夏長秋收冬藏的天道，亦爲韓非之「因天道，守成理、法自然」；採儒家者，即是韓非以法爲源的制度之義；用墨家者，爲固農政策；因名家者，即是韓非的形名責實；因法家者，爲韓非之以法定尊卑，使不得相踰越；道家之無爲、無不爲，更是似韓非取道的萬物之紀，而爲君王之術的說法。

　　除了虛之外，因者，含有所承襲而不改的意義。此因一則以道家的自然天道爲取原，一則是以前朝制度、禮樂爲依循：

> 自周衰，官失而百職亂，戰國並爭，各變異。秦兼天下，建皇帝之號，立百官之職。漢因循而不革，明簡易，隨時宜也。其後頗有所改。（《漢書・百官卿表上》）

> 漢興，高祖初入關，約法三章曰：「殺人者死，傷人及盜抵罪。」蠲

〔註10〕夏佑曾《中國古代史》：「綜（秦皇、漢武）兩君生平而論之，其行事皆可分爲三大端：一曰尊儒術、二曰信方士、三曰好用兵。」

削煩苛，兆民大說。其後四夷未附，兵革未息，三章之法不足以禦姦，於是相國蕭何攟摭秦法，取其宜於時者，作律九章。(《漢書‧刑法志》)

又如漢之朝儀，乃叔孫通采古禮及秦儀雜就之。武帝用太初曆，改秦用之殷曆而爲夏曆。凡此種種皆爲韓非理論之再現，或可說韓非學說經由秦國的運用，轉爲漢代的治術。

然漢代帝王唯一能承認漢家治術者爲宣帝，班固說：

孝宣之治，信賞必罰，綜核名實，政事文學法理之士咸精其能，至于技巧工匠器械，自元、成間鮮能及之，亦足以知吏稱其職，民安其業也。(《宣帝紀贊》)

法家責君主所求原則，即在「信賞必罰，綜核名實」，而宣帝能精通此術，益見其熟於法家學說。當元帝勸宣帝勿持刑太深，宜用儒生時，宣帝作色曰：

漢家自有制度，本以霸王道雜之，奈何純任德教，用周政乎？且俗儒不達時宜，好是古非今，使人眩名實，不知所守，何足委任？(《漢書‧元帝紀》)

此制度當指漢襲秦制而來，霸王道則指儒法挾雜之術而言。《漢書‧禮樂志》說：

禮節民心，樂和民聲，政以行之，刑以防之。禮樂政形四達而不悖，則王道備矣。

禮的作用在節制人之性情欲望，樂在使人動心以移風易俗，而政即爲人設施謀利，刑則在禦人爲奸，四者亦正是循荀子的理論而來。

荀子說禮有三本：

天地者，生之本也；先祖者，類之本也；君師者，治之本也。(《禮論篇》)

天地爲萬物之根源，先祖爲人類所由來，君主爲治人而立法度，師者矯導人性使入禮，此爲禮所根本，亦使人心知有所定限。順此而來，尊者爲尊，卑者爲卑，大者爲大，小者爲小，人各有分即能不爭，不爭則不亂，不亂故民心不浮誕。

夫樂者，樂也，人情之所必不免也。……故人不能不樂，樂則不能無形，形而不爲道，則不能無亂。先亡惡其亂也，故制雅頌之聲以道之，……是先王立樂之方也。……故樂在宗廟之中，君臣上下同

> 恥之，則莫不和敬；閨門之內，父子兄弟同聽之，則莫不和親；鄉
> 里族長之中，長少同聽之，則莫不和順。故樂者審一以定和者也，……
> 足以率一道，足以治萬變。(〈樂論篇〉)

樂之起在導人性於正道，使人不放蕩無淫念，使人不胡思心有正道。最主要是其樂聲節奏，足以激發人心，使人的心靈與天地接觸並合而爲一。因而，在君臣、父子、兄弟、鄉里之間，樂能和同心志，使相互尊敬、親愛、友順。

政之作用在充裕民生：

> 輕田野之賦，平關市之征，省商賈之數，罕興力役，無奪農時，如
> 是則國富矣。夫是之謂以政裕民。(〈富國篇〉)

刑則在禁姦止亂：

> 刑稱罪，則治；不稱罪，則亂。故治則刑重，亂則刑輕，犯治之罪
> 固重，犯亂之罪固輕也。書曰：「刑罰世輕世重。」此之謂也。(〈正
> 論篇〉)

治世與亂世之差異，在於刑罰之是否得當。治世者犯罪，必以重罪，以其人不敢犯而犯；亂世者犯罪，必以輕罪，以其人多犯而犯。故其罪當否，本不在於欲加人入罪，而在防人入罪。

故以禮樂刑政四者爲王道之大備，實起自荀子所倡之說。班固有鑑於高帝以來之過於濫刑，故有所感而議：或是漢儒借儒以行法，或帝王好刑名斥儒。但禮樂刑政四者，既可稱其爲理想政策，亦可說爲實際運作的現況。

荀子以爲王霸之辨在禮義：

> 故用國者，義立而王，信立王霸，權謀立而亡。(〈王霸篇〉)

> 故與積禮義之君子爲之則王，與端誠信全之士爲之則霸，與權謀傾
> 覆之人爲之則亡。(〈王霸篇〉)

此標準即爲禮之行爲，次於禮者，則刑賞昭信天下，臣民曉然知其要，故不欺民，不欺與國，此可以霸天下。而用權謀者，唯利是求，上詐其下，下欺其上，國遂不免於亡。

而韓非並非分王、霸之異，僅以「霸王之術」勗勉行法術之君王。〔註11〕故宣帝之所謂，儘可說是漢代治術本即以法術治理臣民，而外飾以儒術教化功用。〔註12〕

〔註11〕參閱《韓非・和氏篇》
〔註12〕本論點將在次節中作一敘述。

元帝繼位，班固說元帝：

> 少而好儒，及即位，徹用儒生，委之以政，貢、薛、韋、匡迭爲宰
> 相。而上牽制文義，優游不斷，孝宣之業衰矣。（〈元帝紀贊〉）

漢代在元帝捨王霸之術後，逐漸衰退，終使王莽代漢立新，不可不謂霸王之
術自有其運用之奧妙。然於其運用中，又可見出荀韓所予其影響，失之荀或
失之韓皆可能造成亡國的後果，西漢之亡，秦國之滅即其例也。

第三節　漢代知識份子的舉措

漢帝既然主宰荀韓思想在政治上的變化，大臣中亦必有足以影響帝王
者。因爲，君臣之間的取向，關係著政局的起伏安定與否，故在本節中將就
漢代幾位知識份子的思想性格來探討其對漢帝的影響。

高帝不喜儒生，但對儒生卻必須接受，原因是儒生的襟懷遠見較一般術
士爲高：

陸賈嘗說高帝詩書，高帝罵曰：「乃公居馬上得之，安事詩書。」陸賈說：
若秦得天下，行仁義，法先王，高帝則不得有天下。高帝始悟知儒家治術亦
有其功效。〔註13〕

叔孫通在秦時以文學而爲待詔博士。叔孫通善察顏觀色，見高帝不喜儒
服，遂著楚服，以諂高帝。當叔孫通爲高帝采古禮與秦儀而作漢儀時，請魯
儒生相助，儒生譏叔孫通「五帝異樂，三王不同禮」的看法是不合古的，因
而不願與叔孫通同行。其實孫叔通之觀點，即是商鞅的「三代不同禮而王，
五霸不同法而霸。」（《史記‧商君列傳》）叔孫通嘗笑魯儒生說：「若眞鄙儒，
不知時變。」可知儒家思想在部份漢儒的看法，已淪於形式而已，法家的「君
尊臣卑」才是重要的。〔註14〕

蕭何在高帝入關時，諸將爭拿金帛財物，獨其先入收秦丞相御史律令圖
書，在漢法不夠嚴謹時，蕭何取秦律作漢律九章。但其受門客之計，將所得
資金購地，使高帝不疑蕭何有叛心，乃十足法家色彩人物。〔註15〕

曹參繼蕭何爲漢相，治術以黃老之道爲要，故史稱之爲「蕭規曹隨」。蕭

〔註13〕 《漢書》卷四十三：〈酈陸朱劉叔孫傳〉。
〔註14〕 《漢書》卷四十三：〈酈陸朱劉叔孫傳〉。
〔註15〕 《漢書》卷三十九：〈蕭何曹參傳〉。

何曹參所定的即是韓非法家路線。〔註 16〕

　　文帝時有鼂錯。鼂錯曾從張恢生學申、商刑名，後來以文學為太常掌故，實兼具儒、法兩家特徵，然在基本上仍屬於法家思想人物。鼂錯從伏生受尚書，但卻勸文帝說：「人主所以尊顯功名揚於萬世之後者，以知術數也。」術數即法術，「竊觀上世之君，不能奉其宗廟而劫殺於其位者，皆不知術數者也。」能懂得用法術，則能奉其宗廟，巧制臣下不敢為亂。故鼂錯可算事韓非思想的傳人。〔註 17〕

　　武帝時，公孫弘為以賢良徵為博士，曾於對策中指出：「致利除害，兼愛無私，謂之仁；明是非，立可否，謂之義；進退有度，尊卑有分，謂之禮；擅殺生之柄，通壅塞之塗，權輕重之數，論得失之道，使遠近情偽必見於上，謂之術：凡此四者，治之本，道之用也，皆當設施，不可廢也。得其要，則天下安樂；法設而不用，不得其術，則主蔽於上，官亂於下。此事之情，屬統垂業之本也。」公孫弘所謂之仁，實指墨家兼愛思想，而非儒家之仁；所謂之禮，與法家的君尊臣卑頗為類似，而其術實已是韓非的理論了。且武帝所喜公孫弘者，即在於其「習文法吏事，緣飾以儒術。」實為儒者行法也。〔註 18〕

　　董仲舒的思想乃結合儒家、陰陽家而成，但是，在對策中：「天道之大者在陰陽。陽為德，陰為刑；刑主殺而德主生。」又說：「春者天之所以生也，仁者君之所以愛也；夏者天之所以長也，德者君之所以養也；霜者天之所以殺也，刑者君之所以罰也。由此言之，天人之徵，古今之道也。」董仲舒藉陰陽說以為人君行仁德、刑罰完全是依天道的徵應而為，故其陽為德，陰為刑，實將儒家教化之厚生人類，與法家刑罰以規戒人類之旨相結合。〔註 19〕

第四節　結　論

　　秦漢為中國歷史上的盛世，始皇修築馳道，濬疏運河，連接長城；漢武北伐匈奴，西綏大月氏，使中國聲名遠播，震驚歐亞。

　　秦漢二代於政治上之建樹，為融合儒家荀子思想與法家韓非思想的碑

〔註 16〕　《漢書》卷三十九：〈蕭何曹參傳〉。
〔註 17〕　《漢書》卷四十九：〈袁盎鼂錯傳〉。
〔註 18〕　《漢書》卷五十九：〈公孫弘卜式兒寬傳〉。
〔註 19〕　《漢書》卷五十六：〈董仲舒傳〉。

範。儒家重人治，荀子尤然，但荀子講求師法以化性起偽，更為後代興學講禮所承；法家重法術勢，韓非集其大成，使君臣上下任法行賞罰，以為百世不變之準則。因而，在荀儒與韓法的混融下，產生以講禮義規勸人君，以行法制裁臣民的儒生，其所以有單以儒術諫君而無法立足於朝的原因，是過於迂腐；單以法術賞罰而無法使人心安的原因，則是過於嚴苛，足以滅國。秦國以法為主，以儒為輔；漢代以儒為主，以法為輔，然皆為儒與法之兼採並治。

第五章　總　結

　　荀子重人治，認為與其相信巫祝、機祥，不如求社會間人與人彼此的和諧，因而，荀子選擇孔儒的禮義之道。

　　處在學術滋漫，縱橫游說以利交結的戰國時代，荀子思想受到法、名、墨、道德諸家的影響，並能將諸子學說取其合於所用的，融入以禮為中的思想體系中。荀子雖言法，然將之次於禮的地位之下，以為法足以霸天下，而禮足以王天下。說名，為以禮定名，糾矯名實不清，迷惑眾庶的言辭；講墨，舉其為天下的公利目標，抨擊其非禮樂；用「道德」的方法，以為「虛壹而靜」，滌除心知蒙蔽之害，並予陰陽以相對立場，承認天地自然變化，人可宰制天地萬物，非天地使人吉凶。

　　荀子取材諸子學說，將之納於禮學的系統下。因而，就禮的意義而言，含有定分、節制、中理的功能；分布於教育文化方面，以禮節制欲望，化性起偽；社會經濟方面，以禮定分止爭，使民用不虞；在政治制度方面，以禮使各守其職，各盡其能。在每方面皆能貫徹禮的實行，由富國彊國進而王天下的目標，即能實現、完成。

　　韓非重法治，認為與其相信人治，不如因法的公平性以禁姦止惡，唯法治方能使國家富強，稱霸天下。

　　韓非為春秋戰國最後一位思想家，必然地受到諸子學說的摻雜。從儒來說，韓非與荀子有師承關係，因其性惡說而認定人性本惡，必以法治規正；取於名者，循「形名則實」，以為君主制臣下之方；與墨，認為天下之大利，須先苦後樂，藉以法的功用比仁更切近實行；原於「道德」者，以為法的根本在「因天道，守成理、法自然」；綜合法家的商鞅之法、申子之術與慎到之勢等主張，兼容並包，組織成韓法的思想體系。

　　韓非的法學，表現在政治制度上，因法定制賞罰的標準，使君臣之間有一定尺度；因計利的不同，君需用勢發令，用術御臣，在社會經濟上，注重耕農之士，貶抑儒商遊說等不事生產的人；在教育文化上，主張「以法爲教，以吏爲師」。法以強力，弱國因法而強，強國因法而有天下。

　　荀、韓思想雖有禮、法上的差異，但其關係仍可從幾方面來了解：

　　名分之辨：荀子從禮責求君君、臣臣、父父、子子、兄兄、弟弟、農農、工工、商商、士士於一，欲以各守其分，名實不亂。韓非則從「形名責實」要求賞罰之得當。荀、韓兩者皆說名，但對名的定義，及論名的角度、方法卻大異其趣。

　　君臣之道：荀子認爲君主必須「隆禮尊賢」，君臣之間須以禮相對待。韓非則以爲君臣以利相交接，故必謹遵法，以防臣下亂上。

　　農戰之策：面對戰國工商業的迅速發達，荀韓同時主張尊農抑商，以爲富國之本；同時主張重戰之策以強國，不過，荀子意在兵以愛民行仁，韓非則欲以戰彊國而已。

　　非儒之議：荀、韓所見同爲儒學末流之士，荀子欲以禮學勸勉儒生以達於大儒境界；而韓非則認爲儒生無益於法治，故必須以法制裁。

　　荀、韓思想皆因學術潮流的趨向而有其參驗性質，故荀子認爲以禮治較爲符合時代需要，韓非則以爲法治才是富強之本；但在戰國末期，荀、韓思想皆徒有理論而已，並未付諸實際行動，荀禮與韓法之應用，實有賴秦漢帝王與知識份子的共同完成，予以定型。

　　秦始皇極力張法以網密臣下的作姦犯科，並緣飾以荀禮昭彰人倫，使其定次理序不得亂。李斯嘗與韓非共事荀子，且於申商韓之術知悉甚詳。在秦始皇、李斯的相繼推行之下，荀禮與韓法完成了第一次的大統一。

　　漢帝的不喜儒生，在於儒生好是古非今，不達時宜，故其所採之術乃王霸雜揉。知識份子的態度，虛則以儒爲飾，實指以法爲訓，眞正貫穿於儒法其間的，實漢書所謂禮樂刑政的王道。從君臣的影響而實現於政治的，亦是荀禮與法的結合範疇。

　　禮以熏化人心，法以節制行爲。在荀禮與涵蘊下，政治以教育的功能使人向善，以法律的功能禁人爲惡，從禮法合治的基礎而努力，富國彊國的目標即能達成。這是荀學系統與韓學系統各自發展後，聯繫成線的必然性，亦爲荀韓思想融合的價值所在。

參考書目舉要

1. 宋・蔡沈,《書經集註》,新陸書局,民國 67 年 11 月。
2. 王師靜芝,《詩經通釋》,輔大文學院,民國 67 年 11 月七版。
3. 晉・杜預,《春秋經傳集解》,新興書局,民國 70 年 8 月
4. 孫希旦,《禮記集解》,文史哲出版社,民國 71 年 10 月三版。
5. 宋・朱熹,《四書集註》,藝文印書館,民國 65 年 5 月五版。
6. 漢・司馬遷,《史記》,鼎文書局,民國 71 年 12 月五版。
7. 漢・班固,《漢書》,洪氏出版社,民國 64 年 9 月 11 日三版。
8. 許倬雲,《西周史》,聯經出版事業公司,民國 73 年 10 月初版。
9. 葉達雄,《西周政治史研究》,明文書局,民國 71 年 12 月初版。
10. 李則芬,《先秦兩漢歷史論文集》,臺灣商務印書館,民國 70 年 8 月初版。
11. 余英時,《歷史與思想》,聯經出版事業公司,民國 71 年 11 月再版。
12. 瞿同祖,《中國封建社會》,里仁書局,民國 73 年 6 月 20 日。
13. 瞿同祖,《中國法律與中國社會》,里仁書局,民國 71 年 12 月 15 日。
14. 焦祖涵,《中國法理學》,華岡出版社,民國 56 年 6 月初版。
15. 徐復觀,《中國人性論史先秦篇》,臺灣學生書局,民國 71 年 8 月六版。
16. 薩孟武,《中國社會政治史》,三民書局,民國 74 年 9 月增訂四版。
17. 薩孟武,《中國政治思想史》,三民書局,民國 73 年增補四版。
18. 陳安仁,《中國政治思想史》,臺灣商務印書館,民國 65 年 8 月臺四版。
19. 蕭公權,《中國政治思想史》,聯經出版事業公司,民國 71 年 3 月初版。
20. 楊幼炯,《中國政治思想史》,臺灣商務印書館,民國 65 年 11 月臺五版。
21. 梁啟超,《先秦政治思想史》,臺灣中華書局,民國 65 年 8 月臺十版。

22. 謝无量，《古代政治思想研究》，臺灣商務印書館，民國 63 年 7 月臺一版。

23. 錢穆，《中國思想史》，臺灣學生書局，民國 71 年 3 月三版。

24. 加藤常賢等著、蔡懋棠譯，《中國思想史》，臺灣學生書局，民國 65 年 5 月初版。

25. 胡適，《中國古代哲學史》，臺灣商務印書館，民國 71 年 8 月臺五版。

26. 馮芝生，《中國哲學史》，香港中文大學崇基書院，民國 65 年 11 月三版。

27. 徐復觀，《中國思想史論集》，臺灣學生書局，民國 70 年 8 月六版。

28. 徐復觀，《兩漢思想史》，臺灣學生書局，民國 68 年 9 月二版。

29. 唐君毅，《中國哲學原論——原道篇卷一》，臺灣學生書局，民國 65 年 3 月四版。

30. 宇野精一等著、洪順隆譯，《中國思想之研究〈一〉儒家思想》，幼獅文化事業公司，民國 66 年 9 月。

31. 宇野精一等著、林茂松譯，《中國思想之研究〈二〉墨家、法家邏輯思想》，幼獅文化事業公司，民國 66 年 11 月。

32. 李德永，《中國古代哲學論叢》，帛書出版社，不詳。

33. 蔡仁厚，《孔孟荀哲學》，台灣學生書局，民國 73 年 12 月初版。

34. 吳康，《孔孟荀哲學》，臺灣商務印書館，民國 73 年 12 月初版。

35. 陳大齊，《孔子學說論集》，正中書局，民國 68 年 2 月臺七版。

36. 清・王先謙，《荀子集解》，藝文印書館，民國 66 年 2 月四版。

37. 北京大學／哲學系，《荀子新注》，里仁書局，民國 72 年 11 月 15 日

38. 李滌生，《荀子集釋》，臺灣學生書局，民國 73 年 9 月修訂三版。

39. 梁啓雄，《荀子簡釋》，華正書局，民國 65 年 8 月初版。

40. 楊筠如，《荀子研究》，臺灣商務印書館，民國 55 年 8 月臺一版。

41. 韋政通，《荀子與古代哲學》，臺灣商務印書館，民國 71 年 8 七版。

42. 熊公哲，《荀卿學案》，臺灣商務印書館，民國 65 年 6 月臺三版。

43. 陳大齊，《荀子學說》，中華文化出版事業委員會，43 日再版。

44. 牟宗三，《名家與荀子》，臺灣學生書局，民國 71 年 5 月再版。

45. 薩孟武，《儒家政論衍義》，三民書局，民國 71 年 6 月初版。

46. 清・孫詒讓，《定本墨子閒詁》，世界書局，民國 65 年 11 月十版。

47. 晉・王弼注、復評點，《評點老子道德經》，廣文書局，民國 68 年 4 月三版。

48. 晉・郭象註，《莊子》，藝文印書館，民國 72 年 6 月四版。

49. 梁啓超，《老孔墨以後學派概觀》，臺灣中華書局，民國 66 年 6 月臺三版。

50. 金受申，《稷下派研究》，臺灣商務印書館，民國 60 年 5 月臺一版。

51. 王師夢鷗，《鄒衍遺說考》，臺灣商務印書館，民國 55 年 3 月臺初版。

52. 清・王先慎，《韓非子集解》，藝文印書館，民國 72 年 6 月三版。

53. 陳啓天，《增訂韓非子校釋》，臺灣商務印書館，民國 71 年 8 月四版。

54. 梁啓雄，《韓非子淺解》，臺灣學生書局，民國 73 年 6 月三版。

55. 王師靜芝，《韓非子思想體系》，輔大文學院，民國 68 年 10 月再版。

56. 熊十力，《韓非子評論》，臺灣學生書局，民國 67 年 10 月初版。

57. 王曉波、張純，《韓非思想的歷史研究》，聯經出版事業公司，民國 72 年 9 月初版。

58. 蔡英文，《韓非的法治思想及其歷史意義》，文史哲出版社，民國 75 年 2 月初版。

59. 王曉波，《儒家思想論集》，時報文化出版事業有限公司，民國 72 年 6 月 30 日初版。

60. 陳啓天，《中國法家概論》，臺灣中華書局，民國 65 年 6 月三版。

61. 牟宗三，《道德的理想主義》，私立東海大學，民國 59 年 7 月再版。

62. 戴君仁，《梅園論學集》，臺灣開明書店，民國 59 年 9 月初版。

63. 戴君仁，《梅園論學續集》，藝文印書館，民國 63 年 11 月初版。

64. 徐復觀，《學術與政治》，臺灣學生書局，民國 65 年 4 月臺一版。

65. 梅貽寶等著，東海大學／哲學系譯，《中國人的心靈 —— 中國哲學與文化要義》，聯經出版事業公司，民國 73 年 2 月初版。

66. 梅仲協，〈禮法一元論〉，《法令月刊》四卷六期。

67. 傅樂成，〈漢法與漢儒〉，《食貨月刊》副刊五卷十期。

68. 陳榮捷，〈初期儒家〉，史語所，《中國上古史第四本兩周篇之二思想與文化》，民國 74 年 7 月。

69. 陳榮捷，〈戰國的道家〉，史語所，《中國上古史第四本兩周篇之二思想與文化》，民國 74 年 7 月。

70. 王師夢鷗，〈戰國的名家〉，史語所，《中國上古史第四本兩周篇之二思想與文化》，民國 74 年 7 月。

71. 陳啓天，〈法家述要〉，東海大學講義。

72. 陳問梅，〈法家的發展〉，東海大學講義。

73. 陳問梅，〈荀子諸說〉，《民主評論》十五卷十八期。

74. 李滌生，〈荀子的性惡篇〉，《法令月刊》四卷六期。

75. 宋淑萍，〈韓非與荀子思想之比較 —— 兼論其與道墨思想之關係〉，《書目季刊》十二卷十期。

76. 陳弱水,〈立法之道——荀、墨、韓三家法律思想要論〉,《中國文化新論思想篇〈二〉》,民國 71 年 11 月初版。

77. 李晃世,〈三晉法家思想淵源的剖析〉,《國際漢學會議論文集》,民國 68 年 7 月。

78. 翁之鏞,〈荀子影響於法家之師法論點〉,《法令月刊》十一卷三期。

79. 余英時,〈道統與正統之間〉,《中國文化月刊》六十期。

80. 陳洪,〈法治與禮法之我見〉,《法學叢刊》廿三卷。

81. 蔡仁厚,〈從「天子不禪讓」論荀子的政治思想〉,《中國文化月刊》六十一期。

82. 沈剛伯,〈從古代禮、刑的運用探討法家的來歷〉,《大陸雜誌》四十七卷二期。

83. 洪安全,〈孔子與荀子〉,《孔孟月刊》十七卷七、九、十期。

84. 楊日烈,〈荀子禮法思想的特色及其歷史意義〉,《臺大社會科學論叢》廿三輯。

85. 楊日烈,〈韓非法思想的特色及其歷史意義〉,《臺大法學論叢》一卷二期。